PAZ, JUSTICIA
Y EL CRIMEN SUPREMO

Ensayo - Tomo II

ROBERTO VIVO

Buenos Aires

www.hojasdelsur.com

Paz, justicia y el crimen supremo
Ensayo - Tomo II
Roberto Vivo Chaneton

1.ª edición

Editorial Hojas del Sur S.A.
Albarellos 3016
Buenos Aires, C1419FSU, Argentina
e-mail: info@hojasdelsur.com
www.hojasdelsur.com

ISBN 978-987-8916-73-6

Dirección editorial: Andrés Mego
Edición: Silvana Freddi

Vivo, Roberto
Paz, justicia y el crimen supremo : Ensayo - Tomo II / Roberto Vivo. - 1a ed. - Ciudad Autónoma de Buenos Aires : Hojas del Sur, 2024.
288 p. ; 23 x 15 cm.

ISBN 978-987-8916-73-6

1. Ensayo. I. Título.
CDD 306.6

A Soledad García Lagos de Vivo, que nos protege desde el cielo, y a mis hijos, Lucas, Jerónimo y Roberto Valentín

CONTENIDO

PARTE TRES

PARTE CUATRO

AGRADECIMIENTOS

A Dan Newland, quien fue mi colaborador más cercano durante los cuatro años en que escribí para mi blog, cuyos artículos forman el cuerpo de este libro.

PRÓLOGO

UN INTENTO DE ENCONTRAR SENTIDO EN MEDIO DEL CAOS

Hace una década, me embarqué en un proyecto personal con la meta de encontrar sentido en medio del aparente caos del mundo. Arranqué desde un par de tesis muy simples pero, asimismo, muy profundas. En primer lugar, decidí investigar si el ser humano era violento por naturaleza o si la violencia que vemos a diario y a través de la historia es producto de las sociedades formuladas desde la creación de las primeras civilizaciones. En segundo lugar, me preguntaba cómo podía ser que todas las grandes religiones de las civilizaciones del mundo han predicado amor y fraternidad, solo para después convertirse en los causantes de algunas de las guerras y masacres más terribles de la historia. Y cómo siguen formando parte de los choques fundamentales entre las distintas culturas hoy en día.

Las impredeciblemente exhaustivas investigaciones a las cuales estos simples interrogantes me llevaron se extendieron a lo largo de varios años, en los cuales terminé formando un equipo especializado de personas capaces de ayudarme a llegar a esa meta de intentar encontrar sentido en medio del caos. Dichas investigaciones, por su parte, nos llevaron a escribir y publicar dos libros: *Breve historia de las religiones del mundo* y *La guerra: un crimen contra la humanidad.*

A continuación de esas dos publicaciones, decidí seguir aplicando lo que había aprendido a acontecimientos de la actualidad, a saber: las guerras, proyectos de paz, la justicia internacional, los movimientos sociales, los avatares políticos y los avances en la educación para la paz y la tolerancia. Estas investigaciones de la actualidad las volqué a una serie de ensayos publicados entre

2014 y 2018 inclusive, en un blog online llamado *Paz, Justicia y el Crimen Supremo.*

La presente obra en dos tomos es un compendio de dichos ensayos. La razón por la cual me pareció importante crear esta colección es que, al revisar estos ensayos, me di cuenta de que, leídos en su conjunto, resultan reveladores en cuanto a cómo hemos llegado al momento político y social en el cual el mundo se encuentra hoy, y facilitan la comprensión de por qué están pasando muchas de las cosas que pasan en el presente.

Dicho todo esto, vale la pena realizar unas reflexiones más al respecto. En 1997, los investigadores sociales William Strauss y Neil Howe escribieron un libro seminal titulado *The Fourth Turning* ('El cuarto giro'), publicado por Three Rivers Press, Nueva York. Según la teoría de Strauss y Howe, la historia no debería ser impredecible. Proponen que, si uno observa la historia de manera cíclica en lugar de lineal, existen patrones claros que se repiten una y otra vez, y que, si se aprende a leerlos, hacen que la historia se torne previsible.

Para probar su teoría, los autores estudiaron los últimos quinientos años de historia mundial. Lo que han desglosado de dichas investigaciones es que la historia se divide en ciclos claros y predecibles que duran aproximadamente entre ochenta y cien años cada uno, y cada ciclo se divide en cuatro "estaciones" o giros (*turnings*). Cada giro dura entre veinte y veinticinco años, y cada uno de estos —a manera del cambio de las estaciones— trae consigo un particular estado de ánimo o un cambio de clima cultural. Cada uno de estos cambios de ánimo supone, asimismo, una relación distinta entre las sociedades y sus instituciones.

Strauss y Howe se refieren a cada ciclo de aproximadamente un siglo como un *saeculum* (que es, en realidad, la duración de más o menos una generación). Pero, dentro de este ciclo, los autores teorizan que existen cuatro distintos arquetipos generacionales que recurren siempre en el mismo orden: Profetas, Nómades, Héroes y Artistas. Y cada uno de estos tiene un conjunto de características y dotes que, por su parte, alimentan el autocumplimiento de los cuatro giros de cada ciclo.

Los cuatro giros de cada ciclo, en la visión de Strauss y de Howe, son los siguientes:

Primer Giro (El Alto): Una era positiva y optimista, seguida de una crisis, en la cual se fortalecen comunidades e instituciones, mientras que el individualismo se debilita. Según los autores, un buen ejemplo de este tipo de Alto se experimentó en los años de la posguerra inmediatamente después de la Segunda Guerra Mundial. Un estado de ánimo que duró desde mediados de la década de 1940 hasta mediados de la década de 1960.

Segundo Giro (El Despertar): Esta época que sigue al Alto es una fase de mucha inquietud espiritual. Durante este período, el sistema de valores prevalente resulta atacado por los proveedores de un nuevo régimen de valores. Se cuestionan las instituciones instauradas por la generación anterior, y se busca una sociedad más abierta. En nuestros tiempos, esta era revolucionaria fue la de protesta, *flower power*, antiguerra, una tendencia entre los intelectuales de explorar las filosofías orientales, el surgimiento del movimiento en defensa de los derechos individuales, etc., que se extendió entre mediados de los años sesenta y principios de la década de 1980.

Tercer Giro (Desenvolvimiento): En esta era, el mundo se vuelve más sobrio, menos optimista. Existe un fortalecimiento del individualismo, y una erosión de las instituciones. Este período no solo introduce aun otro sistema más de valores, sino que, con frecuencia, tiende a enfrentar un conjunto de valores con otro. Es el caso de las así llamadas *Guerras Culturales*, que comenzaron en EEUU con la controvertida presidencia de Ronald

Reagan y que continuaban en el momento en que Strauss y Howe estaban escribiendo su obra, antes del cambio de milenio.

Aquí vale una aclaración respecto de las Guerras Culturales. Como dije anteriormente, Ronald Reagan es, sin duda, una figura controvertida. Pero es, asimismo, una figura icónica para el conservadurismo no solo en EEUU, sino también en gran parte del mundo. Y su memoria es altamente respetada también entre moderados de la izquierda liberal.

No se puede ignorar, sin embargo, el hecho de que las Guerras Culturales fueron el comienzo de la polarización entre las dos corrientes políticas de EEUU. El hecho de que la situación se haya deteriorado a tal punto que el Partido Republicano está ahora empeñado en purgar o aislar a los elementos democráticos en sus filas —prominentemente, constitucionalistas como Liz Cheney, Adam Kinzinger, Dan Newhouse, Anthony Gonzalez, Fred Upton, Jamie Herrera Buetler, Peter Meijer, John Katko, David Valadao y Tom Rice— y en ignorar las advertencias de otros importantes personajes conservadores como el expresidente George W. Bush, el exvicepresidente Richard Cheney o el senador en ejercicio Mitt Romney respecto de la creciente tendencia autoritaria del republicanismo, no es, obviamente, la culpa de la filosofía reaganista. Al contrario, si el Partido Republicano hoy en día tuviese el beneficio de la calidad de algunos de los líderes de la época de Reagan, la democracia de ese país gozaría de buena salud y el Congreso funcionaría, como siempre antes, sobre la base de los acuerdos consensuados. Pero no es así, y la presidencia autocrática de Donald Trump solo sirvió para profundizar la polarización y para introducir un elemento autoritario y anticonstitucional en los niveles más encumbrados del GOP.

Cuarto Giro (La Crisis): Esta es una época climácica de decisiva crisis. Durante esta fase, el régimen de valores prevalente es sustituido por un nuevo orden cívico. Cuando se estaba escribiendo *The Fourth Turning*, todavía transcurría la tercera. Y, como ejemplo de un Cuarto Giro anterior, los autores nombraron el período desde el colapso del mercado bursátil de 1929 hasta la Segunda Guerra Mundial. Sin embargo, predecían un Cuarto Giro que acontecería a lo largo de la década de 2020.

De ese período se tratan los ensayos en la presente obra. Visto dentro del contexto del Cuarto Giro de Strauss y de Howe, queda claro que los acontecimientos contenidos aquí coinciden a la perfección con los elementos de un Cuarto Giro que ha seguido al tercero documentado por los autores hasta la publicación de su obra. De acuerdo con la visión de Strauss y de Howe, "la historia crea generaciones, y las generaciones crean la historia. Esta simbiosis entre la vida y el tiempo explica por qué, si una es estacional, la otra debe serlo". También proponen que las generaciones no se parecen entre sí. Más específicamente, escriben: "Tu generación no se parece a la generación que te formó, pero tiene mucho en común con la generación que formó a la generación que te formó a ti". O, en otras palabras, los arquetipos que ellos describen no crean arquetipos como ellos mismos, sino que crean las sombras de los arquetipos más parecidos a los nuevos arquetipos mismos.

Según los autores, en vísperas del Cuarto Giro, el ánimo cambia, el público comienza a sentirse hastiado y a desear algo capaz de catalizar un nuevo estado de ánimo. Basta recordar el auge del fascismo y del nazismo en Europa en los años antes de la Segunda Guerra Mundial para visualizar este fenómeno. Strauss y Howe escriben: "Nos demos cuenta o no, estaremos preparados para un acontecimiento dramático que sacará a la nación [EEUU] de su complacencia y decadencia".

Si damos por acertada la teoría de los autores, en los años desde la publicación de *The Fourth Turning*, hemos sido testigos, conscientemente o no, de la formulación del Cuarto Giro de nuestra era. Solo cuatro años después de su publicación, ocurrió el ataque terrorista del 11 de septiembre de 2001 en Nueva York, que mató a tres mil víctimas. Las secuelas de esa tragedia cambiarían de manera fundamental la vida de las sociedades occidentales. Lo que vendría sería una era de cada vez más seguridad, el endurecimiento de la aplicación de la ley, lo que generó una creciente militarización de las fuerzas de seguridad y una interpretación cada vez menos liberal de los derechos y garantías individuales. También daría pie al resurgimiento del racismo y xenofobia que, durante el Segundo Giro, se habían aplacado, a medida que la generación de los años sesenta abrazaba la idea de la fraternidad planetaria y de un mundo unido alrededor del bien común.

En los veinte años siguientes a la publicación de *The Fourth Turning*, hemos visto un fuerte giro a la derecha en la política en todo occidente, pero especialmente en Estados Unidos. Tanto es así que un país que antes se conocía mundialmente como el máximo símbolo de la democracia ha llegado a ser el ejemplo utilizado por autoritarios como los líderes de Rusia y de China para demostrar que la democracia ha fracasado y que es un sistema del pasado que ya no se traslada al futuro del mundo. El futuro, según argumentan, será de los "fuertes" y de los poderosos, un mundo de oligarquías, donde el cincuenta por ciento de la riqueza está en manos del uno o dos por ciento de la sociedad.

Mientras tanto, entre el otro noventa y ocho por ciento, existe cada vez más desazón, frustración, inquietud y furia. Buscan a alguna figura capaz de liderar una revolución que les devolverá los derechos y el bienestar que han estado perdiendo paulatinamente a través de las últimas dos décadas.

Sin duda alguna, el símbolo más obvio de esta etapa del Cuarto Giro ha sido el surgimiento de Donald Trump como presidente de EEUU y, como tal, como supuesto líder de la ideología occidental. Este controvertido personaje llegó a causar trastornos a todo nivel de la política tanto interna como internacional, y llevó a la democracia estadounidense casi al punto de su disolución al cuestionar las elecciones que le quitaron el poder y al rechazar el traslado pacífico del poder a su sucesor por primera vez en la historia, apoyando, además, un intento de golpe de estado popular, en un acto que también fue sin precedente en la historia de la democracia occidental.

Aunque, por el momento, la democracia, sin duda debilitada, ha logrado sobrevivir en EEUU, el descontento de gran parte del electorado de ese país sigue siendo palpable, así como la lealtad de estos sectores a Donald Trump. Existen analistas que advierten que el clima de división no ha sido tan marcado en Norteamérica desde la Guerra Civil a mediados del siglo XIX. En la presente década, entonces, podemos esperar todavía un período de división, caos político y violencia que no se confinaría a EEUU, sino que se repetiría en todo Occidente, y que solo serviría para fortalecer las posiciones geopolíticas de estados totalitarios rivales de Occidente como Rusia y China, ambos de los cuales han demostrado en los últimos años tendencias bélicas cada vez más marcadas. Aun cuando la teoría de Strauss y de Howe propone que los Cuatro Giros se repiten una y otra vez en el curso de la historia desde la Modernidad, y se vislumbra, entonces, la llegada de un nuevo Primer Giro de renovación y optimismo tras la crisis venidera del presente estado de ánimo, hay también que tener en cuenta que, en el mundo de hoy, existen factores que bien podrían convertir este Cuarto Giro en el último: primero y principal, existe la amenaza de los líderes de Rusia, Corea del Norte, y potencialmente Irán, respecto de una real posibilidad de utilizar armas de sus arsenales nucleares, y las indicaciones anteriores de Trump en el sentido de no considerar impensable el uso de ese tipo de armas en ciertas situaciones, pese a que, en todos los años anteriores de la posguerra, los dispositivos termonucleares hayan sido considerados solo armas de disuasión para mantener la paz.

Al respecto, Strauss y Howe han emitido una advertencia. "En algún momento antes del año 2025 —escriben— Estados Unidos atravesará una gran puerta en la historia, en consonancia con la Revolución Americana, la Guerra Civil y las emergencias gemelas de la Gran Depresión y la Segunda Guerra Mundial [...]. Cada Cuarto Turno ha registrado un ritmo ascendente en la tecnología de destrucción, y en la disposición de la humanidad a utilizarla [...] Esta vez, Estados Unidos entrará en un Cuarto Giro con los medios para infligir horrores inimaginables y, tal vez, se enfrentará a adversarios que posean lo mismo".

En segundo lugar, se encuentra una amenaza aún menos controlable, si no menos letal. La rápida degradación de nuestro medioambiente es, sin duda, una amenaza palpable e implacable, especialmente considerando que la densidad poblacional del planeta se ha cuadruplicado solo durante la vida de la gente de mi edad. Y el hecho de que nos encontremos inmersos en un Cuarto Giro marcado por la división, el nacionalismo, la xenofobia y la violencia social en general no augura bien para la urgente cooperación y fraternidad mundial necesaria para hacer frente efectivo a este verdadero desafío a nuestra perduración como especie. Es una batalla que solo podremos ganar si estamos unidos en un propósito único que apunta a nuestra supervivencia.

Dado que esta crisis nos acosa a un ritmo vertiginoso e impredecible, tal vez no haya tiempo para esperar que el Primer Giro de una nueva era de positivismo nos llegue por un proceso "natural". Quizá, si pretendemos vivir una nueva era de generaciones venideras, tendremos que tomar el compromiso de dejar de lado las desavenencias del presente Cuarto Giro y, por nuestro bien como especie, reconocer la fraternidad que nos debe unir y precipitar el comienzo de la próxima estación, la primavera de una nueva era. O, si no, tal vez tengamos que aceptar que el presente "invierno" podría bien ser el último.

INTRODUCCIÓN

AMENAZAS A LA DEMOCRACIA

Ha pasado la mayor parte de una década desde que se escribió en 2014 el más antiguo de los ensayos que leerán en este segundo tomo. En ese período relativamente breve, hemos sido testigos de acontecimientos que, antes del cambio de milenio, hubiesen parecido fantasías distópicas imposibles en el mundo occidental de la posguerra. Uno de los más relevantes ha sido el resurgimiento de movimientos antidemocráticos, no solo en Europa, donde gozaron de buena salud en los años previos a la Segunda Guerra Mundial, sino también en Estados Unidos, donde nunca fueron más que una filosofía marginal que repugnaba a la gran mayoría de ese pueblo y a sus líderes políticos.

Hoy, después de la controvertida presidencia del magnate de bienes raíces Donald Trump (2017-2020 inclusive), el otrora bastión de la democracia occidental se ha convertido en la capital de un incipiente autoritarismo, que ha incluido lo anteriormente inimaginable: un intento de autogolpe de estado por un presidente estadounidense en ejercicio, algo sin precedente en la historia de esa democracia de dos siglos y medio. Pese a que las autoridades actuales lograron vencerlo en elecciones presidenciales muy reñidas y meticulosamente democráticas en 2020, ahora se encuentran luchando por tratar de recuperar una robustez democrática ya muy deteriorada, tarea que se hace casi imposible, ya que gran parte de la cumbre de uno de los dos partidos principales (prácticamente únicos) del país se ha inscrito en el intento de Trump de formar una autocracia que, sencillamente, ignoraría los resultados de futuras elecciones, y, al estilo del autoritarismo tradicional, declararían fraudulento cualquier escrutinio democrático en el cual perdieran (esto fue lo que hizo Trump en el 2020).

A pesar del hecho de que el pueblo norteamericano se encuentre en un estado de división, malestar y tensión política sin igual desde la Guerra Civil, que manchó de sangre la historia interna de EEUU a mediados del siglo XIX, existe una pequeña luz de esperanza, ya que, en las elecciones legislativas y de gobernadores que se realizaron hacia el final de 2022, el electorado, en su mayoría, rechazó a todos, menos a un puñado de los candidatos respaldados por Donald Trump y puso en penitencia al Partido Republicano, usurpado por él. Así, los votantes enviaron un mensaje claro: si los republicanos abrazan el autoritarismo, lo tendrán que hacer sin el respaldo de libertarios, independientes y verdaderos conservadores que siguen creyendo firmemente en los principios democráticos y en las largas tradiciones liberales norteamericanas, por más que difieran entre ellos respecto de cómo ejercerlos.

En los ensayos que leerán a continuación, se darán cuenta de que, de manera contundente, nosotros previmos esta amenaza a la democracia de EEUU, y supimos reconocer el reto a la democracia occidental que significaba la candidatura de un autócrata de la talla de Donald Trump. También analizamos la especie de "tormenta perfecta" que este acontecimiento dentro de la principal democracia de Occidente suponía, considerando el auge también del populismo antidemocrático en naciones tales como Francia, Hungría, Polonia, Suecia, Italia y otras, que han crecido en los últimos años, exponencialmente en algunos casos. El mejor ejemplo era el de Francia, donde la candidata de derecha extrema, Marine Le Pen, probó ser una rival formidable para el moderado Emmanuel Macron quien, al final, ganó la presidencia francesa.

La buena noticia, en retrospectiva, es que la extrema derecha no ha logrado, en general, tomar el poder en Europa Occidental. La mala noticia es que ha habido una clara tendencia hacia la derecha en general en todo Occidente. Un claro indicador, como demuestran algunos de los siguientes ensayos, no es solo el *shock* que han significado los acontecimientos en EEUU, sino también hechos como el fatídico plebiscito realizado en Gran Bretaña que, para la sorpresa del mismo primer ministro John Cameron (quien lo instrumentó), determinó la salida, del Reino Unido, de la Unión Europea. Aquí leerán cómo la UE ha sido el factor más importante en los últimos setenta años en mantener el estado de paz y cooperación del que Europa ha gozado desde la Segunda Guerra Mundial. Esta comunidad fue el sueño original de la máxima figura del conservadurismo inglés, Sir Winston Spencer Churchill. La salida de Gran Bretaña de dicho concierto de naciones marca una creciente tendencia hacia el nacionalismo y hacia la xenofobia, duplicada y vastamente extendida bajo el gobierno de Trump en EEUU.

La historia nos demuestra que el nacionalismo radical lleva hacia el aislacionismo y, como tal, hacia una reducción en la comprensión, empatía y hermandad de los pueblos, todo lo cual tiende a llevar hacia un rápido deterioro en la paz global y hacia un incremento en las posibilidades de una nueva conflagración mundial.

Aquí leerán, asimismo, respecto de los desafíos para el futuro que requieren paz y cooperación para solucionar. Y, también, leerán sobre algunas de las soluciones posibles: ideas tales como la de un ingreso básico universal para solucionar problemas tales como la desaparición de cada vez más puestos de trabajo en un mundo donde la tecnología avanza a pasos agigantados. Ideas también como la educación para la paz y para la tolerancia con la meta de crear, en el futuro inmediato, un mundo de cooperación en el cual todos colaboremos para crear soluciones a nuestros mutuos problemas en lugar de complicarlos más con el altísimo costo del expansionismo, la guerra, la avaricia y la falta de los actos empáticos en los cuales nos encontramos capaces de caminar en los pasos de nuestro prójimo y sentirnos identificados con su dolor como si fuera el nuestro propio.

Estas son ideas que, en un mundo sano, deberían parecer lógicas, especialmente en el contexto actual, pero que a la mayoría —indoctrinada con los falsos ideales de políticas convenientes para una minoría poderosa, y "vendidos" a la mayoría como en su propio interés, cuando son todo lo contrario— le parecen novedosas, revolucionarias, o hasta subversivas y peligrosas. Tal vez. cuando esta especie de ideas progresivas lleguen a ser metas universales, podremos comenzar a hablar de un mundo mejor y lleno de esperanza. La meta debería ser llegar a incorporarlas y ejecutarlas antes de que nuestra ceguera moral y falta de conciencia social nos lleve a nuestra autodestrucción.

PARTE UNO

AMENAZAS A LA DEMOCRACIA Y CÓMO AFECTARÍAN EN EL FUTURO

Aquellos de nosotros que crecimos en la América del Sur de las décadas de 1950, 1960 y 1970 conocemos muy bien cuán frágil es la democracia. La máxima manifestación externa de la muerte de una democracia es ese momento culminante cuando los tanques salen de las bases militares y ruedan por la calle, los líderes electos son exiliados o encarcelados, se suspenden las garantías constitucionales y se instala la represión a la ciudadanía como norma del poder político.

Pero esta rara vez es una primera señal sorpresiva del colapso de la libertad y de la democracia. Muy a menudo las instituciones democráticas están en un estado tan debilitado que una toma de poder dictatorial es casi una conclusión inevitable. Otras veces estas instituciones han sido tan infiltradas por elementos populistas y/o elementos autocráticos de cualquier otro tipo que un golpe de por sí se vuelve completamente innecesario y redundante. En estos casos, la democracia, simplemente, gime y muere, estrangulada por una élite política o por un dictador, sin que nadie monte defensa vigorosa alguna hasta que sea demasiado tarde. Y muchas veces, aquellos que han sido criados creyendo pasivamente que la democracia constitucional es una "institución garantizada y permanente" se quedan de brazos cruzados, casi intencionalmente, viendo cómo expira, y, aparentemente, sin comprender lo que están presenciando.

El año pasado, en numerosos lugares del mundo, la democracia se encontraba en crisis. Y parecía como si muchos autócratas estuvieran aprovechando la oportunidad de atacar mientras las condiciones fueran favorables. Tal es el caso de Estados Unidos, donde, alguna vez, la luz que guiaba los principios democráticos entraron en su propio modo de deterioro.

En Venezuela, quizás fuese elegido libremente el difunto presidente Hugo Chávez pero, como muchos otros autócratas populistas anteriores en el mundo, utilizó su amplia popularidad

—junto con la distribución de la riqueza que su país había derivado del petróleo— como un medio para expandir su poder personal. Una vez instalado como autócrata populista, pudo perseguir libremente a sus opositores políticos, sesgar los tribunales a su favor, silenciar o intimidar a los medios de comunicación independientes y, finalmente, eliminar el límite en la cantidad de veces que un presidente podía acceder al poder. Este fue un patrón emulado por varios otros líderes sudamericanos, quizás más notablemente por la expresidenta Cristina Kirchner en Argentina. Pero, allí, la democracia constitucional prevaleció y ella fue, finalmente, remplazada en el cargo en una transición democrática relativamente sin sobresaltos.

En Venezuela, sin embargo, el modelo autoritario populista estaba mucho más atrincherado. Pero el sucesor de Chávez, Nicolás Maduro, no posee el carisma de Chávez y, cuando los precios internacionales del petróleo se desplomaron, ya no tenía los medios para comprar la lealtad popular. El año pasado se vio una profundización de la crisis venezolana a tal punto que el gobierno supuestamente "socialista" de Maduro recurrió a las tácticas de mano de hierro generalmente asociadas con las dictaduras militares de extrema derecha, incluso hasta el punto de disolver la ya en gran medida subyugada rama legislativa, y de desatar una represión extremadamente dura contra la disidencia popular.

La democracia también se ve menoscabada —si bien bajo distintas circunstancias y en diferentes grados— en zonas muy separadas entre sí en el mundo: desde Hungría hasta Polonia, desde Rusia hasta Turquía, desde Filipinas hasta Sri Lanka, y desde Camerún hasta Zimbabue (en este último caso, se celebrarán elecciones pero, como en Rusia, los que se han hecho cargo no tienen intención alguna de perder). Y, hablando de Rusia, para cualquiera que tuviera dudas sobre las pretensiones autocráticas del hombre fuerte perenne Vladimir Putin, en vísperas de nuevas elecciones —que, sin duda, ganará—, la candidatura de su único rival serio, el activista anticorrupción Alexei Navalny, ha sido vedada. La prohibición se basa en cargos inventados, con la intención de mostrarlo como delincuente convicto.

Una vez que terminen las elecciones, Putin iniciará otro mandato al frente del gobierno ruso, que se extenderá hasta el 2024. Esto lo convertirá en el líder ruso más políticamente longevo desde la era del dictador totalitario Joseph Stalin.

En la mayoría de los casos, estos regímenes autocráticos mantienen una apariencia de constitucionalidad, una parodia de gobierno democrático, incluso cuando sus constituciones son modificadas o completamente reescritas para acomodar a sus líderes actuales. Y el pueblo sigue votando (aunque a qué efecto es un asunto, en general, menos que transparente). Pero, en todos esos casos, los principios de la vida democrática, desde los derechos y las libertades individuales hasta la libertad de expresión y la seguridad judicial, resultan las primeras víctimas del autoritarismo prevalente.

En el 2017, los Estados Unidos de América, otrora metro con el cual se medía la vida democrática en todo el planeta, proporcionaron al mundo un ejemplo a seguir menos que estelar. El presidente, quien asumió el cargo en el primer mes del año pasado, logró atraer los votos de solo el 26% de los votantes habilitados. Esto le dio el 46% de los votos emitidos para los dos candidatos principales. Su contrincante, la exsenadora y exsecretaria de Estado Hillary Clinton, ganó el 48% de los votos emitidos para los dos principales candidatos y, en la votación popular, lo superó al actual presidente en casi 2,9 millones de votos. Sin embargo, en un controvertido capricho de la "democracia representativa" de Estados Unidos, perdió las elecciones debido a un resultado muy debatido en el Colegio Electoral. Aunque esto ha sucedido otras cuatro veces en la historia de los Estados Unidos, los resultados de la votación popular en estos otros casos siempre han sido mucho más reñidos. En este caso, el margen por el cual ganó Hillary —más votos que el número total de habitantes en la ciudad de Chicago— fue mucho mayor que cualquier diferencia por la cual un candidato presidencial de los Estados Unidos había ganado el voto popular y, aun así, perdido la elección.

Noam Chomsky, virtual decano de los pensadores liberales estadounidenses y vigilante tenaz de los principios democráticos, ha señalado en más de una ocasión que el Colegio Electoral, lejos de ser un garante de la democracia estadounidense, es, de hecho, un factor limitante. Ha opinado que el Colegio Electoral debería ser eliminado, pero agregado que es poco probable que esto ocurra porque forma parte del sistema político originariamente constituido en Estados Unidos.

En una entrevista, Chomsky dijo alguna vez que, si bien los próceres fundadores de los Estados Unidos querían un sistema ampliamente democrático, también deseaban asegurarse de que nunca hubiera "*demasiada* democracia". Y el Colegio Electoral era una póliza de seguro contra eso.

Según Chomsky, "se suponía originariamente que el Colegio Electoral sería un cuerpo deliberativo extraído de las élites educadas y privilegiadas. No necesariamente respondería a la opinión pública, que no fue muy bien considerada por los fundadores, por decirlo suavemente". Continúa diciendo: "'La masa de gente [...] rara vez juzga o determina lo correcto,' como dijo Alexander Hamilton durante el encuadre de la Constitución, expresando una opinión de élite común". Chomsky agrega que "es solo uno de los muchos factores que contribuyen al carácter regresivo del sistema político [de EEUU], que [...] no pasaría examen alguno bajo las normas [democráticas] europeas".

No cabe duda de que los redactores originales de la Constitución de EEUU vieron la idea de un Colegio Electoral como un medio para proteger los "intereses nacionales" en caso de que un candidato fuera elegido por voto popular a quien consideraban inadecuado para el cargo. Pero algunos analistas han argumentado recientemente que el actual presidente es precisamente el tipo de candidato contra el cual se creó dicha herramienta para la protección de la democracia estadounidense. Y, en cambio, terminó siendo una herramienta que *aseguró* que él asumiera el cargo.

A pesar de esto, vale la pena preguntar qué tan independientes del sentimiento popular son los electores en el Colegio Electoral. La respuesta es una cuestión de derecho en cada estado: ciertos estados tienen reglas que obligan a sus electores a seguir la voluntad de la mayoría del pueblo estatal. Pero, en otros estados, los miembros del Colegio Electoral son, básicamente, agentes libres, que pueden votar por quién les parezca mejor. Y, cuando lo hacen, rompiendo filas con la tendencia popular, son considerados "electores infieles".

A continuación, algunos ejemplos: en el estado de Washington, cuatro electores en las últimas elecciones presidenciales, de quienes originariamente se esperaba que votaran por Hillary Clinton, desertaron, pero no por Donald Trump. Tres votaron por el exsecretario de Estado de la Administración Bush, el general Colin Powell. El otro votó por Faith Spotted Eagle, una activista indígena, quien se opuso al oleoducto Dakota Pipeline. Un elector de Hawái, de quien se esperaba que votara por Hillary Clinton, votó, en cambio, por el senador independiente Bernie Sanders, a pesar de que Sanders ya había retirado su candidatura a la presidencia y había pedido a sus seguidores que votaran por Clinton, para negarle las elecciones a Trump. Y estos no fueron los únicos casos de electores que, simplemente, ignoraron las tendencias de votación popular en sus estados, y muchos de los que sí lo hicieron, finalmente, emitieron sus votos por Trump.

Esto no debe tomarse como una declaración crítica contra el sistema de EEUU en su conjunto, que he admirado durante mucho tiempo. Pero sí sirve como una explicación al menos superficial de cómo alguien tan impopular con la mayoría de los estadounidenses y cuya filosofía política y social está tan aparentemente divorciada de los principios democráticos de ese sistema puede, sin embargo, encontrar un camino hacia la Casa Blanca.

En su nuevo libro titulado *How Democracies Die* ('Cómo mueren las democracias'), los profesores de la Universidad de Harvard Steven Levitsky y Daniel Ziblatt hacen una pregunta acuciante: considerando la dirección política tomada por la era Trump, ¿qué tan vulnerable es la democracia estadounidense a tal destino? En pocas palabras, los autores indican: "Los demagogos extremistas surgen de vez en cuando en todas las sociedades, incluso en las democracias sanas. Una prueba esencial de este tipo de vulnerabilidad no es si surgen tales figuras, sino si los líderes políticos, y especialmente los partidos políticos, trabajan para evitar que estas accedan al poder. Cuando los partidos establecidos invitan interesadamente a los extremistas a sus filas, ponen en peligro la democracia".

He aquí el problema: en las campañas preliminares para las elecciones estadunidenses del 2016, el Partido Republicano (GOP) tenía una verdadera canasta de candidatos, en gran parte mediocres, ninguno de los cuales parecía capaz de ganarle a la demócrata Hillary Clinton, y quizás tampoco al senador independiente Bernie Sanders. La combinación de la desesperación del Partido Republicano por ganar y su sorpresa ante la pequeña pero ruidosa base ultraderechista y evangélica que repentinamente se unió al empresario multimillonario Donald Trump llevó a los líderes del partido, con pocas excepciones, a aceptar la candidatura de Trump, pese a que nadie estaba muy seguro de su política, de su conservadurismo o de sus lealtades que, al parecer, resultaron ser solo a él mismo. Básicamente, el Partido Republicano se prestó como un vehículo para las ambiciones políticas de Trump, y le permitió usurpar el poder del GOP en su calidad de uno de los dos principales partidos políticos del país.

Ya para mediados del año pasado, en el informe anual del *Global Peace Index* ('Índice Global de la Paz') o GPI, publicado por el Institute for Economics and Peace, Estados Unidos había precipitado once escalones hacia abajo desde su ya embarazosamente bajo escalón en la lista hasta el puesto 114 de 163, en el ranking de los países más (y menos) pacíficos del planeta, mientras que la mayoría de sus principales aliados internacionales se ubicaron dentro de los veinte primeros puestos. Vale la pena señalar que el GPI basa sus informes anuales en datos del año anterior, por lo cual son datos de antes de que Trump juró como presidente. Pero, aun así, el informe hizo mención especial al hecho de la gran agitación política que surgió de la victoria electoral de Trump en el 2016, e indicó que esta fue una de las principales razones por las cuales EEUU continuó su caída libre en la escala de paz mundial.

El GPI toma en cuenta una amplia gama de criterios que contribuyen al establecimiento de una existencia (y coexistencia) pacífica. Estos incluyen, entre muchos otros, la inestabilidad política, la facilidad de acceso a las armas de puño y ligeras, la capacidad de armas nucleares y pesadas, el número de personas encarceladas por cada 100.000 habitantes, la probabilidad de manifestaciones violentas, la inestabilidad política, las relaciones con los países vecinos, etc.

Será interesante ver dónde se clasifican los EEUU cuando salga el próximo informe del GPI a mediados del 2018, con datos del primer año desde la inauguración de Trump. Ese informe, seguramente, tendrá que considerar la creciente división entre los partidarios de Trump y los que no lo apoyan y el estímulo que el presidente da a esa división; la continuación de las investigaciones especiales y del Congreso sobre una posible colusión entre la campaña de Trump y Rusia en la interferencia de Moscú en las elecciones presidenciales del 2016; investigaciones sobre posibles cargos por obstrucción de la justicia contra Trump y contra miembros de su entorno; el apoyo expresado por Trump por políticas penales aún más severas en un país que solo representa el 4,4% de la población mundial, pero que alberga a más del 20% de los presos del mundo (alrededor de 2,3 millones de personas); su enfoque hostil hacia las relaciones con su vecino del sur, México; su defensa de la posesión, por parte de ciudadanos comunes, de armas de guerra de uso militar; sus recomendaciones en cuanto a distribuir armas nucleares entre más países (como Japón y Corea del Sur) frente a una amenaza nuclear ahora clara en Corea del Norte; y sus amenazas abiertas de usar las armas nucleares ante cualquier provocación, así como su intensificación de las tensiones en el Medio Oriente al reconocer oficial (y gratuitamente) a Jerusalén como la capital de Israel.

Si no fuera por otra cosa, las mentiras claramente documentadas del presidente Trump y su caracterización de los medios convencionales como "noticias falsas" (definidas por observadores objetivos como, prácticamente, cualquier cosa que no concuerde con las posiciones del líder autocrático estadounidense), cuando él y su séquito están continuamente generando información falsa, ha servido como un ejemplo a seguir para los autócratas de todo el mundo y les proporcionó una especie de "permiso" para tratar a los medios independientes de sus países en términos similares. Esto en sí mismo es, en la medida en que la base popular del presidente repita y crea sus falsas acusaciones, un precedente peligroso para la democracia estadounidense y, como tal, para la democracia en todo el mundo.

Según Levitsky y Ziblatt, "una vez que un aspirante a autoritario llega al poder, las democracias se enfrentan a una segunda prueba crítica: ¿el líder autocrático subvertirá las instituciones democráticas o se verá limitado por ellas?". Agregan que "las constituciones deben ser defendidas por los partidos políticos y por ciudadanos organizados, pero también por normas democráticas o reglas no escritas de tolerancia y moderación. Sin normas sólidas, los controles y equilibrios constitucionales no sirven como los baluartes de la democracia que imaginamos que sean. Por lo contrario, las instituciones se convierten en armas políticas, manejadas con contundencia por aquellos que las controlan contra quienes no... Los autócratas elegidos subvierten la democracia, metiendo a su gente en los tribunales y en otras agencias neutrales, y convirtiéndolas en 'armas', comprando a los medios y al sector privado (o intimidándolos para hacerlos callar), y reescribiendo las reglas de la política como para perjudicar permanentemente a sus rivales. La trágica paradoja de la ruta electoral hacia el autoritarismo es que los enemigos de la democracia usan las mismas instituciones de la democracia [...] para matarla".

En este sentido, los coautores de *How Democracies Die* creen que "[...] Estados Unidos falló en la primera prueba que se presentó en noviembre del 2016, al elegir un presidente sin lealtad auténtica hacia las normas democráticas". Opinan que no fue, simplemente, una profunda insatisfacción de los votantes con el funcionamiento habitual de Washington que hizo posible la sorprendente victoria de Trump, sino también, y más importante aún, "el fracaso del Partido Republicano para evitar que un demagogo extremista ganara la nominación". Esta no es la primera vez —nos recuerdan— que ha aparecido algún autoritario en el horizonte político de EEUU (como ejemplos importantes, están los casos de Huey Long, Joseph McCarthy, George Wallace). [...]. Pero una protección importante contra los aspirantes a autoritarios no solo ha sido el firme compromiso del país con la democracia sino, más bien, nuestros partidos políticos, [como] guardianes de la democracia".

Los profesores de Harvard señalan que "muchos observadores se consuelan con la Constitución de los EEUU, diseñada precisamente para frustrar y contener a los demagogos como Trump". Después de todo, según señalan, el sistema madisoniano de controles y equilibrios ha perdurado durante más de dos siglos, sobreviviendo a la Guerra Civil, la Gran Depresión, la Guerra Fría y Watergate. Pero ¿será capaz de sobrevivir a la embestida del trumpismo?

En cuanto a esta consideración, indican Levitsky y Ziblatt, "estamos menos seguros. Las democracias funcionan mejor —y sobreviven más tiempo— cuando las constituciones se ven reforzadas por normas de tolerancia mutua y reserva en el ejercicio del poder. Durante la mayor parte del siglo XX, estas normas funcionaron como una especie de guarda rail en la democracia estadounidense, ayudando a evitar el tipo de luchas partidistas que destruyeron las democracias en otras partes del mundo, incluso en Europa en la década de 1930 y en Sudamérica en las décadas de 1960 y de 1970. Pero, actualmente, esas normas se están debilitando".

Los autores advierten que, durante la presidencia de Barack Obama, muchos republicanos, en particular, abandonaron la moderación, remplazándola con una estrategia para ganar por cualquier medio. "Donald Trump ha acelerado este proceso —escriben—, pero no lo causó. Los desafíos que enfrentamos son más profundos que un presidente, sin importar cuán preocupante pueda ser este".

Una cosa es cierta: pase lo que pase, para bien o para mal, en el próximo año —y de hecho durante el resto del mandato de Donald Trump—, es probable que los acontecimientos tengan un efecto duradero sobre la paz y sobre la democracia, no solo en los Estados Unidos, sino también en todo el resto del mundo.

8 de enero de 2018

TRUMP O DEMOCRACIA
TRUMP: EL NUEVO ROSTRO DEL LEGENDARIO "*UGLY AMERICAN*"

Es bastante fácil subestimar al extravagante candidato presidencial estadounidense Donald Trump. *The Donald*, como lo han apodado sus apologistas, es, después de todo, un perenne farsante con un peinado ridículo, una especie de recorte de cartón del jefe ogro, un americano feo de caricatura que desprecia al máximo la diversidad y responde a la verdad con mentiras, insultos personales, habladurías sin fundamento e insinuaciones vulgares. Como aspirante a la presidencia, es un candidato que sustituye proyectos concretos con fantasías megalómanas, y una auténtica plataforma política, con prejuicios y con patrioterismo.

Pocas veces se ha calificado a un candidato presidencial como "un payaso". Pero entre las personas razonables es común escuchar la opinión de que Trump es "un bufón", un breve "destello", "una broma", y que nunca será seriamente el candidato republicano a la presidencia de Estados Unidos en 2016. Tampoco, dicen, tendrá nunca los medios para ganar como independiente. "Nadie recordará siquiera que se presentaba—dicen algunos—, un mes después de que abandone la carrera electoral".

Pero tales descalificaciones parecen ser similares a silbar en la oscuridad, y pueden ser un peligroso error de cálculo del atractivo de Trump. Por mucho que los estadounidenses de pensamiento claro quieran convencerse de que un patotero estereotipado y un intolerante monstruoso como Donald jamás podría ser tomado en serio en "la mayor democracia del mundo", el increíble éxito que ha tenido la vil patraña fundamentalista de Trump a la hora de conseguir que la gente lo apoye está dejando a los analistas políticos rascándose la cabeza, al tiempo que humilla aún más a una conducción del Partido Republicano ya muy cuestionada que ha parecido incapaz, hasta la fecha, de presentar un candidato oficial del GOP capaz de enviar a Trump lloriqueando de vuelta a su casa con el rabo metido entre las piernas.

Después de su comentario de la semana pasada sobre cómo impondría "[...] un cierre total y completo de la entrada de musulmanes en Estados Unidos hasta que nuestros representantes puedan averiguar qué demonios está pasando [...]", Trump ha conseguido asustar incluso a algunos de sus antiguos partidarios y hacer cambiar de opinión a unos cuantos de los que lo veían como un "payaso inofensivo y divertido". Muchos se han apresurado no solo a condenar una sugerencia tan claramente discriminatoria, sino a comparar su postura con la de otros racistas fundamentalistas, entre los cuales se destaca Adolfo Hitler.

Y el hecho es que, aunque mucha gente se ha reído de esas comparaciones como una hipérbole injustificada, en realidad, no son tan descabelladas si se juntan con otras declaraciones asombrosamente caricaturescas que se le han ocurrido a Donald para tratar de convencer a una creciente masa crítica de ciudadanos reaccionarios de que él es el hombre que puede hacer realidad sus sueños aislacionistas plagados de odio.

Por ejemplo: su idea de separar totalmente a Estados Unidos de México con un muro invulnerable no es una nueva noción; los soviéticos lo hicieron cuando levantaron su Cortina de Hierro entre el Este y el Oeste, pero en aquel entonces los estadounidenses, en su mayoría, consideraban que ese muro era un monumento moral y humanamente repugnante a un régimen totalitario cruel. Tampoco lo es su sugerencia de que la mayoría de los mexicanos que cruzaban la frontera eran narcotraficantes, violadores y otros delincuentes que solo traían crimen a Estados Unidos. O su comentario patentemente racista durante los disturbios por la muerte mientras estaba bajo custodia policial del afroamericano Freddie Gray en el sentido de que "nuestro gran presidente afroamericano no ha tenido precisamente un impacto positivo en los matones que están destruyendo tan alegre y abiertamente Baltimore". O como cuando redobló sus ataques racistas y bromeó diciendo: "La pereza es un rasgo de los negros... ¡Dejar que los negros cuenten mi dinero! Odio eso. La única clase de gente que quiero que cuente mi dinero son los tipos bajitos que llevan kipás todos los días".

Trump no perdona, prácticamente, a nadie —excepto a los fanáticos afines y a los derechistas radicales— en su campaña para convertirse en la voz del americano feo. Pero, mientras que muchas personas en los medios de comunicación que deberían saber mejor se han reído de la descarada incorrección política de Donald como nada más que sensacionalismo por su parte, una treta para atraer a más y más fanáticos y reaccionarios de la clandestinidad para que declaren su amor por su marca de política nacionalista, con la esperanza de que, si puede conseguir una masa crítica suficientemente grande de ultraderechistas que lo apoyen, el GOP tendrá que nominarlo para que se postule. Esto deja, entonces, de ser gracioso o entretenido cuando esa posibilidad comienza a vislumbrarse como realidad concreta.

Una encuesta reciente mostró que una sólida mayoría de estadounidenses rechazaba las declaraciones antimusulmanas de

Trump. El sondeo de NBC News-*Wall Street Journal* reveló que el 57% de los estadounidenses condenaba a Trump por esas declaraciones, mientras que solo el 25% lo aplaudía. Entre los demócratas, esa proporción se elevó al 75% de rechazo. Pero estas cifras no hacen menos chocante el hecho de que el 42% de los republicanos que respondieron a esa misma encuesta estuvieran de acuerdo con la propuesta de Trump de prohibir a los musulmanes en general la entrada a Estados Unidos, y solo el 36% de los encuestados republicanos dijera que rechazaba la propuesta. Incluso, teniendo en cuenta un margen de error del 4% o 5% en este tipo de encuestas, se trata de una enorme proporción de votantes republicanos que estarían a favor de una idea tan obviamente irracional, discriminatoria e irrealizable.

Para los que se burlan de las payasadas televisivas de Trump, la pregunta que se nos ocurre a personas como yo, que consideramos la aparición de alguien como Donald Trump un peligroso retroceso a una época que creíamos terminada, para nunca volver, tras la Segunda Guerra Mundial, es siempre: "¿Qué te hace pensar que Trump es importante?". Y la respuesta es porque su influencia va mucho más allá de las cifras de las encuestas, por muy impactantes que sean.

Un buen ejemplo fue el Debate Presidencial Republicano de esta semana, en el cual hubo solo dos notables excepciones: Rand Paul y Jeb Bush. Paul sugirió: "Si prohibimos ciertas religiones, si censuramos internet, creo que en ese momento los terroristas habrán ganado". Bush, por su parte, subrayó la importancia de aliarse con los musulmanes, diciendo: "Si vamos a prohibir a todos los musulmanes, ¿cómo vamos a conseguir que formen parte de una coalición para destruir a ISIS? [...] Esta no es una propuesta seria. De hecho, alejará al mundo musulmán, al mundo árabe, de nosotros en un momento en el que necesitamos volver a comprometernos con ellos para poder crear una estrategia para destruir a ISIS".

Sin embargo, en general, los candidatos hablaron con un nivel de belicosidad, de desprecio por las reglas de compromiso y de falta de valores humanitarios que resultaba espantoso, hasta el punto de sugerir la Tercera Guerra Mundial (el gobernador de Nueva Jersey, Chris Christie) como medio viable para hacer frente tanto al ISIS como a la amenaza percibida de Rusia. Se habló de "bombardeos concentrados" sobre los territorios controlados por ISIS, donde los "daños colaterales" entre los hombres, mujeres y niños civiles serían devastadores, y de "hacer lo que sea necesario para mantener a los estadounidenses a salvo", incluso cuando algunas de las "soluciones" sugeridas eran moralmente reprobables y violaban el derecho internacional.

El alto nivel de abandono alegre y hostilidad atroz con el que los candidatos en general hablaron de política exterior y seguridad como si se prepararan para un enfrentamiento estilo Lejano Oeste —con el tema de "hacer grande a Estados Unidos de nuevo" después de lo que anunciaron como "la debilidad de Obama" subyacente en casi todas las respuestas— fue un nuevo punto de partida, en su mayor parte, dentro del contexto de los debates que han tenido lugar hasta la fecha y reflejó el afán de los aspirantes presidenciales por captar la atención y contraatacar. ¿Contra quién? Contra el favorito, Donald Trump, y hacerlo combatiendo fuego con fuego.

Visto así, Trump se ha convertido en el dudoso punto de referencia de lo que los candidatos republicanos creen que deben ser para captar a los votantes. Donald, parecen razonar, ha erosionado la popularidad de los demás apelando a los miedos, la ira, los prejuicios y el nacionalismo radical de los segmentos menos informados y más fundamentalistas de la sociedad. Si a él le ha funcionado, quizá ellos también puedan sacar provecho y recuperar el terreno perdido adoptando posturas irracionales, irresponsables y descaradamente belicistas. El resultado fue tal que un consultor militar de la CNN dijo más tarde a Anderson Cooper que el nivel del debate lo había sorprendido y avergonzado como oficial militar estadounidense, lo cual lo llevó a reflexionar sobre lo mal que funcionaría en el extranjero, especialmente entre los aliados y potenciales aliados de Oriente Medio.

Otro lugar donde la influencia maligna de Trump se ha hecho sentir es la comunidad musulmana de Estados Unidos. Allí, según las noticias, los musulmanes han sufrido un repentino aumento de los ataques personales, las amenazas y los insultos desde que Trump sugirió que se prohibiría la entrada a todos ellos en EEUU. Sin embargo, en lugar de restar importancia a su anterior afirmación, Trump la reforzó durante el debate de esta semana, diciendo, a preguntas del moderador y presentador de la CNN, Wolf Blitzer: "Nuestro país está fuera de control... ¿Decenas de miles [de inmigrantes] con teléfonos móviles con banderas del ISIS? Pienso que no, Wolf. No van a venir a este país. Y, si soy presidente y si Obama ha traído a algunos a este país, se van. Se van. Se van".

En los últimos días, como defensa de su llamamiento a prohibir la inmigración musulmana, Trump también citó las órdenes ejecutivas impuestas por la administración de Franklin D. Roosevelt durante la Segunda Guerra Mundial, que, efectivamente, despojaron a los descendientes de alemanes, italianos y japoneses que vivían en Estados Unidos de sus derechos civiles básicos y de sus propiedades e, incluso, en el caso de los japoneses-americanos, provocaron su aislamiento en campos de concentración. El hecho de que Trump considere esta torpeza inhumana de FDR —que ha sido documentada de forma conmovedora en libros y películas que retratan el inexpresable sufrimiento e injusticia sufridos por estos segmentos de la población estadounidense debido al racismo, discriminación y autoritarismo flagrante patrocinados por el gobierno—, para validar su propia actitud autocrática solo demuestra lo alejado que está de la realidad y lo peligroso que sería en una posición de poder única como la presidencia de Estados Unidos.

Es fácil encogerse de hombros y decir que los políticos son políticos y, como tales, oportunistas imprudentes que venderían a sus madres por un voto. Pero eso no es lo que la gran mayoría de los estadounidenses sensatos y el mundo en general están dispuestos a aceptar de los líderes de estadounidenses y, si Trump puede estar liderando la conducción republicana en este momento, entonces, el GOP ha perdido seguramente su capacidad de liderazgo y cualquier pretensión de grandeza que pudiera haber tenido.

Cuando la gente trata de reírse del flagrante racismo e intolerancia de Trump y de las comparaciones de su retórica con la de los monstruosos dictadores extremistas del siglo XX como Hitler y Mussolini, que llevaron al planeta a la guerra más devastadora de la historia del mundo, habría que recordarles que, cuando Hitler inició su camino hacia las políticas de supremacía aria, su "solución final" para las etnias que despreciaba y su búsqueda de la dominación mundial, todos los partidarios que acudieron a escuchar sus vitriólicos y apasionados discursos cabían en una sola cervecería. Además, el hecho de que millones de personas lo siguieran más tarde en la Segunda Guerra Mundial no hacía que sus objetivos o su filosofía política fueran menos repugnantes desde el punto de vista moral o menos ilegítimos según el derecho internacional.

Afortunadamente, una tendencia igualmente xenófoba e islamófoba en Francia, liderada por el Partido del Frente Nacional de Marine Le Pen, fue derrotada en las elecciones parlamentarias de este mes en ese país, a pesar de que los medios de comunicación predijeron una gran victoria para Le Pen y sus propuestas antiinmigración y antiislámicas, lo cual tiende a demostrar que los votantes de centro-derecha son a menudo más inteligentes y menos fundamentalistas de lo que los candidatos o de lo que la prensa les da crédito. Solo cabe esperar que este sea también el caso de Trump en las elecciones primarias de EEUU, en las cuales los votantes estadounidenses tendrán la oportunidad de negar el acceso a la presidencia a cualquiera que represente posturas políticas divisivas e intolerantes que solo pueden conducir a un enorme aumento en el caos, la violencia y la inseguridad para Estados Unidos y para el mundo en general.

17 de diciembre de 2015

¿QUIÉN LE TEME A DONALD TRUMP? EN BREVE: CUALQUIER PERSONA CUERDA

Donald Trump, mejor conocido como "El Donald", es ahora, para disgusto de gran parte de ese partido, el virtual candidato republicano (GOP) para presidente de los Estados Unidos de América. Mucha gente en ambos lados del espectro político en EEUU y, en un grado aun mayor, alrededor del mundo, está rascándose la cabeza y preguntándose cómo alguien como Trump podría terminar incluso siendo candidato presidencial independiente, y mucho menos el elegido popular entre los votantes republicanos del GOP.

Tal vez el término más utilizado para describir a El Donald hasta la fecha es el de "cañón suelto" (*loose cannon*), una expresión idiomática inglesa que no podría ser más gráfica y precisa. En los tiempos de la navegación a vela, el cañón se colocaba en los barcos con sumo cuidado y meticulosamente sujeto en posición para asegurar el máximo poder de fuego y la máxima seguridad. Pero, en mares agitados o en la batalla, alguno de estos cañones pesados de hierro o de bronce podía soltarse de sus amarras y causar estragos, rodando libre y de manera impredecible, capaces de aplastar a tripulantes y de golpear contra casco y mamparos, haciendo grandes boquetes antes de que se pudieran poner bajo control nuevamente. En resumen, un cañón suelto bien podía ser responsable de hundir un barco y de matar a su tripulación.

Y esto es precisamente lo que Donald Trump está haciendo, no solo dentro del Partido Republicano de Estados Unidos, sino también contra la reputación de EEUU a nivel mundial. He aquí unos ejemplos:

Fuentes allegadas a la Casa Blanca señalan que, en los últimos meses, donde sea que el presidente Barack Obama viaje en el mundo y sin importar cuál sea el propósito de su viaje, termina teniendo que explicar el "fenómeno Trump" a los líderes extranjeros, que se mueren de miedo de que alguien como él (un agente de poder multimillonario con ideales fundamentalistas y aislacionistas, cero experiencia o conocimiento de los asuntos exteriores y quien toca de oído en cuanto a sus potenciales políticas sobre temas tan vitales como la guerra, la inmigración, el comercio internacional, las relaciones exteriores y el papel de Estados Unidos en el escenario mundial) podría acceder a la presidencia de la nación más formidable y potencia nuclear más temible sobre la Tierra. Tan cierto ha sido esto que Obama ha tenido que elaborar, aparentemente, una respuesta estándar al respecto para tratar de lograr tranquilizar a otros múltiples jefes de Estado. Sin embargo, hasta ahora, esa respuesta se ha basado en la teoría ampliamente generalizada de que una presidencia de Trump podría suceder solamente cuando nieve en el infierno, y de que El Donald nunca llegaría a la suma de delegados republicanos que necesitara para ganar la nominación del Partido GOP (Republicano) y de que los líderes republicanos le bloquearían el paso a dicha nominación cuando todos se reunieran en la convención nacional en la ciudad de Cleveland en el próximo mes de julio.

Pero, a la luz de las impresionantes victorias de Trump en las votaciones primarias —que, inclusive, nulificaron el anuncio tardío de sus rivales Ted Cruz y John Kasich de que compartirían sus respectivos apoyos populares con el fin de superar los avances del magnate de bienes raíces—, el presidente Obama tendrá que dar otro sesgo a su mensaje, dado que Trump ya ha mostrado que sus detractores están tan equivocados como lo fueron los del propio Obama cuando dijeron que Estados Unidos no estaba preparado para un presidente afroamericano, y sobre todo no para uno que fuese liberal.

Otro ejemplo es la reacción que está surgiendo entre los verdaderos conservadores en la esfera de influencia del GOP. El muy respetado columnista conservador George Will del *Washington Post* escribió recientemente que la única forma en que el GOP se reivindicara sería que los que no fueran partidarios de Trump rompieran filas con el partido en las elecciones presidenciales de noviembre y votaran por la probable candidata demócrata, Hillary Clinton, para luego asegurarse de que ella tuviera solo un período como presidente de la nación. De hecho —y al juzgar por su registro de votaciones en el Congreso—, la línea política de Clinton coincide mucho más con la de la corriente central del Partido Republicano que con la de Trump, pese a la afiliación de ella con el partido rival. Aunque Trump haya intentado tildarlo a George Will de "perdedor", sería difícil exagerar la importancia de una declaración tan lapidaria cuando surge de un conservador tan altamente respetado y con tanta autoridad intelectual como lo es el columnista del *Washington Post*.

Y George Will parece no ser el único conservador de pura cepa que piensa de esa manera. Tan pronto como se hizo evidente que Trump sería el candidato republicano (ya difícilmente se pueda tomar como amenaza seria la permanencia en campaña del gobernador de Ohio, John Kasich), el senador republicano John McCain, quien se había enfrentado a Barack Obama por la presidencia en el 2008, dio a entender públicamente que rompería filas con el GOP para apoyar a Hillary Clinton en noviembre (o sea, votaría a cualquiera menos a Trump, obviamente). ¿Cómo iba a apoyar —según se preguntaba a sí mismo en voz alta— a alguien que citaba al *National Enquirer* como si fuera una fuente seria? (La frase fue en obvia referencia a cuando Trump había intentado vincular al padre de Ted Cruz con el asesinato de John F. Kennedy en 1963, basándose en una nota fotográfica publicada en dicho medio, el cual se nutre del escándalo). El hijo y hermano de dos expresidentes, Jeb Bush, quien, a su vez, es ex gobernador de Florida, y quien, semanas antes, se había retirado de la contienda republicana después de haber sufrido una derrota humillante ante Trump, también se negó a romper lanzas y hacer la paz con el virtual candidato, afirmando que Trump "no ha demostrado el temperamento o la fuerza de carácter (para ser presidente). No ha mostrado respeto por la Constitución. Y no es un conservador consistente. Estas son todas las razones por las cuales no puedo apoyar su candidatura".

Entre muchos otros a favor de la "solución" de George Will, se hallaba el estratega republicano de campaña Steve Schmidt, quien tuiteó: "Los republicanos deben preguntarse a cuál aman más, si a su partido o a su país". El bloguero conservador Ben Howe escribió "#ImWithHer" (estoy con ella)". Howe añadiría más tarde: "Soy conservador fiscal y conservador social. Eso no va a cambiar. Pero no voy a votar por un ególatra autoritario". Philip Klein, director periodístico del conservador *Washington Examiner*, anunció públicamente que acababa de "desregistrarse" como miembro del Partido Republicano. Su anuncio se produjo justo después de que el presidente del Comité Nacional

Republicano Reince Priebus, enemigo mortal de Clinton, titubeó, claudicó y dijo que apoyaría a Trump, ya que era momento para que los del GOP tirasen juntos y empezaran a pensar en vencer a Hillary. Está claro, pues, que existen crecientes disturbios en ese partido, usurpado por un extraño y, sin duda, un extraño peligroso, divisorio y autoritario.

Sin embargo, el problema no es tanto el daño que Trump ha causado a la política interna, sino lo que está haciendo a la reputación de Estados Unidos en todo el mundo y, de hecho, lo que está haciendo a la democracia occidental, que ya estaba soportando las tormentas de la era de George W. Bush, en la que el autoritarismo consiguió meterse de manera grave y perniciosa, en reacción a los ataques del once de septiembre de 2001 (tendencia peligrosamente erosiva para la democracia que el presidente Obama ha sido no solo parcialmente incapaz, sino que también ha estado parcialmente no dispuesto a cambiar significativamente durante sus siete años en el cargo). Mientras que el estilo autoritario de Trump, que ha recordado a más de unos pocos observadores del ascenso del fascismo en las décadas de 1920 y de 1930 en Europa, puede parecer como un sorprendente "fenómeno americano", visto en un contexto más amplio, reproduce una tendencia que parece ascendente en el continente europeo. Resulta una especie de *déjà vu* para cualquier persona de edad suficiente como para tener un conocimiento de primera mano sobre los años previos y posteriores a la Segunda Guerra Mundial, o al menos para haber aprendido de los labios de sus padres sobre dicho período de populismo autoritario radical que fomentó el conflicto mundial más devastador de la historia.

Carlo Bastasin, investigador del prestigioso Instituto Brookings, escribe: "La migración, la desigualdad, el deterioro de la clase media, la crisis del euro, la desconfianza en el *establishment*... no existe escasez alguna de explicaciones para que los votantes envíen mensajes de enojo en los países europeos al poner sus papeletas en la urna. Sin embargo, se toma, generalmente, dicho mensaje como una explosión temporal de bronca que, eventualmente, se automodulará. Así, durante al menos 20 años, hemos considerado la irritación pública como un precio insignificante para la democracia".

Pero Bastasin advierte que pensar así es un error, y agrega que, de hecho, "el apoyo a los partidos radicalizados solo ha crecido. Los partidos tradicionales que favorecen la integración europea (los demócratas cristianos y demócratas sociales) se ven amenazados en todo el continente. Nuevos partidos radicalizados, sobre todo de extrema derecha, están surgiendo en todas partes... Cada cuatro años, la Unión Demócrata Cristiana de Alemania (CDU) pierde un millón de votantes por razones puramente demográficas. Lo mismo sucede con el Partido Socialdemócrata de Alemania (SPD). Víctimas del alto desempleo en la región, los votantes jóvenes de Alemania, Italia, Austria, España, y de otros lugares a menudo votan en forma distinta e impredecible".

Esto debe sonar a conocido para todos aquellos liberales y conservadores por igual, que se han visto sorprendidos por el extraordinario éxito de Trump en todo Estados Unidos. En realidad, este fenómeno no debería ser, en absoluto, sorpresa alguna. Es, sencillamente, el resultado de una falta de pericia a la hora de leer las tendencias. En la era de Bush después de los atentados terroristas del once de septiembre de 2001, la gente, en general, entregó de buena gana y con gran ingenuidad, sus derechos humanos y civiles al cuidado del Ejecutivo, en nombre de "la guerra contra el terrorismo". El autoritarismo siempre se alimenta del miedo, y los autoritarios manipulan los temores y los sentimientos de inseguridad para conseguir el apoyo de una masa crítica. El miedo es lo que, en la última década y media, ha llevado a los estadounidenses a renunciar a más y más de sus derechos civiles y humanos, y a tolerar la introducción de la tortura institucionalizada y "entregas extraordinarias", la manta de excepciones legales a los derechos constitucionales, el espionaje interno sin autoridad legítima o recurso legal, las detenciones sin cargos ni juicio, listas de ejecución a discreción del presidente, "daño colateral" masivo en las operaciones militares en el exterior, las acciones militares libradas en violación al derecho internacional, y así sucesivamente.

Pero la devastadora crisis financiera y económica que coronó los años de Bush y marcó el comienzo de la presidencia de Obama, agregada al aumento exponencial del terrorismo internacional, ha fomentado nuevos y aún más profundos miedos, y ha dejado a segmentos radicalizados de la derecha en Estados Unidos (al igual que sus hermanos europeos) con una profunda desconfianza de los políticos convencionales y, por lo tanto, del sistema político como tal. Dichos segmentos se encuentran, entonces, tan altamente vulnerables a la expansión del populismo autoritario fundamentalista como lo son segmentos de perfil similar dentro de la población europea. Y Donald Trump juega constantemente con dichos sentimientos.

Las similitudes entre lo que está sucediendo en Europa y el fenómeno Trump en los EEUU son verdaderamente notables. Según Bastasin, "esta tendencia se está consolidando en Europa, de la misma manera que ocurrió en la primera mitad del siglo anterior. Esto podría sonar alarmista si no fuera por el hecho de que las sociedades europeas se encuentran en una pendiente resbaladiza que proporciona el impulso para las políticas autoritarias —pendiente formada por los efectos combinados de las crisis económica y migratoria, las cuales tornan convincente para los votantes la posibilidad de cerrar las fronteras nacionales—. Ya hemos consentido a que se levanten alambrados en Europa Oriental para mantener fuera a los refugiados. Ahora,

Austria está construyendo 'muros' en la frontera con Italia y con Eslovenia".

Mientras que esto está pasando en Europa, Trump está prometiendo a sus partidarios radicalizados en contra de casi todo lo que se puede imaginar, que va a impedir la entrada de cualquier musulmán a los Estados Unidos y que construirá un muro tan fuerte en la frontera sur que ningún mexicano "violador, asesino, o traficante de drogas" podrá saltarlo, y agrega, además, que hará "que México pague el costo" de dicho muro.

Al igual que los autoritarios populistas antes que él, Trump juega a ganar los sectores más fundamentalistas de la sociedad, insultando constantemente a las mujeres y a minorías que van desde los inmigrantes hasta los hispanos nativos, y desde los musulmanes hasta los judíos. Inventa "hechos" a su conveniencia y cubre su ignorancia enciclopédica improvisando su discurso político a medida que avanza en las encuestas. Por otra parte, se da apoyo implícito a dictadores populistas en todo el Tercer Mundo, al demostrar su autoritarismo intrínseco como una tendencia por la cual se hacen a un lado las minorías y los derechos individuales para dar paso a "la voluntad de la mayoría" y donde "la voluntad de la mayoría", con todos sus derechos y con todo el poder de la nación, se entrega a una élite autocrática. Trump resulta, además, de gran utilidad a los sistemas como los de Rusia y Turquía, donde autoritarios como Putin y como Erdogan se burlan cada vez más de Washington con su moralización democrática y su actitud hipócrita de "hacer lo que digo y no lo que hago", y pide disculpas cada vez menos por una creciente actitud autocrática a nivel ejecutivo.

Fue el jefe de propaganda de Hitler, Joseph Goebbels, quien, famosamente, aseveró: "Si uno dice una mentira suficientemente grande y sigue repitiéndola, la gente acaba por creerla. La mentira solo puede mantenerse durante el tiempo en que el Estado sea capaz de proteger al pueblo de las consecuencias políticas, económicas y/o militares de dicha mentira. Por lo tanto, se convierte en un asunto de vital importancia para el Estado usar todos sus poderes para reprimir la disidencia, porque la verdad es la enemiga mortal de la mentira, y, por lo tanto, y por extensión, la verdad es la mayor enemiga del Estado".

El Donald es un estudiante consumado de esta lección autoritaria, y uno solo puede imaginar que él, como presidente, también dominará la supresión de la verdad utilizando todo el poder del Estado. Como una nota editorial del *Washington Post* advirtió recientemente, Trump ha demostrado "desprecio por la separación de poderes al amenazar al Presidente de la Cámara de Representantes (Trump dijo que dicho jefe político 'pagará un alto precio' por oponerse a él). Donde su política externa no resulta débil, resulta aterradora [...]. En resumen, [Trump] debe inspirar temor que alguien con tal falta de juicio y de tan poca moderación pueda adquirir los poderes de la presidencia".

Hasta la fecha, la porción de la torta republicana que le corresponde a Trump, sin importar lo exitoso que pueda este parecer, solo ha sido un poco menos de la mitad. Entre republicanos y demócratas que no lo apoyan, pues, parece lógico que entre el 50% y el 75% de los estadounidenses estén en contra de él como candidato a presidente. Por el bien de la democracia y por la seguridad del mundo, solo se puede esperar que una enorme proporción de los norteamericanos que no son partidarios de Trump salgan a votar en noviembre y ayuden a detener la ola de autoritarismo populista que afecta hoy tanto a EEUU como a otros países del mundo.

12 de mayo de 2016

EL PEOR DE LOS CASOS

Hace días que estoy reflexionando sobre el impresionante resultado de las históricas elecciones presidenciales del mes pasado en Estados Unidos y, por más que trate de mantenerme positivo, solo puedo concluir que ese país, y, por añadidura, el resto del mundo, se encuentran en el punto de partida de lo que solo puede ser descrito como "el peor de los casos" para la paz, la cooperación y la comprensión a nivel global.

Para empezar, el presidente electo Donald Trump es, posiblemente, el presidente estadounidense menos preparado de la historia del país. Su formación neta se ha centrado enteramente en los negocios —con solo el más mínimo de estudios económicos puros— y tampoco es, como la mayoría de los políticos que eventualmente ocupan los cargos más altos de ese país, abogado. Este último hecho no sería necesariamente, en sí mismo, un factor fatalmente limitante. El expresidente estadounidense Jimmy Carter, por ejemplo, se recibió, con orgullo y honores, de la Academia Naval de Annapolis y fue agricultor y empresario antes de lanzarse en su carrera política. Sin embargo, fue uno de los presidentes de Estados Unidos más comprometidos con los derechos humanos y civiles y sigue siendo, como presidente y en su vida posterior, uno de los estadistas, embajadores itinerantes y negociadores de paz al que ese país ha dado origen. Trump, por su parte, ha mostrado manifiesto desprecio por la ley en general y por los principios del derecho constitucional en particular.

Incluso en su propia actividad, Trump ha demostrado que sigue un modelo de negocios poco convincente, dirigiendo numerosas empresas que han caído en bancarrota, perdiendo causas judiciales contra una universidad que fundó bajo su nombre y que fue descripta por los demandantes como una absoluta estafa, manipulando las leyes fiscales para evitar el pago de impuestos durante años, no pagando a múltiples contratistas que proporcionaron servicios a su grupo de negocios, y acumulando una reputación como un CEO, con quien, si uno hiciera negocios con él una vez, sería poco probable que los volviera a hacer. Recientemente, ha habido versiones bien fundadas que alegan que Trump ha admitido formalmente a las autoridades tributarias estadounidenses que transfirió fondos de su supuesta fundación filantrópica a personas no autorizadas para recibirlos —que podrían incluir a él mismo, a sus familiares o a las autoridades de la fundación—, práctica prohibida por ley.

A lo largo de su fea y divisiva campaña para la presidencia, Trump ha demostrado ser un demagogo racista y sexista, quien ha prometido, de manera nihilista, deshacer, durante sus primeros 100 días como presidente, todo lo que el actual mandatario Barack Obama ha hecho durante sus ocho años de gobierno, especialmente en lo que respecta a la política social. Ha prometido, además, ser más belicoso, afirmando que "sabe más acerca de la estrategia militar que todos los generales del país en conjunto" y, en cuanto a la guerra de Estados Unidos contra el terrorismo islámico, ha dicho que su solución, simplista por cierto, será cerrar las puertas del país a todos y cada uno de los inmigrantes musulmanes, poner bajo vigilancia a los que ya están en el país, ya sean extranjeros o ciudadanos estadounidenses, "bombardear a la mierda a ISIS" y "agarrar el petróleo" en el Oriente Medio. Violaciones del derecho estadounidense y del derecho internacional se encuentran implícitas en casi todos estos planes de "política exterior y de seguridad nacional". Y sus acciones prometidas contra los musulmanes son un desafío directo a las garantías constitucionales en cuanto a igualdad de protección judicial, a la libertad religiosa y al debido proceso bajo la ley.

Asimismo, Trump ha indicado que favorece las políticas defendidas por su vicepresidente electo, Mike Pence, cuando este último fue gobernador del estado de Indiana. La administración de Pence fue social y moralmente invasiva y misógina, negando el derecho de las mujeres a tomar decisiones que afecten sus propios cuerpos y sus vidas, e incluso encarcelando a algunas mujeres por poner fin a sus embarazos, considerando que tales intervenciones médicas eran "homicidios". La mayoría de los expertos veían la candidatura vicepresidencial de Pence como una movida estratégica ya que, como gobernador, aunque en el innegablemente conservador territorio de Indiana, el político se había vuelto tan impopular que era poco probable que sobreviviera a otra votación provincial.

Ambos hombres han jurado que sacarían el fondeo federal a Planned Parenthood —organización que ha ayudado a millones de parejas de bajos recursos a conseguir gran variedad de tratamientos anticonceptivos y otros servicios reproductivos y de salud sexual desde hace décadas— y prometen, además, tratar de anular la histórica decisión de la Corte Suprema conocida como "Rowe vs. Wade" sobre el derecho de las mujeres a controlar sus propios cuerpos y destinos. El presidente electo ha indicado, además, que socavará programas sociales estatales largamente establecidos que actualmente prestan asistencia a los segmentos más pobres de la población estadounidense. En muchos casos, ha afirmado que reemplazará lo que destruye con mejores programas y proyectos, pero hasta ahora no ha proporcionado la menor indicación concreta de lo que las políticas de reemplazo implicarán, más allá de prometer que serán "grandes", "tremendos" y "mucho mejores" que los que ha puesto en práctica el actual gobierno de Barack Obama.

Esto último no es para nada inusual en Trump. De hecho, es la norma. El presidente electo rara vez proporciona datos concretos sobre sus planes y/o políticas potenciales, presumiblemente porque tal ambigüedad le permite cambiar de posición para mejorar su postura en sintonía con su propia conveniencia futura. Este puede ser un enfoque astuto para las negociaciones comerciales, pero en la política, y especialmente en la política internacional, se ve como inconsistencia y como falta de confiabilidad. En cuanto a las posturas que ha expresado a lo largo de los años sobre temas que, quizás, tienen poca importancia para un hombre de negocios, pero de gran importancia para un país y su gente, Trump no se ha hecho problema alguno a la hora de adoptar posturas diametralmente opuestas a las que sostenía antes de la campaña electoral que le hizo ganar la presidencia. Hacía años, por ejemplo, cuando Trump se inclinaba por el Partido Demócrata, se declaró a favor del derecho de las mujeres a practicar el aborto según su propio criterio. Ahora, después de haberse hecho del Partido Republicano en busca de la nominación presidencial, toma una postura "provida" (antiaborto) más en sintonía con su potencial base de votantes ultraconservadores.

Incomodado por los periodistas que le recuerdan sus inconsistencias, el presidente electo de Estados Unidos ha criticado a la prensa por lo que él llama "trato injusto" para con su persona. Ha prometido que, como presidente, "relajará las leyes sobre la difamación" para hacer que sea más fácil demandar a los medios de comunicación, y ha amenazado, además, con bajarles el copete a sus críticos haciéndolos sujetos de investigaciones que, según advierte, llevarán a cabo agentes de los diferentes entes reguladores del gobierno federal. Todo esto le suena familiar a cualquiera que haya vivido bajo regímenes autocráticos o dictatoriales en otras partes del mundo, donde las leyes de difamación son regularmente manipuladas para fastidiar a la prensa y donde las agencias fiscales y otros organismos reguladores son instados a inventar cargos contra cualquiera que desafíe al régimen.

Sorprendentemente, sin embargo, el hecho de afirmar que antes pensaba de una manera y que ahora piensa de otra parece haber servido bien a Trump en las últimas elecciones, ya que sus seguidores parecen haber tomado esto como un signo de "honestidad", de ser "un tipo auténtico" y de no tenerle miedo al cambio. Pero es el tipo de comportamiento que los analistas políticos independientes tienden a ver como inconsistencia y como una preocupante falta de orientación, el tipo de posición improvisada que puede llevar a señales mixtas y a inconsistencias fatales. De hecho, su tendencia a cambiar las posturas —en efecto, a no cumplir su palabra— es el tipo de inconsistencia que puede causar estragos en las relaciones internacionales y provocar grietas difíciles de sanar.

Peor aun: Trump no parece listo tampoco para respaldarse con el mejor de los consejeros, como el popular héroe republicano Ronald Reagan hizo en su época. En aquel entonces, el presidente Reagan, quien —como exestrella de cine de poca importancia, expresidente del gremio de los actores y principal testigo durante la cacería de brujas anticomunista de la cual fue arquitecto el senador Eugene McCarthy en los años cuarenta— fue visto como mal preparado para ser presidente de los Estados Unidos (aunque ciertamente mejor preparado que Trump, habiendo servido dos mandatos como gobernador de California), pero fue aplaudido por rodearse de colaboradores bien informados y por acatar sus consejos. Trump, por su parte, parece estar formando una administración compuesta en gran parte —aunque no enteramente— de personajes del Partido Republicano, sin importar su capacidad, que se mantuvieron con él cuando otros republicanos se opusieron a su candidatura, y de gente que utilizó como "fuerza de choque" durante la campaña. Por ejemplo, el nombramiento por Trump del apologista de ultraderecha y propagandista político Steve Bannon como "estratega en jefe y consejero principal" para la futura presidencia ha gatillado alarmas en toda la comunidad de derechos humanos y civiles.

Y no es para menos. El nombramiento de Bannon ha generado un fuerte rechazo de organizaciones tales como el Consejo de Relaciones Americano-Islámicas, la Liga de Antidifamación y el Centro de Derecho contra la Pobreza del Sur. Los demócratas del Senado señalan que el sitio web *Breitbart*, administrado por Bannon, es una plataforma para las opiniones racistas y antisemitas, y lo mejor que Ben Shapiro de la Coalición Judía Republicana ha podido decir al tratar de defender el nombramiento del ultraderechista fue que no había visto señal alguna de que Bannon, personalmente, fuese antisemita, pero sin negar explícitamente que lo fuera. Agregó, además, que Bannon sí se demostraba "feliz de complacer a [tales] personas y hacer causa común con ellas", en su intento de promover su objetivo personal de transformar el conservadurismo en populismo nacionalista de extrema derecha. El defensor de los derechos civiles y activista judío Alan Dershowitz dijo, mientras tanto, que, aunque no haya "pruebas convincentes" de que Bannon sea, él mismo, un antisemita, bajo su mando, Breitbart ha surgido como la principal fuente de opiniones extremas de una minoría vocal que promueve el fanatismo y el odio".

Si se agrega a todo esto la ambigüedad del mismo Trump sobre cuestiones de fanatismo y de racismo, es difícil no preocuparse. El fin de semana anterior al feriado estadounidense de Acción de Gracias, el líder nacionalista Richard Spencer celebró una manifestación en el sitio de una convención del National Policy Institute, realizada a menos de una milla de la Casa Blanca, que imitó, de manera escalofriante, las concentraciones populares nazis que tuvieron lugar en Alemania antes de la Segunda Guerra Mundial. Desde el podio, en un discurso cuyo contenido alternaba entre el inglés y el alemán, el fundador del movimiento *alt-right* (de extrema derecha) gritó: "Viva Trump! ¡Salve nuestro pueblo! ¡Viva la victoria!". Fue aclamado por los miembros de la audiencia, quienes le contestaron con la típica venia de brazo rígido de los otrora nazis. Spencer lanzó un discurso de media hora, claramente diseñado para equiparar los valores nacionalistas neonazis con los trumpianos. Obviamente, Trump no tiene control sobre quién invoca su nombre o hacia qué fin, pero no le tomó varias horas, sino varios días responder al reconocimiento de Spencer, quien lo halagó como la gran esperanza del nacionalismo populista neonazi de la raza blanca. Solo fue el martes siguiente cuando, finalmente, Trump salió a responder a la sorpresa mediática, tanto por la manifestación neonazi como por su falta de reacción a esta. Después de tan larga espera se limitó a responder lacónicamente: "Por supuesto que los condeno".

Muchos consideraron esa respuesta desganada como demasiado poco, demasiado tarde. Oren Segal, director de la Liga de Antidifamación de EEUU, fue claro cuando dijo: "Parece haber un patrón en el gobierno electo de Trump, de esperar hasta último momento. Y, sencillamente, no podemos darnos tal lujo. Cuando se ven venias nazis en (Washington) D.C., resulta importante condenar el hecho enseguida".

En la misma línea, Segal comparó la falta de reacción de Trump respecto de la manifestación liderada por Spencer con su inmediata crítica anterior de miembros del elenco de la obra de teatro *Hamilton*, sito en la Avenida Broadway, quienes dieron una filípica al vicepresidente electo, Mike Pence, quien se encontraba en la audiencia. Según Segal, "si uno tiene tiempo para 'tuitear' algo sobre algo que pasó en el teatro, debería tener tiempo también para 'tuitear' algo sobre la crecida de crímenes de odio que está ocurriendo y sobre neonazis en Washington D.C.".

Tampoco es la primera vez que se critica a Trump por su lentitud a la hora de denunciar a los supremacistas blancos de extrema derecha. Al principio de su campaña para la presidencia de Estados Unidos, Trump se permitió una espectacular tardanza antes de rechazar el respaldo de David Duke, figura líder en el violento movimiento ultrarracista conocido como el Ku Klux Klan (KKK). En esa oportunidad, al ser cuestionado por Jake Tapper, conductor del programa periodístico *The Lead*, que sale al aire en el canal de noticias CNN, Trump, al principio, obvió el asunto al decir: "No sé nada de David Duke [figura nefasta y sumamente conocida en EEUU], y no sé nada de la supremacía blanca [confesión que, viniendo de un candidato a la presidencia de ese país, debería causar gran preocupación]". Solo fue muchos días después cuando Trump, bajo gran presión tanto de los medios como de su propia campaña, salió a declararse en contra de Duke y su organización.

Por otro lado, Trump ya ha comenzado a tomar distancia de algunas de sus promesas más extremas manifestadas durante su campaña electoral. Por ejemplo, durante esa campaña, Trump afirmó varias veces que, si llegara a la presidencia, investigaría y encarcelaría a su rival, Hillary Clinton. Tan insistente fue ese juramento que se convirtió en lema de guerra para sus votantes blancos y de clase trabajadora que en sus manifestaciones contra la Clinton gritaban: "¡A la cárcel! ¡A la cárcel! ¡A la cárcel!". Hubo, además, pancartas, tanto publicadas en Facebook como expuestas en los jardines de los seguidores de Trump, que mostraban a Hillary tras rejas y que llevaban la leyenda "Trump a la Casa Blanca; Hillary a la cárcel". Una vez asegurado de su victoria, sin embargo, Trump anunció públicamente que su gobierno no perseguiría a Hillary Clinton. Y es probable que pase lo mismo con su anunciado proyecto faraónico de construir un muro de diez metros de alto en toda la larga frontera entre su país y México, y con su promesa de deportar a once millones de inmigrantes ilegales o con su amenaza de "ir a por las familias de terroristas".

Aun cuando cualquier atenuación de las posiciones radicalmente derechistas que Trump estableció durante su campaña por la presidencia podría parecer un paso positivo, yo sigo preguntándome qué pasará cuando todos los partidarios iracundos de extrema derecha que han respaldado a Trump —"gente de la Segunda Enmienda", como se refiere Trump a estas personas defensoras apasionadas del derecho de la ciudadanía a portar armas— se den cuenta de que han sido víctimas de solo otro político mentiroso, quien diría cualquier cosa para resultar elegido... e inmediatamente padecer amnesia total una vez en el gobierno.

Resulta difícil, pues, ver cómo los próximos cuatro años podrían terminar siendo positivos para el futuro de la democracia de Estados Unidos, para los derechos civiles en ese país, para la paz mundial o para cualquier disminución en el avance del nacionalismo populista, tanto en EEUU como en el resto del mundo, dada la extraordinaria victoria para la extrema derecha que representa la llegada de Donald Trump a la presidencia.

8 de diciembre de 2016

STEVE BANNON: EL RASPUTÍN AMERICANO

El año pasado, cuando pocas personas habían oído hablar de Steve Bannon o sabían cosa alguna de él, el escritor Ronald Radosh escribió una nota para el *Daily Beast*, en la cual relató una conversación informal que había tenido en 2013 con el exdirector ejecutivo de *Breitbart News*, quien hoy se desempeña como principal consejero del presidente de Estados Unidos, Donald Trump. Radosh escribió que él había asistido a una fiesta en celebración por el lanzamiento de un libro de Bannon recién publicado. Dicha reunión tuvo lugar en la elegante residencia de Bannon en Washington D.C. Contó que, instantes antes, había estado observando una foto de la hija de Bannon, Maureen, egresada de la Academia Militar de West Point y ahora oficial de la renombrada unidad de combatientes paracaidistas, la 101.ª División Aerotransportada del Ejército de Estados Unidos.

Según Radosh, la foto le había llamado la atención porque mostraba a Maureen Bannon vistiendo uniforme de combate y sentada con una ametralladora en su regazo, sobre un asiento ornamentado, que resultó ser ni más ni menos que el trono de oro de Saddam Hussein. La conversación casual que siguió, según Radosh, comenzó con una frase de Bannon sobre su hija: "Estoy muy orgulloso de ella". Pero lo que vendría luego sería aún más sorprendente para el escritor que la foto de la hija de su anfitrión. En un momento dado, según Radosh, Bannon declaró: "Soy leninista".

La frase lo dejó atónito al escritor. Había oído hablar de la agenda "populista" y "nacionalista" de extrema derecha, cristiana, y racialmente supremacista que Bannon muy aparentemente promovía mediante su sitio alternativo de noticias y por medio de sus contactos políticos de alto vuelo, ¿pero leninista? Cuando Radosh le preguntó al autoproclamado estratega político qué quería decir con ese término, Bannon habría respondido: "Lenin quería destruir el Estado, y ese es también mi objetivo. Quiero que todo se derrumbe y que se destruya todo el *establishment* actual". Al pedirle que ampliara ese pensamiento, Bannon le habría dicho a Radosh que se estaba dedicando a aplicar la estrategia de Lenin a los objetivos populistas del así llamado *Tea Party* (grupo popular de la derecha estadounidense). Habría incluido, dentro del grupo al cual había marcado para su destrucción, a los partidos republicano y demócrata, y a la prensa conservadora tradicional.

Sin embargo, cuando el escritor envió a Bannon un correo electrónico el año pasado para avisarle al para entonces director general de la campaña electoral de Donald Trump que planeaba usar parte de esa conversación de 2013 en un artículo para *The Daily Beast*, y preguntó si tenía algo que añadir, Bannon le dijo que no tenía recuerdo de tal conversación y que, además, no estaba "haciendo medios" en ese momento. Radosh escribió la historia de todos modos, y el renombrado sitio de noticias sintió que tanto Radosh como la historia eran lo suficientemente creíbles como para seguir adelante con su publicación. Pero hasta el día de hoy sigue siendo la palabra de Radosh contra la de Bannon respecto del supuesto encuentro. Dicho esto, que quede claro que tanto la franqueza combativa de sus supuestos dichos como su posterior negación en forma de "hecho alternativo" en cuanto a si tal conversación habría tenido lugar, sacan a relucir, sin duda y como todos sabemos, la marca dicotómica de Steve Bannon.

Después de que apareció el artículo de *The Daily Beast*, Julia Jones, una antigua colega guionista de Hollywood de Bannon, apareció brevemente para contar cómo había sido trabajar con él un par de décadas antes. En una entrevista, Jones, que trabajó con Bannon en el guion de una película documental sobre Ronald Reagan, lo llamó "un fuerte militarista" y agregó que él parecía estar "enamorado de la guerra".

"Es casi como poesía para él", acotó. Jones afirmó que, cuando había visitado la casa de Bannon en ese entonces había encontrado libros sobre la guerra en todos lados. "La ha estudiado [la guerra] a través de los siglos, desde Grecia hasta Roma [...] cada batalla, cada guerra. Nunca retrocede, nunca pide disculpas, nunca muestra debilidad. Vive en un mundo en el que es siempre 'la hora señalada en el OK Corral'".

Se le pidió que ampliara sus comentarios, luego, en un segmento del programa *New Day* de la cadena televisiva CNN. "Steve siempre se centró en las batallas militares. Su biblia fue *El arte de la guerra*", dijo a los presentadores Alisyn Camerota y Chris

Cuomo. Pero, cuando Camerota la presionó más sobre el supuesto amor de Bannon por la guerra, Jones pareció quedarse dura, como si de repente se asustara, y abruptamente dio por terminada la entrevista.

En esta etapa temprana, por lo menos, de una nueva presidencia estadounidense, Bannon parece haber ganado el premio mayor de la política, en cuanto a su propia ideología y metas, al conseguir posicionarse de manera relevante en el gobierno de Donald Trump. Mejor dicho, Bannon ha conseguido que Trump promueva la ideología que él busca imponer en Estados Unidos. Sin embargo, Trump no fue su primera opción. Es solo que Trump, al parecer, se ha convertido en el terreno más fértil en el cual Bannon podría haber plantado su semilla política.

En medio de la confusión generada por la multiplicidad amorfa de políticos que se presentaron como la "única opción" para el Partido Republicano, Bannon se encontraba trabajando duro en busca de la manera de explotar la aparente falta de unidad de dicha agrupación política. Si creemos el contenido de la supuesta conversación con Bannon que Ronald Radosh reprodujo en su nota en *The Daily Beast*, entonces podemos especular que Bannon estaba probablemente buscando candidatos que compartieran los principios oscuros de la realidad alternativa retratada en el sitio *Breitbart*. Una visión populista y nacionalista que desprecia las políticas globalistas que han sido fundamentales para mantener al menos una apariencia de paz mundial durante los últimos 70 años desde el final de la Segunda Guerra Mundial. Una visión en blanco y negro que imagina al "Occidente cristiano" en una cruzada contra "los males del Islam". Una visión internacional políticamente cínica que encuentra una alianza incómoda entre las dos potencias militares más poderosas de la Tierra: Estados Unidos y Rusia, preferible a una Unión Europea fuerte y unida, ostensiblemente liderada por el potente poder democrático y moral de Alemania, una nación que sabe demasiado bien el costo del nacionalismo populista y que es, por lo tanto, muy crítica de las opiniones de Bannon.

Así fue cómo Bannon buscó crear imágenes positivas para tales republicanos de extrema derecha como la exrepresentante de Minnesota Michele Bachmann y la exgobernadora de Alaska y excandidata a la vicepresidencia del Partido Republicano en 2008, Sarah Palin (quien además formó brevemente parte de la lista de posibles candidatos a vicepresidente en fórmula con Trump). Más tarde Bannon fue visto, asimismo, revoloteando en torno al entonces candidato presidencial para el Partido Republicano, Ted Cruz —el rival más fuerte de Trump para esa candidatura— buscando también hacer incursiones en las campañas presidenciales del exsenador republicano Rick Santorum y del cirujano y político Ben Carson (actual Secretario de Vivienda y Desarrollo Urbano en el gabinete de Trump).

Breitbart News se inclinó hacia Cruz en el 2015, pero más tarde se volcó francamente hacia Trump, y se convirtió en el sitio oficioso de su campaña, una vez que el mensaje principal del candidato presidencial comenzó a centrarse en detener la inmigración islámica. Cuando en agosto del año pasado Trump se vio forzado a despedir al director de su campaña, Paul Manafort, después de fuertes acusaciones sobre estrechos vínculos entre este y el gobierno del presidente ruso Vladimir Putin, Bannon dejó su puesto en *Breitbart* y llenó la brecha como CEO de la campaña de Trump, secundado por Kellyanne Conway como gerente/vocera.

Antes de eso, la línea de la campaña de Trump parecía, en el mejor de los casos, caprichosa, indefinida y girando salvajemente de una posición a otra, dependiendo de la audiencia con la cual el candidato estaba hablando. Pero, a partir de ese momento, para cualquier persona familiarizada con las posturas de *Breitbart*

News bajo el mando de Steve Bannon, no era difícil ver que este se había lanzado dentro de la cabeza de Trump, y se había convertido en su voz y en su conciencia política. Kellyanne se convertiría en la "cabeza visible" de la campaña, saliendo al cruce de cada pronunciamiento de Trump para tratar de explicar lo que él había querido decir, en lugar de lo que había dicho. Pero el sujeto que se encontraba escondido en el despacho escribiendo la letra para los "himnos electorales" de Trump fue Bannon. Y parece obvio que ese matrimonio ideológico continúa, dado el hecho de que el presidente estadounidense no solo nombró a Bannon como su asesor principal, sino también como miembro del Consejo Nacional de Seguridad, situándolo por encima tanto del jefe del Estado Mayor Conjunto de las Fuerzas Armadas como del Director Nacional de Inteligencia, quienes fueron degradados casi a nivel de consultores externos.

En un artículo publicado recientemente en la revista *online*, *Quartz*, Gwynn Guilford y Nikhil Sonnad echan un vistazo al Rasputín americano que es Steve Bannon. Muestran muy acertadamente a Bannon como la eminencia gris detrás de un líder hueco, una especie de Mago de Oz, y preguntan: "¿Qué quiere Donald Trump para América?". Ellos responden a su propia pregunta diciendo: "Sus partidarios no lo saben. Su partido no lo sabe. Incluso él no lo sabe". Y continúan diciendo que, "si hay una visión política subyacente al trumpismo [...], la persona a quien preguntar no es Trump. Es su eminencia gris, Stephen K. Bannon, el estratega en jefe del gobierno de Trump".

Para aquellos que preguntan de dónde vino Bannon, *Quartz* no pudo contar más sucintamente su historia: "Bannon trascendió sus raíces de clase trabajadora del estado de Virginia pasando un período en la Marina y recibiéndose luego en administración de empresas del Harvard Business School, seguido por una carrera en la empresa de altas finanzas, Goldman Sachs. Se trasladó a Los Ángeles para invertir en medios y entretenimientos para Goldman, antes de inaugurar su propio banco de inversión especializado en medios. A través de una combinación de suerte (un acuerdo fallido lo dejó con una participación en un exitoso programa televisivo llamado *Seinfeld*) y un don especial para expresar la indignación, Bannon se reinventó a sí mismo como una luminaria menor dentro de la extrema derecha del espectro político, escribiendo y realizando una serie de documentales cada vez más conservadores".

En uno de esos documentales, su *Generation Zero,* que data del 2010, se enfrenta a su propia generación, los así llamados *baby boomers,* a los cuales se ha referido —en una entrevista de 2011 para Gen Y TV con la anfitriona de *Discover Your Voice*, Britt Hysen— como "la generación más mimada, egocéntrica y narcisista que el país jamás produjo". Muy aparentemente capitalista ("su" presidente es, después de todo, "El Donald" Trump), la premisa de Bannon en esa película era que Estados Unidos se encontraba en medio de una especie de crisis de identidad política, y que los *baby boomers,* nacidos en los años inmediatamente después de la Segunda Guerra Mundial, tenían la culpa de ello. Los muestra como los jóvenes afluentes de los años sesenta que, en su gran mayoría, se habían aprovechado de sus sufridos padres, cuyos propios valores surgieron de las dificultades de la Gran Depresión de los años treinta y de la Segunda Guerra Mundial en los años cuarenta. Representó la revolución contracultural de los años sesenta de la época del así llamado *flower power* y la era del movimiento por los derechos civiles como la obra de una generación de ingratos, quienes buscaron abandonar los mismos valores de los EEUU que habían hecho sus vidas tan sencillas, merced a los sacrificios de las generaciones anteriores.

Según Bannon, el cambio cultural que su generación introdujo a medida que esos jóvenes *boomers* crecieron hasta llegar a la adultez ha socavado los valores que hicieron grande a Estados Unidos y los ha reemplazado con políticas socialistas que han debilitado el tejido estadounidense. Pero espere un poco... ¿Bannon no es, entonces, leninista? Tal vez no, pero la verdad es que la extrema derecha y la extrema izquierda a menudo terminan por encontrarse frente a frente en imágenes de espejo.

Lenin, quien, como el mismo Donald Trump, venía de una familia adinerada, también quería "hacer que todo se derrumbara" y, de hecho, lo hizo. Y la época que se introdujo bajo su tutela en la Unión Soviética fue una en la que las instituciones democráticas previstas por Marx fueron abolidas y el gobierno se convirtió en un sistema de partido único que eventualmente llevó a un totalitarismo feroz y a la represión total de derechos individuales. Lenin siguió siendo la figura central de un gran culto mucho después de su muerte, un grupo de seguidores compuesto en su mayoría por personas tan ciegamente leales a su imagen y defensores de esta como muchos de los seguidores de Donald Trump han demostrado ser hoy en día, y sigue, incluso ahora, siendo una figura muy controvertida en la historia política. Mientras que los marxistas-leninistas siguen venerándolo como defensor de la clase obrera, los críticos tanto de la derecha como de la izquierda del espectro político lo ven como el iniciador de una dictadura totalitaria que aplastaría al socialismo democrático ocultando los manejos del trabajo del gobierno detrás de un manto de clandestinidad, y llevando a cabo algunos de los peores abusos de los derechos humanos y civiles en la historia del mundo moderno.

Hasta que el Presidente Trump realizó su muy esperado primer discurso ante una sesión conjunta del Congreso de Estados Unidos hace unos días, la mayor parte de su retórica continuó siendo del mismo tipo de lenguaje agresivamente crítico, políticamente divisivo y abiertamente combativo que la que Bannon y su equipo —conocido en la Casa Blanca, como él mismo confiesa, como "*The Fight Club*"— había escrito para él durante la última parte de su campaña electoral. Sin embargo, después de su discurso en el Congreso —escrito, según algunos observadores han sugerido, por cabezas más frías que la de Bannon de entre el plantel presidencial—, incluso algunos de sus críticos más duros elogiaron, cautelosamente, dicha presentación como más presidencial, más conciliadora, menos combativa y al menos un poco más sustantiva que lo que se venía escuchando previamente en las primeras semanas de su administración.

¿Se debe tomar esto, entonces, como una especie de "reseteo"? ¿Significaría que el hecho de merecer la calificación de aprobación más baja de cualquier presidente que se recuerde para esta etapa temprana de su administración ha llevado a Donald Trump a dejar de pronunciar las palabras que su consejero en jefe orgullosamente combativo ha estado metiéndole en la boca? Y, si es así, ¿significará el desvanecimiento del poder del Rasputín americano, Steve Bannon, sobre el pensamiento político del presidente de Estados Unidos, y el inicio de una línea política algo más moderada?

Son pocos entre los más experimentados comentaristas de Washington quienes piensan así. En una irónica referencia a frases de Trump, quien calificó recientemente a la prensa nacional e internacional como "el enemigo del pueblo" (Bannon-Lenin no podrían haberlo dicho mejor), el editorialista Jacob Weisberg de la publicación *online* llamado *Slate* bromeó en un tuit: "Los enemigos del pueblo dándole a Trump comentarios positivos para no sonar como un dictador enloquecido".

Como John Cassidy de *The New Yorker* señaló en una nota editorial después del discurso presidencial, "si había algo nuevo en lo que Trump dijo al Congreso, fue, en gran parte, estilístico.

No giró para nada, simplemente, hizo piruetas, y luego se hundió en el mismo terreno político que ya viene afirmando".

Hasta ahora, a juzgar por el aumento de 54.000 millones de dólares en el gasto militar que el presidente Trump promovió en su discurso y por sus planes de tener las Fuerzas Armadas más poderosas de todos los tiempos y de extremar reducciones en el nivel de la ayuda que su país dirige hacia el exterior, la visión de Bannon de un Estados Unidos ultranacionalista y militarista bajo una presidencia poderosamente autocrática parecería seguir gozando de buena salud en Washington.

8 de marzo de 2017

POPULISMO Y AUTORITARISMO
EL AUGE DEL POPULISMO NACIONALISTA: LOS FUNDAMENTOS DEL AUTORITARISMO

Desde los tiempos de la Segunda Guerra Mundial, la gente en el mundo occidental ha estado preguntándose retóricamente cómo una nación de la educación y de la excelencia cultural de Alemania podría haber creído y apoyado a un líder tan siniestro, intolerante, xenófobo y megalómano como Adolfo Hitler. Tal vez no exista una única respuesta clara a esta pregunta. Pero parte de la respuesta es que un líder tan autocrático y supernacionalista, cuya rebuscada visión divisiva del mundo llevó al conflicto global más trágico de la historia de la raza humana, fue producto de la época en la cual surgió. De hecho, fue la visión de un consumado oportunista, quien supo claramente cómo capitalizar la sensación generalizada de descontento, aislación, humillación y desesperación creada en su país a partir de fines de la Primera Guerra Mundial, con el propósito de construir un movimiento potente y altamente militarizado "para hacer Alemania grandiosa de nuevo".

El así llamado movimiento nazi de Hitler evolucionó al desafiar al sistema democrático impuesto por la República Weimar que se formó al final de la Primera Guerra Mundial y al rechazar los términos del Tratado de Versalles que dio origen a esta. Claro está que muchos de los problemas que surgieron en Alemania a partir de su derrota en la Primera Guerra Mundial fueron causados justamente por la manera en que el Tratado de Versalles fue plasmado por los vencedores en el conflicto global, socavando al nuevo y democrático Reich alemán desde el principio. En mi libro, *La guerra: un crimen contra la humanidad*, hablo sobre cómo el renombrado economista británico John Maynard Keynes previó las dificultades de Alemania después de la guerra y abogó por la construcción de una nueva y fuerte democracia germana en lugar de castigar al pueblo alemán en su totalidad por los errores de una monarquía belicista.

Aquí reproduzco algunas líneas de ese pasaje: "Uno de los delegados por Inglaterra en la Conferencia de París fue el renombrado economista John Maynard Keynes, quien renunció a ese puesto cuando su consejo respecto de los términos del tratado fue obviado por completo [...] Keynes ataca al tratado 'por su malevolencia, su vuelta al militarismo mercantilista, y, más que nada, por las reparaciones maliciosas que Alemania fue forzada a pagar'.

En este sentido, el análisis de Keynes fue profético, refiriéndose a las condiciones del tratado como 'cartaginesas' y advirtiendo que las penurias económicas que imponían a Alemania crearían una situación en la cual la misma paz que el tratado buscaba establecer sería vulnerable desde el principio y que arruinaría más que restaurar el orden en Europa. Ya menos de un lustro después, Adolfo Hitler habría llegado a una posición de incipiente liderazgo en la cresta de una marea de profunda amargura causada por la prolongada humillación del pueblo germano, y, para 1933, se habría convertido en dictador, encabezando al llamado Tercer Reich, que gobernaría a Alemania bajo un régimen de pangermanismo, antisemitismo rabioso e imperialismo expansionista con el objetivo de establecer el control absoluto de Alemania sobre la totalidad del continente europeo".

En otras palabras, Hitler, en gran parte a través de sus mordaces diatribas públicas contra el sistema, contra los intereses extranjeros y, especialmente, contra los judíos —en particular, contra los banqueros, hombres de negocios e intelectuales marxistas judíos, pero, en última instancia, contra los judíos en general— impuso una virulenta forma de populismo nacionalista, que buscaba convencer a una masa crítica del castigado público alemán de que él sabía dónde yacía la raíz de todos sus problemas, y de que él y solo él poseía el valor, la fuerza y la voluntad férrea como para proporcionar soluciones convenientes y definitivas para todos ellos. O sea —y vale la pena repetir esto—, Hitler sabía cómo convencer a la gente de que él era capaz de "hacer Alemania grandiosa de nuevo". Y, con el fin de lograr ese objetivo y un futuro de prometida prosperidad en la ausencia del miedo, los seguidores de Hitler —así como los de su colega y aliado en Italia, Benito Mussolini— estaban dispuestos a depositar su fe, y la mayoría de sus derechos, en manos de su líder nacional.

Hoy en día, una nueva cepa del populismo nacionalista está tomando forma en el mundo occidental. En Europa Occidental, estos movimientos han dado a luz, durante la última media década o más, a los partidos políticos de extrema derecha, que no siempre son ajenos a coquetear con las raíces del fascismo y del nazismo que precedían a la Segunda Guerra Mundial. Otros son, simplemente, movimientos de nacionalismo extremo, escépticos respecto de la Unión Europea como un modelo viable para gobernar y con tendencia hacia un retorno a los estados nacionales independientes y a las políticas aislacionistas. Uno de los más prominentes entre ellos es el Frente Nacional francés, encabezado por Marine Le Pen, hija del llamado "Diablo de la República", Jean-Marie Le Pen, un apologista de Holocausto, hombre de extrema derecha y chauvinista francés, quien, al postularse en el 2002, con una plataforma de derecha populista, ultranacionalista y euro-escéptica, que sus seguidores trataron de hacer pasar como "corriente conservadora" común, logró llegar a la ronda final de votación para presidente de la república donde, al final, fue contundentemente derrotado por el veterano político Jacques Chirac.

Su hija Marine ha tratado, con cierto éxito, de mejorar la imagen pública del Frente Nacional, y, como resultado, el Partido ha ido subiendo en las encuestas desde que ella asumió como jefa del movimiento en 2011. En las últimas elecciones de Francia, el movimiento de Marine Le Pen sorprendió al país y a la UE al capturar un tercio de las bancas parlamentarias de Francia y, en las elecciones regionales posteriores, al copar seis de las trece regiones recién redibujadas del país. El Frente Nacional de Le Pen es visto por analistas políticos como cuasi-fascista en cuanto a su ideología y al menos autoritario, populista y ultranacionalista en su estilo. Esta es la primera vez desde la Segunda Guerra Mundial que un partido antieuro, antiinmigración y xenófobo ha tenido un desempeño tan increíblemente bueno en los comicios, y se ha convertido en una fuerza de gran importancia en una de las principales naciones europeas.

Pero, aunque sea, tal vez, el movimiento populista nacionalista más exitoso de Europa, el Frente Nacional francés no es el único de su especie que se perfila dentro de la UE. Por ejemplo, el asombroso éxito del llamado movimiento "Brexit" del Reino Unido en ganar un referéndum nacional para salir de la UE fue aplaudido por Le Pen y sus semejantes, mientras que tomó al primer ministro conservador británico, David Cameron, por sorpresa, y terminó de manera fulminante con su carrera como jefe de gobierno de ese país. Mientras que muchos otros temas fueron citados como catalizadores para el movimiento Brexit y su gran éxito, la mayoría de los observadores coinciden en que la inmigración fue el factor decisivo en una campaña de nacionalismo extremo. Tan sorprendidos como Cameron por el resultado de la consulta Brexit fueron los principales promotores de esa campaña, el exalcalde de Londres y personaje de la derecha conservadora Boris Johnson y Nigel Farage, líder de la corriente ultraderechista que forma el Partido Independencia. Aunque, lógicamente satisfechos con la eficacia de su campaña, no tenían la menor idea de cómo manejar el complejo lío nacional e internacional causado por la decisión popular de salirse de la Unión Europea. Por lo tanto, Johnson terminó rechazando la oportunidad de reemplazar a Cameron como primer ministro, y Farage renunció como líder de su partido, pese al gran éxito logrado.

Sin embargo, ¿por qué habría de sorprenderse por el resultado del plebiscito sobre Brexit? La respuesta más corta es que algunos políticos se han olvidado de las sencillas reglas del populismo nacionalista. Como bien sabían Hitler y su principal estratega político, Joseph Goebbels, la frustración, el orgullo y el odio de las masas se convierten en un arma muy poderosa y explosiva para utilizar en la toma del poder político. Mientras que Johnson y Farage pueden haber comprendido que la activación del orgullo popular en el país, la desconfianza xenófoba hacia la UE y la desaprobación popular de la inmigración les daría una mano fuerte con la cual afrontar la campaña de Cameron para seguir siendo parte de Europa y mientras que el ex primer ministro puede haberse sentido seguro de que tenía la mayor parte del país de su lado, ninguno de estos tres veteranos políticos se percataron de los rápidos cambios que entran en juego cuando se buscan soluciones fuera del marco de la democracia representativa. En la democracia parlamentaria, los temas son plenamente debatidos, y las soluciones toman forma a través de un proceso de proyectos de ley, acuerdos mutuos, modificaciones, votos múltiples y aprobaciones antes de que se conviertan en ley. Pero, cuando los instrumentos de la democracia directa, como el referéndum, se aplican, las cuestiones se deciden con rapidez, sobre la base de "corazonadas", reacciones primarias, creencias (más que hechos probados), y sentimientos en lugar de por cualquier otro medio fehaciente.

O sea, si Cameron, Johnson, Farage y el resto de los políticos del Reino Unido fueron tomados por sorpresa por el resultado del voto directo sobre Brexit, fue solo porque no pudieron entender que, si la decisión de abandonar la UE se dejaba a la voluntad de una consulta popular, el resultado de ese plebiscito o bien tendría que ser honrado como la voluntad del pueblo, o tendría que ser rechazado como no vinculante bajo la ley. Y, en este último caso, habría un alto costo político debido a la indignación de los que votaron por el "sí" y que ya habían sido incitados a un frenesí nacionalista en las semanas previas a la votación. Se podría concluir, además, que, si los nacionalistas británicos de derecha hubieran sido tan hábiles como los de Francia en sacar provecho a la rabia, frustración y patrioterismo de cierto segmento de la población, allí también el populismo nacionalista podría haber conseguido una ventaja considerable sobre sus rivales de la corriente netamente democrática. Afortunadamente para la democracia liberal británica, sin embargo, una vez que los nacionalistas de extrema derecha del país tenían el poder del referéndum Brexit detrás de ellos, parecían no tener la menor idea de qué hacer con este y solo han tenido éxito en meter al gobierno inglés en un lodazal de dificultades relacionadas con su mandato poco alentador de retirarse de la Unión Europea.

Tampoco son Francia y Gran Bretaña los únicos países en Europa donde se ven signos de una tendencia nacionalista de extrema derecha emergente. De hecho, casi todos los países del continente han dado lugar a manifestaciones políticas ultranacionalistas en la forma de movimientos xenófobos y aislacionistas que se nutren de decepción en cuanto a la euroeconomía, y, más particularmente, de una férrea resistencia a los efectos de la crisis migratoria de Oriente Medio y de la intolerancia y el odio religioso que ha engendrado. Algunos de estos movimientos están rápidamente ganando terreno dentro del espectro político local. Como señala Thomas Klau del Consejo Europeo de Relaciones Exteriores, "[tal] como el antisemitismo fuese un factor de unión para los partidos de extrema derecha en las décadas de 1910, 1920 y 1930, la islamofobia se ha convertido en el factor unificador en las primeras décadas del siglo 21".

Aun así, y pese a que Europa puede ser percibido como la zona de Occidente que más vulnerable se encuentre a las repercusiones de la crisis migratoria desde Oriente Medio y desde el norte de África, la manifestación más sorprendente y de surgimiento más rápido del populismo nacionalista ha florecido en el curso del último año en Estados Unidos, un país que, hasta la fecha, ha evitado aceptación de las consecuencias directas de la crisis migratoria. Hasta ahora, el país del norte ha aceptado tan solo 3000 de los 65 millones de personas desplazadas en el mundo —la mayoría víctimas de guerras y crisis, en las cuales EEUU ha tenido un grado de responsabilidad por lo menos moral/política indirecta cuando no una responsabilidad directa por su intervención en los conflictos generados en las regiones afectadas—. Esta fuerte tendencia hacia la xenofobia, la intolerancia religiosa, el racismo reemergente, y el aislamiento, hacia una visión de "nosotros contra el mundo" y de Estados Unidos como una superpotencia militarmente capaz y políticamente facultado como para mandar en el mundo entero según sus caprichos y sus necesidades percibidas, se ha gravitado en torno a la figura del frívolo y extravagante multimillonario del sector de bienes raíces Donald Trump, quien está sacudiendo al Partido Republicano hasta los cimientos y asustando tanto a liberales como a conservadores convencionales, mientras que convoca aplausos y votos entre los desposeídos anglosupremacistas y los aislacionistas patrioteros, así como entre los rivales políticos de extrema derecha de su rival para la presidencia, la demócrata Hillary Rodman Clinton.

10 de agosto de 2016

EL AUGE DEL NACIONALISMO POPULISTA. SEGUNDA PARTE: CAUSAS APARENTES

A pesar de la proliferación general de los grupos nacionalistas de extrema derecha en toda Europa occidental, el ejemplo más alarmante del auge del nacionalismo populista hasta la fecha ha sido, sin duda —no solo por las posibles consecuencias para el país en cuestión, sino también por las que podrían afectar al mundo entero, dado el papel de superpotencia que juega este—, el lanzamiento meteórico en el horizonte político del multimillonario Donald Trump, zar de los bienes raíces y anfitrión de un *reality show* popular. El rimbombante magnate ha disparado desde la oscuridad política hasta la posición de candidato presidencial por uno de los dos principales partidos del país en cuestión de meses, valiéndose solamente de la atracción popular de su retórica nacionalista y del efecto que ejerce esta sobre los segmentos más airados de la población.

Trump no fue escogido por el propio Partido Republicano, sin embargo. Al contrario. Él se ha impuesto al GOP, invadiéndolo sobre la cresta de una ola de fervor populista durante el proceso de elecciones primarias republicanas, que lo elevó por encima de una larga lista de aspirantes a la candidatura, procedentes ellos de las filas mismas de ese partido. Y lo ha hecho debido a —más que a pesar de ello— ser un verdadero intruso, y no ser ni político ni republicano, ya que su tendencia en anteriores contiendas políticas ha sido, a menudo, hacia el Partido Demócrata rival. De hecho, en las primarias llevadas a cabo de cara a la última elección presidencial hace cuatro años, Trump proclamó su apoyo justamente a su actual contrincante, Hillary Clinton, quien competía en ese momento contra Barack Obama, el cual, eventualmente, la vencería, ganando la nominación demócrata y, eventualmente, la presidencia.

Es difícil adivinar por qué un hombre como Trump, considerado como uno de los más ricos del mundo, decidiría postularse para presidente. Abundan las teorías de conspiración al respecto. Mucho más interesante aún, no obstante, es la cuestión de por qué el grupo social que más lo apoya es precisamente el que menos debería confiar en un miembro de la clase oligarca que integra el "uno por ciento" más adinerado del planeta. Pese a esta aparente contradicción, sin embargo, para muchos observadores resulta asombrosa la amplitud de la demográfica con la cual ha resonado su campaña, en la que abundan reacciones viscerales, consignas nacionalistas, insultos contra todo y contra todos, y una llamativa falta de conocimiento político o de verdaderas ideas.

Si Trump ha tomado a la intelectualidad política del país por sorpresa, sin embargo, los analistas sociales no se han engañado tan fácilmente, y entienden que el nivel imprevisto de éxito político que el magnate ha tenido hasta ahora no es tanto producto de carisma personal, sino de la manera en que las cosas inverosímiles que dice incitan y entusiasman a un segmento de la sociedad que está harto del doble discurso político y que lo ve a él como un "tipo que habla sin vueltas", y cuyo discurso simplista respecto de cualquier tema, desde la inmigración hasta la guerra contra el Estado islámico, se expresa en palabras que sus seguidores utilizan y con las cuales se identifican, las palabras agresivas de los desilusionados y las palabras sin filtro empleadas por los que desprecian abiertamente a la así llamada "corrección política". De hecho, son las palabras de la gente que se siente exasperada por la suerte que corre su segmento dentro de la sociedad democrática occidental, pero que todavía no comprende totalmente o se confunde al tratar de comprender lo que está sucediendo dentro de su mundo inmediato.

Es evidente que el *establishment* intelectual conservador del GOP se ha unido en contra de Trump. Algunos políticos republicanos muy importantes le han negado su respaldo y existen escritores conservadores de la talla de los columnistas nacionales George Will y Robert Kagan, el director del *Weekly Standard* Bill Kristol, el comentarista conservador del *New York Times* Ross Douthat, el exdirector de la revista *RedState* Erick Erickson y el panelista y columnista de Fox News Charles Krauthammer, entre otros, quienes, en algunos casos, han rechazado de plano a Trump pidiendo a los votantes que apoyen a Hillary Clinton con el fin de negarle a Trump la presidencia, mientras que en otros han indicado, por lo menos, que no ven cómo ellos mismos podrían votarlo al candidato republicano, por más que Clinton no les agrade. Pero el mensaje políticamente incorrecto que profiere *The Donald* ha seducido a un segmento de gente de raza blanca y de extrema derecha, marginado de la sociedad políticamente correcta. Y, con el auge de Trump y su plataforma descaradamente ultranacionalista y populista —que se compromete a aislar a Estados Unidos de la influencia extranjera, desafía abiertamente a la autoridad ética de la Corte Suprema, insinúa desdén por ciertos principios de la Constitución mientras agita a otros en el aire como una bandera sagrada, muestra desprecio por aliados de Estados Unidos y admiración por algunos de sus rivales no democráticos, desafía a toda la clase política y ningunea al presidente actual tratándolo de débil e indigno—, se ha puesto en evidencia de pronto cuánto más grande es este segmento del universo político que lo que podría haber imaginado la mayoría de los observadores.

Pero ¿de dónde viene este desprecio por el sistema democrático liberal tal como lo hemos conocido hasta ahora, y que parecería un mal presagio para el futuro de la sociedad abierta y democrática? En el núcleo del "trumpismo" se encuentran los mismos elementos básicos que han servido de línea rectora para otros movimientos nacionalistas populares de ultraderecha en todo el Oeste: el nacionalismo económico a ultranza en lugar del globalismo neoconservador y/o liberal, control extremo de las fronteras (incluso hasta el punto de construir muros faraónicos y de prohibir por completo la entrada a ciertos segmentos demográficos étnicos o religiosos), la expulsión directa y masiva de extranjeros indocumentados, la vigilancia y estricta investigación de antecedentes de "elementos extranjeros" considerados "potencialmente peligrosos" y el posicionamiento de los "intereses de Estados Unidos ante todo", una frase utilizada para cubrir cualquier cosa desde controlar o hacer caso omiso a las Naciones Unidas y a la OTAN hasta tratar de supeditar los intereses estratégicos y comerciales de sus principales aliados a los de Estados Unidos.

Es probable, sin embargo, que el trumpismo sea solamente un síntoma que sirve de distracción de algo mucho más grande que ha ido socavando la democracia liberal y los derechos del individuo en las últimas décadas. El nudo del descontento alimentado y potenciado por el movimiento popular nacionalista es la sensación bien fundada entre la clase media y baja de que su situación se torna cada vez más insostenible; de que, a pesar de toda la predicación de principios democráticos que llevan a cabo sus líderes actuales, muy pocos de sus beneficios llegan a ellas. Sus niveles salariales se han mantenido, prácticamente, sin cambios durante décadas, y puestos de trabajo bien remunerados son cada vez más difíciles de conseguir. La competencia es más dura que nunca. La época de un único sostén de familia que proporciona todo lo que sus integrantes necesitan ya pasó. La educación superior se torna cada vez más cara. La gremialización solo lleva a que los puestos de trabajo se exporten, y lo que se conocía como "seguridad de empleo" es, verdaderamente, cosa del pasado.

Los afectados quieren "recuperar el control" del sistema que consideran que los ha defraudado, y el nacionalismo populista alimenta ese deseo prometiendo —de manera facilista y sin tomar verdadera responsabilidad por el resultado de tales promesas— todo lo que los segmentos más desheredados de las democracias representativas están pidiendo a gritos: alguien que cerrará la puerta a las influencias extranjeras que ellos perciben como una amenaza a su seguridad y economía, alguien que no va a tener miedo de pasar por alto otras ramas del gobierno y que efectuará cambios en forma directa, y alguien que dice tener el poder para reparar un "sistema fraudulento" y hacerlo, una vez más, justo y equitativo para "los verdaderos ciudadanos". Con el auge del nacionalismo populista, cuyos líderes afirman ser capaces de lograr todos estos milagros. De hecho, Trump pregona que él, y solo él, es "el único que puede arreglar" a Estados

Unidos. Se ha practicado una escisión de clases en la sociedad: no ya la tradicional división entre liberales y conservadores en el marco de un gobierno democrático y liberal, sino entre ambos bandos tradicionales (liberales y conservadores), que siguen creyendo en el sistema y en los nacionalistas populistas de la estirpe de los trumpistas, que creen que el sistema está ya tan corrupto y quebrado que es necesario imponer a un nuevo tipo de hombre fuerte de corte nacionalista como para poner las cosas en orden. Y este último es muy parecido al camino hacia el autoritarismo que hemos visto ya, históricamente, en países como Italia, Alemania, Austria, España y varios otros a principios, y hasta mediados del siglo XX.

Tampoco están tan equivocados los seguidores de Trump o sus homólogos en otras democracias occidentales en cuanto a que el sistema democrático liberal ha erosionado de manera significativa en las últimas décadas a través de, por ejemplo, leyes que han convertido a las corporaciones en "personas", para que se les apliquen los mismos principios que los destinados a proteger al individuo. O mediante los gobiernos que han ayudado a las grandes empresas a socavar, e incluso a desmantelar, los sindicatos. O cómo las leyes antimonopolio, las que gobiernan los mercados financieros y otras leyes similares que han sido diluidas a manera de permitir que el uno por ciento de la población mundial acumule tanta riqueza como todo el resto del mundo junto. O cómo "nadie en Occidente hace nada ya" y se amasan grandes fortunas moviendo activos e invirtiendo en "papel", mientras que el trabajo se contrata en el extranjero, etc.

Mientras que los seguidores de Trump y de otros nacionalistas tienen razón en cuanto a la erosión progresiva del sistema liberal democrático, se equivocan al pensar que el nacionalismo populista puede arreglarlo. La historia ha demostrado claramente que el empoderar a los autócratas populistas, en lugar de invertir la indignación popular en el restablecimiento de un marco plenamente democrático, solo puede llevar al desastre.

El reconocimiento del rápido desarrollo de estos síntomas es la razón por la cual los pensadores futurológicos, como el renombrado teórico social Jeremy Rifkin, han invertido tanto tiempo y estudio en el futuro (precario) del trabajo y por qué los intelectuales de alto vuelo como el estimado y controvertido profesor del MIT Noam Chomsky han documentado cuidadosamente la destrucción sistemática del "sueño americano".

31 de agosto de 2016

EL AUGE DEL NACIONALISMO POPULISTA. TERCERA PARTE: CAUSAS FUNDAMENTALES

En un vídeo documental recientemente estrenado, realizado y escrito por Kelly Nyks, Peter D. Hutchinson y Jared P. Scott para PF Films, (http://requiemfortheamericandream.com/), el prestigioso e internacionalmente reconocido decano de los intelectuales liberales norteamericanos, Noam Chomsky, ofrece, como nadie más hasta la fecha, un análisis claro y conciso de cómo el muy pregonado sueño americano se ha convertido en pesadilla para todos, menos para una pequeña élite. Y, tal como pasa en Estados Unidos, pasa en el mundo, muchas veces con un efecto multiplicador y, por lo tanto, devastador. La incapacidad de la mayoría del público para comprender las causas detrás del deterioro, y, peor aun, su falta de herramientas para manejarlo, forman el núcleo de los temores y frustraciones que sirven de combustible para alimentar el auge actual del nacionalismo populista, y las "soluciones" simplistas que este predica.

El muy apropiado título del documental de Chomsky, de una hora de duración, es *Requiem for the American Dream* ('El ocaso del sueño americano'), y es el resultado de la cuidadosa síntesis de una serie de entrevistas que sus realizadores llevaron a cabo con el legendario y octogenario lingüista, filósofo, científico cognitivo, historiador, lógico, crítico social y activista político. En el vídeo, el profesor Chomsky protagoniza una muestra viviente de cómo, a veces, las mentes más capaces de comprender conceptos complejísimos son las que, asimismo, están mejor equipadas para simplificar el análisis y llevarla a sus "colores primarios". Pasa revista sucinta a 250 años de historia para explicar cómo los actores del poder y del dinero han confabulado maneras para asegurar que jamás haya "demasiada democracia" y cómo el derecho tiende, al fin, a servir los intereses de los ricos y poderosos en detrimento del ciudadano común.

Este teje y maneje de la democracia ha sido, según Chomsky, un proceso gradual. No obstante, demuestra, asimismo, que lo que estamos experimentando en la actualidad es una aceleración cada vez más aguda hacia el pináculo de concentración del poder y la riqueza, proceso que ha minado, de manera muy significativa, a la clase media y que conspira para destruir el sueño americano. Sintetiza en diez concisos puntos diseñados para responder a un interrogante que muchos se están formulando en todo Occidente: ¿qué nos ha pasado a nosotros y a nuestra democracia?

Aunque muchos lo describen como "el intelectual izquierdista más famoso de Estados Unidos", a mí se me da que, en términos de ideales supuestamente estadounidenses —democracia, igualdad, justicia social y férreo respeto por los derechos humanos y civiles—, el profesor Chomsky es, de hecho, un conservador que sabe bien cuáles son los atributos que hay que conservar, por la importancia vital que encierran. Es decir, ideales esenciales que quedan en pie e inalterables —tal como lo hace el manifiesto político de Chomsky—. El cambio drástico del que somos testigos hoy en día se nota en cómo los políticos y legisladores de las democracias occidentales continúan realizando una pantomima de las palabras de los creadores de la democracia mientras se confabulan con los acumuladores del poder económico para lograr la severa limitación de la democracia y de la igualdad, transfiriendo garantías jurídicas creadas originariamente para el individuo a poderosos actores contra cuyos abusos esas mismas garantías se habían instaurado para proteger a los ciudadanos comunes. Visto de esta manera, si Chomsky no es considerado como la conciencia de la democracia al estilo norteamericano, queda claro que debería serlo.

No obstante, Chomsky no es el único intelectual sumamente prestigioso que ha llegado a este análisis de los graves problemas que afectan actualmente las democracias y las economías capitalistas de Occidente por culpa de desequilibrios que el manejo del gobierno no ha sido capaz de confrontar —o, mejor dicho, tal vez, ha sido instrumental en su creación—.

Al profesor de la Universidad de Columbia y Premio Nobel en economía Joseph Stiglitz no le tiembla la mano al calificar la actual situación en el Oeste suficientemente no democrática como para referirse a esta como "orwelliana". En efecto, en su *bestseller*, *The Price of Inequality: How Today's Divided Society Endangers Our Future* (ed. W.W. Norton & Company, Inc., Nueva York), titula el capítulo seis como "1984 Is Upon Us", o sea, "Ya se viene 1984".

Una pregunta que el Premio Nobel se hace a sí mismo en dicha obra es la misma que muchos demócratas confundidos se hacen en todo Occidente: ¿cómo puede ser que el uno por ciento más rico de la población haya sido tan exitoso en su acumulación de poder como para formular toda política gobernante de acuerdo a sus propios intereses? Una manera muy significativa en que los superricos han hecho esto, según Stiglitz indica, es a través de "inversiones políticas que cosechan grandes réditos —con frecuencia, retornos más grandes que los que perciben mediante sus otras inversiones—".

Un ejemplo de alto perfil en cuanto a esto de "manipular el sistema" es el del candidato multimillonario que se postula actualmente para presidente de EEUU por el Partido Republicano, Donald Trump. Trump invierte en un amplio espectro de negocios, pero su principal actividad es en bienes raíces. Aunque se podría argumentar que el magnate ha ganado enormes cantidades de dinero comprando, vendiendo y alquilando propiedades inmuebles de altísimo nivel en codiciadas áreas urbanas, una reciente investigación del *New York Times* demuestra que se ha beneficiado significativamente, además, de exenciones y subsidios que ha logrado mediante sus influyentes contactos políticos, cultivados a lo largo de su accidentada carrera empresarial (beneficios que la parte baja (y solo en la zona de la ciudad de Nueva York) le ha provisto de US$ 887 millones). En este sentido, Trump mismo se ha jactado públicamente de haber ganado dinero con sus múltiples quiebras y de pagar los mínimos gravámenes indispensables que pesan tanto sobre sus negocios como sobre sus activos personales.

Pero ¿por qué será —uno se pregunta— que el 99% restante de la población ha dejado que el uno por ciento llegue a salirse con la suya y ser tan dominante? Más específicamente aún, ¿por qué será que la mayoría democrática no está manifestando en las calles en reclamo del reconocimiento pleno de su derecho a representación igualitaria y a su porción justa de la torta? Stiglitz cree, como creo yo mismo, que es porque los superpotentados han invertido grandes sumas de dinero y un esfuerzo no menor en convencer a los demás que los intereses del uno por ciento y los del 99% restante son exactamente los mismos. Tomemos, por ejemplo, la famosa teoría de que, cuanto más dinero se acumula arriba, más "corre hacia abajo" (sofismo promovido, en su origen, por el gobierno del expresidente estadounidense Ronald Reagan, y por los que se han desempeñado en predicar su distintiva especie de neoconservadurismo desde que terminó su período como mandatario en 1989).

Según Stiglitz, "esta estrategia requiere de una impresionante prestidigitación; en muchos aspectos los intereses del uno por ciento difieren de manera muy marcada de los del 99%". Más adelante escribe: "El hecho de que el uno por ciento haya moldeado con tanto éxito la percepción del público en general demuestra lo maleable que resultan ser las creencias", y agrega que, "cuando otros incurren en esto, nosotros (los norteamericanos) lo llamamos 'lavado de cerebros' o 'propaganda'".

Nuevamente, es Donald Trump quien ofrece un buen ejemplo de este tipo de "prestidigitación". Pese a la amplia cobertura dada a sus antes mencionadas prebendas impositivas y cuasievasiones (actualmente está siendo auditado por la dirección impositiva de su país), el hecho de formar una clásica parte del "uno por ciento" cuya prioridad número uno es la acumulación masiva de riqueza y poder político, o el hecho de que promete políticas proteccionistas y mano dura con las empresas que exportan puestos de trabajo y la vuelta a América de industrias perdidas, la promoción de exportaciones estadounidenses y fuertes gravámenes a las importaciones baratas cuando sus propios productos manufacturados se elaboran con mano de obra barata en el exterior, los seguidores más fanáticos de Trump se han autoengañado de tal manera que lo ven un hombre de palabra al cual le importan de verdad los intereses del ciudadano común. De manera muy inocente, lo ven, además, como "el único que puede arreglar un sistema político y económico corrupto y roto" cuando, en realidad, son, precisamente, los magnates astutos como Trump que, en complicidad con legisladores dúctiles y lobistas de bolsillos profundos, forman el núcleo del problema.

Si bien resulta palpable en la democracia occidental actual la percepción de lo que Stiglitz describe como la "pérdida de poder, desilusión y privación de derechos" entre los ciudadanos comunes, se podría decir también que dicha percepción es precisamente eso: una percepción, un sentido, sin comprensión profunda alguna de lo que está pasando o de qué se puede hacer al respecto. La especie de "conjuro" bajo el cual obra la mayoría —ese lavado de cerebros o propaganda mencionados por Stiglitz— vuelve a los ciudadanos comunes sumamente suspicaces ante la aparición de "revolucionario" alguno que intente sacudirlos y educarlos en cuanto al peligro que corren sus derechos y la democracia frente a una concentración sin precedentes de la combinación riqueza material con poder político. Tales intentos de elucidar a los demás terminan con frecuencia siendo rechazados y tildados de "teorías de conspiración elaboradas por lunáticos paranoicos", mientras que las "historias oficiales" suscriptas por el *establishment* se toman como veraces más allá de cualquier duda.

Al respecto, Stiglitz escribe: "Queda claro que muchos norteamericanos, si no la mayoría, poseen un entendimiento limitado de la naturaleza de la desigualdad en nuestra sociedad: creen que existe menos desigualdad que lo que realmente existe, subestiman sus efectos económicos, subestiman la capacidad del gobierno de hacer algo para remediarlo, y sobreestiman el costo de tomar acción".

Luego, Stiglitz dice: "En un estudio reciente, los encuestados, en promedio, pensaban que un poco menos que el 60% de la riqueza estaba en manos de la quinta parte más pudiente de la población, cuando la verdad es que ese grupo es poseedor del 85% de toda la riqueza". El Premio Nobel en Economía dice que, en general, los norteamericanos aceptan cierto nivel de desigualdad como inevitable, y aun deseable, como para proveer incentivos para ir avanzando económicamente. No obstante, el autor afirma que "el nivel de desigualdad en la sociedad estadounidense resulta inaceptable" y agrega que "[...] parece interesante que los encuestados describieron una distribución de riqueza ideal como una en la cual el 20% más rico posee un poco más que el 30% de la riqueza".

Dando por tierra la errónea percepción de EEUU como "paraíso en la Tierra", el profesor Stiglitz propone que una posible razón detrás de la creencia de los norteamericanos de que su sociedad ofrece condiciones mucho mejores que las que, en verdad proporciona puede ser que "cuando la desigualdad es tan grande como la que existe en Estados Unidos, se torna menos notable (tal vez porque las personas con distintos ingresos y niveles de riqueza ni se juntan)". Pero propone, fundamentalmente, que el uno por ciento ha utilizado los últimos avances en las comunicaciones y en la informática para "alterar las percepciones y, así, lograr sus objetivos: hacer que nuestra desigualdad parezca menor y hacer que parezca más aceptable de lo que debe ser".

En tal sentido, los que apoyan al tipo de nacionalismo populista ofrecido por Donald Trump están conscientes, por lo menos, de que el sistema se encuentra en problemas, y sienten ansias de hacer algo para cambiarlo (utilizando, prácticamente, cualquier medio para lograrlo). Sin embargo, al no saber por dónde empezar para lograr tal cambio, se equivocan de lleno en su búsqueda de una solución. Es que menos democracia —más autocracia— no es la solución. Al contrario.

Sin embargo, más allá de sus persistentes preocupaciones políticas —y en combinación con estas—, los ciudadanos comunes en todo el mundo se enfrentan paralelamente a otra grave inquietud social y existencial: la inminente pérdida de su manera de ganarse la vida. En su innovadora obra que data de 1995, titulada *The End of Work* ('El fin del trabajo'), el mundialmente renombrado economista y teórico social Jeremy Rifkin ya hablaba de la dicotomía de la era de la informática, la cual, por un lado, prometía un mundo de inimaginable progreso tecnológico pero, por el otro, un proceso por el cual iría desapareciendo la necesidad de la mano de obra humana. Aun en ese entonces, antes del cambio del milenio, Rifkin expresó preocupación por el hecho de que el desempleo mundial se encontraba en su peor nivel desde la Gran Depresión de la década de 1930, calculando que 800 millones de trabajadores en todo el mundo se encontraban desempleados o subempleados.

Pero, cuando el autor escribió una nueva introducción para el libro en 2004, el nivel de desempleo no solo no había mejorado, sino que había empeorado decisivamente, pese a mejoras globales en los niveles de productividad y de producto bruto. Ya para 2001, según Rifkin, el número de personas desempleadas o subempleadas había crecido en 200 millones, y llegado a un total de mil millones en todo el mundo. Considerando que la fuerza laboral global suma más o menos la mitad de la población mundial, esto significa que, cuando Rifkin estaba escribiendo la revisión de su libro, aproximadamente una de cada tres personas potencialmente empleables se encontraba subempleada o sin empleo. Y resulta aparente que esta tendencia se está intensificando, a medida que, en la era posindustrial, la computarización y la robótica subyacen al progreso, dictando cada vez menos demanda en un mundo donde la población sigue creciendo a pasos agigantados. Por ejemplo, en 1960, la población mundial sumaba un poco más que 3000 millones. Hoy, menos de seis décadas después, la población global se ha más que duplicado.

Tal como Chomsky advierte en *Requiem for the American Dream*, Rifkin indica que una de las diferencias entre la era de la Gran Depresión y la situación surgida en la actual era posmilenio y posindustrial es que hoy no existe esperanza alguna de una mejora, mientras que, pese a la tétrica realidad de la década de 1930, después de que se declaró la crisis financiera, todo, en cuanto a innovación industrial, estaba todavía por hacerse, lo que significaba que, una vez absorbidos los efectos de la crisis, seguro que se darían buenos tiempos de nuevo en el mercado laboral.

¿Cuán inminente es el problema del crecimiento del desempleo? Según un estudio académico que data de 2013, titulado *The Future of Employment* ('El futuro del empleo'), llevado a cabo por Carl Benedikt Frey y por Michael A. Osborne, y que analiza los efectos de la informática sobre el mercado laboral en Estados Unidos, casi la mitad (47%) de los puestos de trabajo que hoy existen en ese país se encuentra en riesgo de desaparecer a medida que haya nuevos avances tecnológicos.

Todos estos factores, pues, han tendido a confundir y agobiar a vastos segmentos de la población global. El hecho de que, con frecuencia, la mente occidental perciba como amalgamado el capitalismo con la democracia torna aún más confuso el tema y ha llevado a que los efectos devastadores de desequilibrios económicos y sociales se vivan como "el fracaso de la democracia" en lugar de como lo que son: la distorsión y la bastardización del capitalismo liberal. Esta percepción resulta particularmente notable entre los integrantes más jóvenes de la sociedad occidental. Un reciente estudio publicado en *The Journal of Democracy* demuestra que, hoy por hoy, menos del 30% de la generación del milenio (gente que llegó a la adultez con el cambio del milenio) cree que es esencialmente importante vivir en una sociedad democrática.

Tal como los promotores del nazismo y del fascismo, las cabezas visibles en el actual auge del nacionalismo populista aprovechan la confusión no solo para explotar el miedo, sino también para sacar rédito de la indignación y rabia vitriólica que alimenta como medio para unir poder y adeptos para seguir a sus caudillos/candidatos. Llevadas a extremos, son precisamente este tipo de circunstancias las que arrastran a las democracias hacia la muerte.

25 de septiembre de 2016

EL AUGE DEL NACIONALISMO POPULISTA. CUARTA PARTE: DESIGUALDAD, CORRUPCIÓN Y EROSIÓN DE LA DEMOCRACIA

Pese al auge de la corriente del nacionalismo populista que ha surgido desde el inicio del nuevo milenio, no es casualidad que se haya convertido en una tendencia internacional mucho más fuerte en los años transcurridos desde la crisis financiera mundial del 2008, catalizadora de la debacle hipotecaria que tuvo lugar en EEUU, y el consiguiente pánico bursátil que esta desencadenó. Tampoco es cierto que el nacionalismo populista de derecha sea la única manifestación de rabia y frustración por parte de los ciudadanos comunes por lo que perciben como un sistema quebrado y como un "juego" en el mundo entero —liderado por Occidente—, en el cual las cartas están siendo barajadas intencionalmente en su contra. El trumpismo en los EEUU, el Partido de la Independencia de Nigel Farage en el Reino Unido, la dinastía política de extrema derecha de la familia Le Pen en Francia, etc., se ven reflejados en una amplia variedad de colores y movimientos políticos de base popular en todo el mundo, de los cuales el movimiento liberal Occupy y el movimiento conservador Tea Party en los EEUU son solo dos exponentes típicos y opuestos.

En el nuevo milenio, esta visión de un mundo desigual en el cual la democracia es más de la boca para fuera que un hecho, y en que 62 multimillonarios, con la ayuda de leyes altamente influenciadas por sus lobistas, han acumulado el equivalente a la mitad de la riqueza de todas las demás personas en el planeta, ha llevado no solo a la creación de la clase de movimientos de derecha populista vistos recientemente en Europa y en Estados Unidos, sino también del populismo de izquierda como el experimentado en América Latina, particularmente en Venezuela, Argentina, Bolivia y Ecuador (aun cuando, en la práctica, estos tipos de movimiento hacen a menudo campañas políticas de izquierda pero, una vez en el poder, gobiernan de una manera más acorde con el populismo de derecha). En prácticamente todos los casos en los cuales el nacionalismo populista haya logrado algún nivel apreciable de poder, el resultado rara vez ha servido para incrementar la democracia. Por lo contrario, resultan ser, con frecuencia, regímenes que gobiernan solo para su base popular, ignorando o reprimiendo los derechos de la minoría, situación que, en ciertos casos, se ha visto acompañada por una corrupción masiva y por el deterioro económico.

Esta percepción, entonces, de un mundo cada vez más desigual y antidemocrático no resulta errónea. O, al menos, no del todo. Lo que sí está equivocado, sin embargo, es la noción de que se pueda arreglar la democracia y remediar la injusticia imponiendo modelos autocráticos o autoritarios en los países donde la gente considere que la democracia ha "fallado". De hecho, la democracia nunca falla: resulta, en cambio, subvertida, dañada y, en fin, perdida a través de la falta de honradez de sus funcionarios elegidos y de la complacencia y/o ignorancia de sus representados.

Es de crucial importancia señalar, en cuanto a los rápidos avances dados por el nacionalismo populista, que el denominador común, en todos los ámbitos, es una desigualdad cada vez mayor. No solo desigualdad económica, sino también desigualdad a nivel político, social, cultural, ambiental y de conocimiento. Según el Informe Mundial sobre las Ciencias Sociales de 2016, publicado por la Organización para la Educación, la Ciencia y la Cultura de las Naciones Unidas (UNESCO), en colaboración con el Instituto de Estudios para el Desarrollo (IDS), "demasiados países están invirtiendo muy poco en la investigación de los efectos a largo plazo de la desigualdad sobre la sustentabilidad de sus economías, sus sociedades y sus comunidades". El informe añade que "el reciente aumento de las desigualdades económicas parece hallar su origen en las décadas de 1980 y de 1990, cuando el paradigma neoliberal llegó a ser dominante en los países occidentales". Resulta, de hecho, ese paradigma que, en gran medida, ha inclinado el campo de juego de tal manera como para identificar una acumulación de riqueza cada vez mayor en la parte superior de la pirámide social con el "capitalismo sano".

El informe de la UNESCO indica que parece haber buenas noticias en cuanto a que, por lo menos, se ha reconocido, por fin, la desigualdad como un problema creciente y grave que necesita ser enfrentado y tratado más temprano que tarde, lo cual explica el hecho de que "la cantidad de estudios sobre la desigualdad y sobre la justicia social se ha quintuplicado en las publicaciones académicas desde 1992", y que "numerosos informes y libros sobre la desigualdad han sido publicados, y algunos se han convertido en *bestsellers* internacionales". Pero añade que se requiere una gran cantidad más de tales estudios y de la adopción de medidas concretas como para cambiar la clara tendencia social hacia la injusticia, y agrega que, "a menos que abordemos con urgencia estas desigualdades, la meta para el año 2030 de los Objetivos para el Desarrollo Sostenible (ODS) de 'no dejar a nadie atrás' se convertirá en un mero lema vacío".

Uno de los problemas que surge respecto de las investigaciones llevadas a cabo hasta la fecha es que tienden a ser de temática específica, centradas en un solo tipo de desigualdad o en una sola región cuando, de hecho, existe una amplia gama de desigualdades que hoy afecta todos los países y todas las regiones de la Tierra de una forma u otra, y que la desigualdad se ha vuelto tan arraigada que incluso las personas que fácilmente caen bajo el hechizo del vacío discurso populista —aquello de que "Solo yo puedo arreglarlo todo"— tienen dificultades, al ser interrogados respecto de su descontento, para vocalizar sus quejas específicas acerca de todas las desigualdades que enfrentan, incluso cuando saben perfectamente que sus vidas deberían ser mucho mejores de lo que son, y que están indignados por un sistema que ellos ven como injusto, insensible, cargado contra ellos, y esencialmente corrupto.

Los fundamentos de las distintas, aunque interrelacionadas, desigualdades que contempla el informe de UNESCO/IDS son claramente definibles. El tipo de desigualdad que sale a la superficie más rápidamente es, sin duda, el económico: diferencias en los niveles de ingresos, empleo, bienes y activos disponibles, y variaciones en los niveles de vida. Solo un poco más sutil es la desigualdad social resultante, que afecta no solo las variaciones en la condición social como tal de un grupo a otro, sino también la funcionalidad de la educación, la salud, la justicia y los sistemas de protección social. Vinculada a este segundo tipo de desigualdad es la desigualdad cultural, que abarca la discriminación por razones de género, etnia, raza, religión, y otros factores de identidad grupal.

Pero la desigualdad que tiñe todo hoy en día va mucho más allá de estas tipificaciones más comúnmente conocidas. Tomemos, por ejemplo, la desigualdad política, o, mejor dicho, las diversas capacidades de los individuos y grupos para influir en la toma de decisiones políticas y beneficiarse efectivamente de estas y/o para iniciar, auténticamente, algún tipo de significativa acción política. Este tipo de desigualdad se ha puesto de manifiesto de manera espectacular en el actual proceso electoral estadounidense, ansiosamente seguido en todo el mundo, en el cual dos de los candidatos presidenciales menos populares en la historia del país son los dos últimos que han quedado en pie, en una carrera que incluyó a un candidato independiente que tuvo un éxito increíble, pero quien, al final, se vio obligado a ceder ante la enorme riqueza y poder de los otros dos, y en la cual había una gran cantidad de "perdedores" quienes, simplemente, nunca tuvieron chance alguna contra los recursos combinados de los dos candidatos principales. Agregue a esto la reciente aprobación otorgada por la Corte Suprema de Estados Unidos como "constitucional" la donación por parte de las grandes empresas de recursos ilimitados a las campañas electorales, y es difícil no percibir al ciudadano común de Estados Unidos como privado —en forma abrumadora— de su poder político.

Una rama frecuente de la disparidad política es la desigualdad espacial, o sea, según el informe de la UNESCO, las marcadas diferencias que existen entre una región y otra o entre los centros urbanos y las zonas periféricas o rurales marginadas, las cuales, dependiendo de dónde se encuentren o de las influencias que son capaces de manejar, poseen más o menos recursos para su desarrollo. Y esto se encuentra, a su vez, vinculado a la desigualdad en cuanto al medioambiente, que se refiere al acceso desigual a los recursos naturales y su explotación, la exposición a la contaminación y sus riesgos, y las diferencias en el acceso a los organismos necesarios para adaptarse y/o para resolver estas disparidades.

Otro rubro es la desigualdad basada en el conocimiento. Esto se refiere tanto al acceso como a la contribución a una gran variedad de distintos tipos de conocimientos y fuentes de información, así como a las consecuencias de este tipo de desigualdad. Un buen ejemplo es cómo las estadísticas mundiales son frecuentemente distorsionadas por el hecho de que el alcance del conocimiento se limita a los recursos aplicados para recogerlo. O sea, enormes cantidades de datos pueden ser acumuladas sobre las cuestiones que afectan a los países o regiones más ricos en el mundo, mientras que poco o nada de conocimiento comparativo puede surgir respecto de temas que afectan a las naciones más pobres del mundo, debido a la escasez de recursos para la recopilación de datos en esos lugares.

Mientras que la desigualdad puede ser vista como un problema para el cual es importante encontrar una solución rápida (y, de hecho, es ese el caso), resulta, al final, una consecuencia más que una causa. Es menos probable, entonces, que se pueda encontrar una solución con un enfoque sobre la consecuencia que mediante la identificación de sus fuentes y la concentración en estas. Y la primera fuente que se debe analizar es la concentración cada vez mayor del poder económico y político en manos de una élite cada vez más exclusiva, que se dedica a proteger y defender exclusivamente sus propios intereses.

La generación de riqueza en sí no es el problema. Por lo contrario, el problema viene cuando se utiliza esa riqueza para crear y adquirir el tipo de poder político necesario para institucionalizar la codicia y la corrupción, con el objetivo de eximir, en gran medida, al más rico de los ricos de la obligación de pagar una colaboración justa en las mismas sociedades que los han hecho ricos. En otras palabras, un problema importante en gran parte de Occidente es que las entidades y los ciudadanos más ricos, simplemente, carguen con su propio peso en cuanto a mejorar, de una manera u otra, la vida de los segmentos más pobres o para aliviar la carga social/fiscal que recae inevitablemente sobre la clase media. Y, puesto que forman precisamente el segmento con más poder tanto para crear como para socavar las administraciones gubernamentales y, así, influir profundamente en las leyes, no hay manera de garantizar que lo hagan.

El multimillonario y filántropo estadounidense Warren Buffett puso este dilema sobre el tapete al escribir que, para él, era absolutamente injusto que él pagara una tasa impositiva mucho menor que los trabajadores en las oficinas de su compañía. Aunque los editorialistas conservadores y voceros del "uno por ciento" se han apresurado a acusar al multimillonario de "matemática defectuosa" (justamente a Warren Buffett... matemática defectuosa... ¿en serio?), el principio al cual se refería queda claro como el agua. El uno por ciento más rico en EEUU y gran parte del resto de Occidente no está pagando ni cerca de su parte justa hacia la creación de una sociedad más igualitaria. Y la única forma de cambiar esto es a través de una mayor democracia y de una mayor cooperación en todo el mundo, no minando la democracia en beneficio de los sectores más adinerados, favoreciendo así la ambición y la intriga política, que son, precisamente, el núcleo del problema.

Pero tampoco es el único problema. El solo hecho de hacer que todos paguen su parte justa no garantizará automáticamente que la riqueza acumulativa del mundo se distribuya de manera equitativa, como para mejorar la vida de todos los seres humanos alrededor del planeta —para empezar, por lo menos terminando con el hambre en el mundo entero, tarea casi siempre presentada como "imposible", cuando resulta, de hecho, absolutamente lograble si los países más ricos del mundo destinaran una porción de sus enormes presupuestos militares al vencimiento de la hambruna que padecen más de 800 millones de personas—. Lograr esto requiere, sin duda, un amplio cambio de mentalidad en todo el mundo. Será necesario montar un concertado esfuerzo mundial para terminar con la guerra, promover la paz y la cooperación, asegurar la inclusión de todos los afectados por las decisiones, estimular la participación multilateral en la búsqueda de soluciones mutuas a problemas en común, y generar conciencia e interés universal en el hecho de trabajar juntos, a un nivel masivo, si queremos seguir teniendo esperanza alguna de sobrevivir como especie.

Existen, sin duda, quienes argumentarán que la inequidad, como fenómeno global, ha disminuido durante los primeros años del nuevo milenio. Pero el informe de la UNESCO indica que, prácticamente, el total de esa mejora se produjo por obra del vasto desarrollo económico experimentado tanto en la China como en la India, con sus enormes poblaciones, mientras que, en el Oeste, en África y en otras regiones, el nivel de desigualdad ha empeorado, y hasta amenaza con neutralizar las mejoras de fondo en Oriente. Agregue esto a la impredecible tendencia en el frente laboral, tal como lo hemos conocido hasta el momento, y la gradual desaparición del trabajo como modo de ganarse la vida para la persona común, y el futuro no se ve para nada alentador. La causa de esta situación es que los avances sociales no han ocurrido al ritmo de los avances tecnológicos, y los que ejercen el poder tienden —ya sea por avaricia o por ignorancia— a aplicar fórmulas obsoletas a cualquier intento de crear soluciones aplicables a un dilema tan novedosa como creciente.

A final de cuentas, y a propósito de la desigualdad, el problema más grave que el mundo de hoy enfrenta es la profunda falta de grandeza que está afectando no solo a empresas y a gobiernos, sino también a los líderes individuales de estos en todo el mundo. Los lemas huecos de los demagogos del nacionalismo populista —como ese "Hacer grande a América de nuevo" del candidato norteamericano a presidente, Donald Trump— solo tendrán algún significado genuino cuando los líderes mundiales dejen atrás sus míseros reclamos, sus rivalidades políticas, sus discursos bélicos, sus acciones violentas y sus avaros intereses personales, y pacten la manera de trabajar juntos para resolver, en lugar de crear, los problemas más urgentes del planeta, y cuando los ciudadanos comunes, en su conjunto, masivamente, y en los términos más contundentes posibles, demanden que su líderes actúen de buena fe y por la paz. Hasta que ocurra eso, la gran mayoría de la población del mundo será testigo de una creciente desigualdad que empeorará mucho antes de ceder un solo ápice.

28 de octubre de 2016

CUANDO UN LÍDER GLOBAL VIENE DE VISITA

Buenos Aires, 24 de marzo de 2016

Ayer me hice una pregunta retórica en Twitter: "¿Qué motivación tiene un presidente de EEUU, *cualquier* presidente de EEUU, para venir de visita a la Argentina justamente en el 40.° aniversario del golpe de estado de 1976?".

Creo que fue una buena pregunta. Sin duda, suficiente evidencia ha salido a la luz en las últimas cuatro décadas, tanto de la complicidad temprana como de más tarde de los Estados Unidos con el sangriento régimen militar (que llegó al poder en 1976 y gobernó a la Argentina hasta 1983) primero, bajo la administración del presidente de Estados Unidos Gerald Ford y, más tarde, bajo la del presidente Ronald Reagan. La notable excepción a esta política de apoyo tácito fue la de los cuatro años de la administración Carter, que se enfrentó abiertamente a la junta militar respecto de sus violaciones a los derechos humanos.

Está claro que no fui el único que me lo pregunté, aunque para otros fue un interrogante menos retórico. Uno de estos fue cómo el mismo Obama, Premio Nobel de la Paz, hizo caso omiso a otro Nobel de la Paz: más específicamente, Adolfo Pérez Esquivel, quien, según se informó, se había contactado con el presidente de Estados Unidos pidiéndole que escogiera otra fecha para su visita a la Argentina, ya que hacerlo en el 40.° aniversario del golpe de estado sería considerado provocador.

En público, el defensor argentino de derechos humanos, quien actualmente tiene 84 años, recordó que las academias militares de Estados Unidos (la infame Escuela de las Américas, por ejemplo) entrenaron a militares de Argentina y de otros países de América Latina que vivían bajo regímenes *de facto* en el uso de las técnicas de tortura más eficaces. Pérez Esquivel añadió que "sería bueno tener de Estados Unidos un reconocimiento público de su intervencionismo".

Conceptos más duros vertió Estela de Carlotto, titular de la Asociación Abuelas de Plaza de Mayo, quien manifestó, al rechazar la invitación para ir al Parque de la Memoria con el presidente argentino Mauricio Macri y Obama, que "no es el momento para que estemos en un lugar así cuando estamos recordando 40 años de algo tan atroz, lleno de dolor". Agregó que Estados Unidos "fue partícipe de los delitos de lesa humanidad que cometieron las dictaduras latinoamericanas", y exigió que ese país "deje de violar los derechos humanos tanto en su territorio como en otros, y en la cárcel de Guantánamo".

Hebe de Bonafini, líder de la corriente más radicalizada de las Madres de Plaza de Mayo, dijo que estar presente en el acto con Obama sería como ponerse a tiro para que le dieran "una patada en medio de la cabeza".

No obstante, en respuesta a estos cuestionamientos, a la pregunta mía, y a las de muchos otros sobre la prudencia del presidente Macri en cuanto a pararse ante el público, hombro a hombro con un presidente estadounidense en una fecha en la historia del país tan cargada política y emocionalmente, cuando Obama fue al parque construido en memoria de las víctimas del otrora régimen militar, admitió errores en el pasado y se comprometió a futuro.

El parque, conocido como "Parque de la Memoria", se abrió en 1997, casi una década y media tras el retorno de la democracia a la Argentina, después de la Guerra de Malvinas. Similar en concepto al monumento de los Estados Unidos a la memoria de los caídos en la Guerra de Vietnam, el parque fue construido en la orilla de las aguas leoninas del estuario del Río de la Plata, bordeando el Barrio Belgrano, centrado en un muro alto y de gran longitud llamado el "Monumento a las Víctimas del Terrorismo de Estado". La pared lleva los nombres y edades de 20.000 víctimas fatales confirmadas del terrorismo de estado bajo el régimen militar conocido como el "Proceso de Reorganización Nacional" o, más coloquialmente, como "El Proceso". Existen otras diez mil placas en blanco a lo largo del muro que representan a otros "desaparecidos", víctimas del régimen cuyos restos jamás fueron encontrados o identificados. A continuación del muro, se extiende, dentro de las aguas del Río de la Plata, una escollera que representa a las víctimas arrojadas al vasto río o al océano más allá de este, un método preferido para deshacerse de manera clandestina de los "desaparecidos" una vez que se consideraba que no servían más como fuente de datos para la inteligencia militar.

El presidente Obama describió la experiencia de estar en el monumento como "aleccionadora" y "conmovedora". Si bien recordó que la administración del expresidente Carter había sido la excepción a la regla durante el reinado de terror en la Argentina —reivindicando el trabajo de "diplomáticos, como Tex Harris, quien trabajó en la Embajada de Estados Unidos aquí documentando las violaciones a los derechos humanos... al igual que Patt Derian, secretaria de Estado adjunta para los derechos humanos del presidente Jimmy Carter, un presidente que entendía que los derechos humanos son elemento fundamental de la política exterior"—. Asimismo, admitió que "ha habido controversia acerca de las políticas de Estados Unidos al principio de esos oscuros días, y cuando se reflexiona sobre lo que ocurrió aquí, Estados Unidos debe examinar tanto sus propias políticas como su propio pasado".

Estas palabras solo pueden ser vistas como una audaz y clara admisión, y Obama fue un paso más allá al añadir: "Las democracias tenemos que tener el valor de reconocer cuándo no nos encontramos a la altura de los ideales que defendemos; cuándo hemos sido lentos para hablar a favor de los derechos humanos. Y ese fue el caso aquí". Como para enfatizar aún más su sinceridad y el interés de los Estados Unidos en reparar los errores del pasado con Argentina, Obama hizo una ofrenda de paz, diciendo: "Hoy en día, en respuesta a una solicitud del Presidente Macri, y para seguir ayudando a las familias de las víctimas a encontrar algo de la verdad y de la justicia que merecen, puedo anunciar que el gobierno de Estados Unidos desclasificará más documentos aún sobre esa época, incluyendo, por primera vez, registros militares y de inteligencia, porque creo que tenemos la responsabilidad de confrontar el pasado con honestidad y transparencia".

Vale la pena destacar que la reacción de la señora de Bonafini era de esperarse, dado que es una figura que se ha enrolado de pleno en el bando del kirchnerismo, donde ha prosperado de una manera casi vergonzante en el tema de los derechos humanos, tal como lo hicieron los propios presidentes Néstor y Cristina Kirchner, usándolo como escudo para intentar legitimar otros aspectos más autocráticos y más cuestionables de sus gobiernos. Pero, en el caso de la señora de Carlotto, aunque tal vez entendible desde el punto de vista del dolor de una madre y de una abuela lastimada profundamente por las atrocidades de la era del gobierno militar, desde su liderazgo en el movimiento argentino de los derechos humanos, es una lástima. Aprovechar la disposición de un presidente norteamericano a poner el tema sobre el tapete solo podría haber ayudado a su causa, especialmente cuando el presidente norteamericano estaba ofreciendo exactamente lo que las Abuelas vienen reclamando de ese país: la desclasificación de documentación secreta de la época del gobierno militar argentino. Y la mención de Guantánamo pareció un agregado injusto considerando que el gobierno de Obama busca, desde hace más de siete años, la manera de cerrar esa controvertida cárcel *offshore* sin que el congreso, mayoritariamente republicano, le haya permitido encontrarla.

Me parece menester mencionar, sin embargo, que el presidente Obama incluyó otra admisión durante su discurso en el Parque de la Memoria que, según mi criterio, es importante. Dijo: "Lo que pasó aquí en Argentina no es exclusivo de Argentina, y no se limita al pasado. Cada uno de nosotros tenemos la responsabilidad, hoy y todos los días, de asegurarnos de que, dondequiera que veamos injusticia, donde veamos burlado el estado de derecho... estemos hablando de ello y que estemos examinando nuestros propios corazones y asumiendo la responsabilidad de hacer de esto un lugar mejor para nuestros hijos y para nuestros nietos".

Querría aceptar la palabra del presidente norteamericano en este sentido, y que esto sea un nuevo punto de partida —uno que pasará a su sucesor cuando este (o esta) lo remplace al principio del año que viene—. Porque, si bien parecería ser, de parte de Obama, un sentimiento verdadero y loable, el presidente no puede ignorar, claro está, el hecho de que Estados Unidos sigue siendo amistoso y sigue dando su apoyo a regímenes abusivos y autocráticos. Sin ir más lejos, el año pasado, al fallecer el rey Abdulá de Arabia Saudita, Obama lo elogió como un gran líder y subrayó la importancia de la "relación entre Estados Unidos y Arabia Saudita como fuerza para la estabilidad y seguridad en el Oriente Medio y más allá".

Sin embargo, el régimen saudita es, de hecho, autocrático y, a menudo irremediablemente cruel. Los opositores son sistemáticamente perseguidos y/o encarcelados. Los detenidos, incluidos los niños, se enfrentan comúnmente a atropellos del debido procesamiento legal, y además, de la detención arbitraria, de la tortura y de otros malos tratos mientras se encuentran detenidos. Los jueces frecuentemente condenan a los acusados a flagelaciones tan severas que amenazan la vida de la víctima, y pueden ordenar arrestos y detenciones, incluso de niños, a su entera discreción. Las mujeres, por otra parte, según el derecho saudita, se consideran subordinadas a la "tutela" de los hombres. Y ese país es solo un ejemplo, aunque uno bien prominente.

Si Estados Unidos, tal como lo preside Obama, es sincero acerca de esta cuestión —y consta que el líder norteamericano ha buscado, en tiempos bien difíciles, mejorar el nivel de comprensión entre Estados Unidos y el resto del mundo— entonces, su país debe dejar, realmente, de defender su apoyo a "dictaduras amigas" y a otros regímenes autoritarios, basado únicamente en el pragmatismo político y en la conveniencia. Como dijo Obama respecto del expresidente Carter, es momento de que todos los presidentes de Estados Unidos entiendan de un vez por todas que "los derechos humanos son un elemento fundamental de la política exterior" y que deben hacer que el pleno respeto de los derechos humanos y del estado de derecho sean la prueba definitiva para que cualquier país se califique para ser considerado como "una nación amiga" por los Estados Unidos en su tan pregonado rol de "líder de la democracia occidental". Si lo hacen, podría significar una enorme diferencia en las vidas de millones de personas en todo el mundo, al hacer que los líderes comiencen a darse cuenta de que el destino de sus vínculos con Occidente está atado a la aceptación de su comportamiento en el campo de los derechos humanos.

En pocas palabras, cuando se trata de difundir los conceptos prácticos de la democracia y de los derechos humanos y civiles en todo el mundo, es el momento de que los líderes occidentales respalden sus palabras con políticas en firme defensa de los derechos inalienables del hombre.

28 de marzo de 2016

ERDOGAN O DEMOCRACIA: DICOTOMÍA CONSTANTE

La intentona militar que padeció Turquía este mes no solo sobresaltó a los ciudadanos de ese país, sino que también envió ondas expansivas a través del mundo occidental. Debido a su posición estratégica entre Oriente y Occidente, y a su alianza cada vez más tensa con las grandes potencias occidentales, cualquier inestabilidad en Turquía gatilla alarmas en Europa y en Estados Unidos, en particular en un momento como este, cuando los aliados occidentales han puesto a la defensiva al Estado Islámico (ISIS) en el campo de batalla, pero cuando la red terrorista ultraislamista está cambiando las tácticas y fomentando que pequeñas células terroristas o asesinos solitarios se infiltren en las capitales occidentales y causen estragos.

Se cree que las causas del intento de golpe de estado no solo fueron los avances autocráticos del Presidente Recep Tayyip Erdogan sobre el régimen democrático en Turquía, sino también los ataques llevados a cabo por ISIS en el corazón de la sociedad turca. La percepción entre muchos es que Turquía está pagando con sangre inocente por los pecados de Erdogan y sus compinches, que han caído en un juego peligroso al caminar por una especie de cuerda floja entre hacerse los aliados fieles de la OTAN al tiempo que el país oficia de tierra de nadie, haciendo la vista gorda a los combatientes de Estado Islámico que se deslizan ida y vuelta por sus fronteras como si fuera un colador y donde ISIS trafica libremente su petróleo mal habido.

El claro ganador, al menos por ahora, en el intento de golpe de estado del 15 de julio ha sido su pretendida víctima, el presidente Erdogan, quien, aunque elegido a ese cargo por voto popular en 2014, después de haber oficiado como primer ministro del país durante los once años anteriores, se ha tornado cada vez más autocrático. Después de haber sofocado el levantamiento militar mal planificado y malogrado, haciendo uso de movimientos de resistencia popular en las calles de las ciudades turcas y de las acciones de sectores leales, al parecer muy poderosos, dentro de las fuerzas armadas y de seguridad, Erdogan declaró que el intento de derrocamiento había sido "un regalo de Dios", porque le permitiría "limpiar el Ejército" de elementos sediciosos. Y, en efecto, esa "limpieza", en los últimos días, se convirtió en una cacería de brujas masiva en la que más de 50.000 personas han sido detenidas, despedidas o suspendidas, incluyendo a un tercio del mando superior de las Fuerzas Armadas —99 generales y almirantes— cerca de 3000 jueces, y miles de soldados y otro personal militar.

Mientras tanto, el gobierno de Erdogan ha tratado de asignar una cara a la rebelión, culpando al moderado clérigo musulmán Fethullah Gülen, de 77 años de edad, quien ha vivido en un exilio autoimpuesto en Estados Unidos desde 1999. El gobierno turco ha solicitado a Estados Unidos la extradición de Gülen. Pero, mientras que el presidente norteamericano Barack Obama ha dejado en claro a Erdogan que EEUU apoya a la democracia turca y condena el golpe de estado, en relación con la solicitud de extradición, el gobierno de Obama ha comunicado al Estado turco que la decisión de cumplir o no con el pedido no será de manera alguna "un proceso lograble del día a la noche". Por su parte, Gülen salió inmediatamente a decir que no tenía nada que ver con el intento de golpe y que, en efecto, "condenaba y rechazaba" la rebelión militar "en los términos más enérgicos".

Tanto Erdogan como los que dirigieron el golpe contra él dicen ser defensores de la democracia. En los golpes militares en todo el mundo a lo largo de la historia, esto no es nada nuevo: es bastante común que los grupos armados afirmen que se están haciendo cargo de una nación en defensa de su constitución y de su pueblo. Pero, muy a menudo, los golpes se ejercen contra democracias en plena función que se dirigen en direcciones que resultan inconvenientes para intereses económicamente poderosos que pactan con los militares. En este caso, sin embargo, la intentona fue dirigida contra un líder quien ha ido consolidando cada vez más poder personal desde hace algún tiempo y quien trata de obtener aún más, mientras juega a quién pestañea primero con ISIS, poniendo suficiente presión sobre los terroristas internacionales como para, a duras penas, satisfacer a sus aliados de la OTAN, pero dándoles paso libre donde puede, como para dejar que ellos hagan parte del trabajo sucio contra su rival regional, Bashar al-Assad en Siria, y en contra de sus enemigos internos, los kurdos, a lo largo de la frontera con Turquía.

Al igual que Rusia, Erdogan busca —de manera no muy efectiva— convencer a Occidente, al cual le debe la fortaleza estratégica de su país— de que su enemigo central es ISIS, cuando el eje principal de sus acciones militares se dirige contra los kurdos, aliados de Occidente en la lucha contra Estado Islámico. Largamente en conflicto con los kurdos turcos que reclaman autonomía, Erdogan ha aprovechado las presiones de Estados Unidos para que se uniera a la lucha contra ISIS, para no solo atacar a ciertas posiciones de Estado Islámico —y permitir que EEUU use sus bases militares para hacer lo mismo—, sino también para hostigar a combatientes kurdos en la frontera entre Siria y Turquía. Rusia, por su parte, ha asumido el rol de agregado independiente a los esfuerzos de una coalición internacional que lucha contra ISIS, mientras que su campaña en Siria se ha centrado, de hecho y en gran medida, en golpear a los rebeldes nacionalistas de ese país, quienes se oponen tanto a ISIS como a la dictadura de Assad, férreo aliado este último de Moscú. En efecto, los aliados naturales del Oeste, los rebeldes nacionalistas sirios y los combatientes de la Peshmerga kurda —principal fuerza terrestre que frena el avance de ISIS y que mantiene los territorios reconquistados a la organización terrorista— con frecuencia se encuentran bajo el ataque no solo de Rusia, que está jugando su propio juego estratégico en el Medio Oriente, sino también de Turquía, supuesta aliada de Occidente, mientras se esfuerzan por combatir al enemigo común del Este y del Oeste, el llamado "Califato del Estado Islámico".

Sin embargo, las devastadoras operaciones terroristas de reciente data dentro de las fronteras de Turquía revelan que ISIS ha perdido su disposición a tolerar ni siquiera la más mínima acción militar turca en su contra para apaciguar a Occidente y ahora se dedica a aterrorizar a las ciudades turcas, tal como lo haría a cualquier otra capital occidental.

Visto como carismático hombre fuerte por muchos en su propio país, Erdogan fue capaz de explotar el sentimiento popular para sofocar el intento de golpe de este mes, en gran parte debido al perfil histórico de democracia en Turquía: de hecho, fue un exoficial del ejército, Mustafá Kemal Ataturk, quien formó la República de Turquía en la década de 1920. Llamado "kemalismo", el sistema político que se estableció fue uno de nacionalismo democrático, estructurado sobre líneas estrictamente seculares.

Desde hace mucho, el ejército turco se ha considerado a sí mismo como guardián de la democracia (el carácter secular kemalista que la ha hecho atractiva para el Oeste) y ha intervenido para derrocar a cuatro gobiernos turcos desde la década de 1960. Cada vez, las Fuerzas Armadas turcas han llevado, eventualmente, al país de vuelta a la democracia pero, en cada caso, con nuevas modificaciones y limitaciones. Al igual que lo que ocurrió en algunos países de América del Sur entre las décadas de los años cincuenta y setenta, la democracia turca se ha desarrollado con el permiso y bajo la sombra de sus militares. Erdogan ha sabido, aparentemente, explotar esa idiosincrasia turca como para amasar un poder cada vez mayor.

Es evidente que, pese a un apoyo popular muy extensivo, Erdogan representa un reto para la democracia turca y para el carácter laico de esta. Es el líder de un partido islamista moderado y ha intentado reformar la educación de Turquía en torno a líneas islamistas. Ha patrocinado reformas para consolidar el poder presidencial y ha utilizado su creciente influencia para amordazar a la prensa e intimidar a sus opositores. Ahora intenta restablecer la pena de muerte en Turquía "en nombre del pueblo", como para poder ejecutar legalmente a sus adversarios en el ejército y para aplastar la disidencia en otras bases de poder.

A pesar de este autocrático perfil político, sin embargo, al parecer —a la luz de la suerte que corrió esta última intentona—, un amplio sector de la población civil y una proporción significativa de militares turcos actualmente prefieren el liderazgo de un hombre fuerte civil a un retorno al péndulo histórico que oscila entre golpes militares y gobiernos civiles débiles. Es probable que los líderes del golpe hayan sentido que, con los recientes ataques perpetrados por ISIS en el corazón de Turquía —incluyendo el ataque terrorista del mes pasado en un aeropuerto de Estambul que mató a 44 personas e hirió a 240 más—, sería causa suficiente como para socavar la popularidad de Erdogan y la confianza en su capacidad para mantener la seguridad del país, y así permitir un golpe exitoso. Pero, obviamente, se equivocaron, y cayeron en el juego del presidente, a menos que el duro castigo que Erdogan impone a sus opositores golpistas incite a nuevas rebeliones en el seno de las Fuerzas Armadas.

Para Occidente, Turquía bajo Erdogan plantea una especie de dicotomía. De hecho, Turquía cuenta con membresía, como aliado estratégico, en la OTAN y como el anfitrión más grande del mundo para los refugiados de una Siria desgarrada por la guerra, por lo cual ha logrado negociar miles de millones de euros en compensación con la Unión Europea, además de que se considere su petición para formar parte de la propia UE (aunque, desde el intento de golpe, Europa le ha advertido a Erdogan que, si reinstaura la pena capital, la admisión de Turquía a la UE quedará fuera de la mesa de negociaciones). Pero Turquía es también un país que, bajo el gobierno de Erdogan, se aleja cada vez más de una democracia sana y secular, y sus acciones son, a menudo, caprichosas y difíciles de prever.

Sin embargo, el factor que hace, más que cualquier otro, que la Turquía de Erdogan sea poco fiable es su ambivalencia con respecto a ISIS (curiosamente, el factor sobre el cual menos se habla en Occidente). En octubre de 2014, el vicepresidente estadounidense, Joe Biden, afirmó a una audiencia de la Universidad de Harvard que el régimen de Erdogan estaba respaldando a ISIS con "cientos de millones de dólares y miles de toneladas de armas [...]". Sin embargo, el vicepresidente más tarde se disculpó con el gobierno de Erdogan por el comentario, haciendo parecer que había hablado fuera de turno, cuando la verdad parece ser que EEUU necesitaba el permiso del presidente turco para utilizar una de las bases aéreas de su país para lanzar ataques aéreos contra posiciones de ISIS, y la disculpa de Biden fue parte del trato.

Por otra parte, mientras que Turquía sigue siendo tratada como aliada occidental incuestionable, no es ningún secreto que ISIS ha comercializado mucho petróleo sin refinar de los yacimientos petrolíferos capturados por el grupo terrorista en Irak mediante el contrabandeo en Turquía, desde donde se envía a los compradores en otras partes del mundo —incluso, según informes, a los principales aliados de Estados Unidos, como un Japón petróleo dependiente—. Estas ventas, por sí solas, han proporcionado a ISIS un constante ingreso diario de fondos que suman varios millones de dólares, con los cuales ha podido alimentar, vestir y armar a sus combatientes. Se habla menos aún de la relación supuestamente directa entre las operaciones de contrabandeo de petróleo de ISIS y la familia Erdogan. Ha habido informes de que el tercer hijo del presidente Erdogan, llamado "Bilal" —hombre de negocios formado en Harvard—, quien encabeza uno de los grupos de transporte marítimo más importantes de Turquía, ha sido el principal exportador del crudo mal habido de ISIS, y, como tal, constituye un eslabón necesario en las operaciones de financiación del grupo terrorista internacional.

Todo esto parece explicar, en gran medida, cómo, incluso cuando el respaldo de ISIS proveniente de Arabia Saudita, y de otras fuentes del Medio Oriente consideradas como aliadas sagradas de EEUU, se han restringido al extremo. La organización terrorista sigue siendo bien financiada, pese a sus graves contratiempos en Irak y en Siria (en gran parte gracias a los ataques aéreos y a otros respaldos de la coalición anti-ISIS liderada por Estados Unidos). En fin, si bien es cierto, como afirman los países occidentales, que derrotar a una organización terrorista muy organizada, muy motivada y altamente profesional como lo es ISIS será un proceso largo y difícil, no resulta menos cierto que el progreso en la guerra contra ese grupo terrorista se ha visto seriamente obstaculizado por la naturaleza hipócrita y duplicidad del régimen cada vez más autocrático de Erdogan y por el disimulo de Occidente al proteger al hombre fuerte de Turquía, pese al daño que sus acciones han causado a la lucha por desbaratar, una vez por todas, al Estado Islámico.

27 de julio de 2016

LA DEMOCRACIA TURCA EN UNA ENCRUCIJADA

El 16 de abril próximo, los votantes turcos decidirán en un plebiscito si otorgar o no aún más poderes extraordinarios a su actual presidente, Recep Tayyip Erdogan. O, por lo menos, ese es el propósito aparente de tal votación. Vista desde una perspectiva más amplia, sin embargo, lo que votarán los turcos será, en realidad, la continuación o no de la democracia en su país.

Los avances que Erdogan ha realizado hacia una toma autocrática del poder político en Turquía durante los últimos tres años han sido vertiginosos. Hacia finales de 2013, cuando aún ejercía como primer ministro del país, parecía que su carrera política se derrumbaba y que terminaría en escándalo, después de que una serie de conversaciones grabadas no dejaron duda alguna, aparentemente, de que él y su hijo Bilal estaban involucrados en una vasta (y lucrativa) red de corrupción.

Pero, siendo el político hábil e innegablemente capaz que es —con una carrera que abarca dos décadas, desde sus días como alcalde de Estambul— y armado con el poder floreciente que su perfil como aliado de la OTAN y Occidente le proporcionó en tiempos en que los líderes occidentales no podían despreciar a un "amigo" cuyo poder vincula el Este con el Oeste, Erdogan fue capaz de sortear las acusaciones de corrupción y salir más fortalecido que nunca, y ganar la presidencia al año siguiente.

A partir de ese momento, su principal objetivo ha sido la consolidación de un poder presidencial cada vez mayor, y sus claros avances hacia ese objetivo han surgido en detrimento manifiesto de la democracia, en un clima en el cual tanto los críticos políticos como los medios independientes están marcados como enemigos del Estado y son perseguidos como tales.

A lo largo de la historia de Turquía como república, después de la caída del Imperio otomano de 400 años de duración al final de la Primera Guerra Mundial, el ejército turco ha actuado como árbitro y fusible cada vez que ha considerado que la democracia está en riesgo. Este es un legado entregado a las Fuerzas Armadas turcas por Mustafá Kemal Ataturk, el oficial castrense que fue instrumental en la creación de la República Turca en los años inmediatamente posteriores a la Primera Guerra Mundial. De acuerdo con esa tradición, conocida como "kemalismo", los militares han guardado celosamente su concepto de Turquía como una democracia nacionalista, secular y de tendencia occidental, incluso imponiendo reiteradas modificaciones y limitaciones al sistema para frenar las ambiciones de los líderes electos y para evitar que acumularan poder indebido o arrastraran al gobierno hacia la teocracia islamista.

No obstante, por más democráticos que hayan sido sus intereses, desde un punto de vista práctico, la democracia turca se ha desarrollado a la sombra de las poderosas Fuerzas Armadas del país y con el permiso tácito de su jerarquía militar. Hasta el año pasado, era impensable que cualquier líder político pudiera gobernar eficazmente sin la aprobación de los militares. Pero el actual presidente también ha desafiado esa creencia.

Hasta hace poco, la audacia política y diplomática de Erdogan le había permitido explotar estas idiosincrasias democráticas para promover sus propias causas y su carrera, por un lado identificándose con líneas políticas islamistas moderadas y, por otro, fortificando la condición del país como potencia de la OTAN y como el "subcontratista" número uno en cuanto a lidiar con los problemas de Europa Occidental con los refugiados procedentes de guerras por encargo en el Oriente Medio y África que han provocado la peor crisis migratoria desde la Segunda Guerra Mundial.

Y, cuando la falta de democracia del presidente turco, su coqueteo con el hombre fuerte ruso Vladimir Putin como venganza contra Occidente por desaprobar sus tácticas dictatoriales, y su aparente tolerancia de los militantes de ISIS en cuanto a utilizar al país como punto de paso seguro minaron las esperanzas de Turquía de ser recompensada con una membresía en la Unión Europea por su lealtad hacia Occidente, un grupo de líderes militares, impulsados además por actos terroristas cometidos por ISIS en suelo turco, decidió tomar el toro por las astas.

El 15 de julio del año pasado, un segmento firmemente convencido de las Fuerzas Armadas turcas realizó un golpe relámpago en el cual intentaron derrocar al presidente y, como en otros levantamientos militares que han salpicado la historia del país, reordenar el sistema y restaurarlo a alguna forma de democracia secular. Parece obvio, sin embargo, que no se habían dado cuenta del apoyo popular y armado del cual disfrutaba Erdogan, y el golpe fue rápidamente aplastado. Miles de personas fueron detenidas de inmediato, y lo que ha seguido en los meses transcurridos desde entonces es una verdadera cacería de brujas a nivel nacional.

Hasta ahora —debido a protestas europeas y a las advertencias oficiales de que hacerlo podría dañar aún más sus relaciones cada vez más tenues con la UE—, Erdogan no ha podido encontrar el apoyo necesario para la reincorporación de la pena de muerte en Turquía. Hubiese querido, claramente, reafirmar su poder a través de ejecuciones ejemplares que no dejaran duda alguna en cuanto a cómo manejaría él cualquier desafío a su autoridad en el futuro. En cambio, ha tenido que conformarse con otras acciones ejemplares punitivas: 40.000 detenciones y destitución de sus puestos de jueces, fiscales, educadores y otros empleados del gobierno sospechados de respaldar el intento de derrocamiento, unos 100.000 de ellos en total.

Si el presidente turco ya estaba siendo criticado antes del levantamiento militar por sus acciones represivas contra periodistas y medios de comunicación que criticaban su gestión, desde el golpe abortivo del año pasado, su gobierno casi ha borrado por completo la libertad de expresión en todo el país. Erdogan ha cerrado cerca de 180 periódicos, canales de televisión y sitios web. Tan extensos han sido sus ataques a los medios de comunicación que Turquía está ahora clasificada entre los peores represores de la cobertura informativa independiente. En la actualidad hay unos 150 periodistas detenidos a disposición del gobierno en las cárceles turcas.

¿Cómo ampliaría Erdogan, entonces, su poder, en detrimento de la democracia si ganara una mayoría de los votos en el referéndum de abril? Para empezar, como presidente o como expresidente, la reforma constitucional implícita en el plebiscito lo haría inmune de por vida a cualquier proceso judicial. En otras palabras, todas las acusaciones de corrupción formuladas contra él se anularían, al igual que cualquier otra acusación por mala conducta. El puesto del primer ministro sería suprimido, y los presidentes podrían servir durante tres períodos consecutivos de cinco años cada uno. (Presumiblemente, esto también se aplicaría al presidente en ejercicio). Los servicios de inteligencia responderían directamente al presidente. Como jefe de Estado, tendría el poder de disolver el parlamento y determinar el presupuesto anual del país. Y tendría, además, poder de veto sobre cualquier legislación.

En virtud de la reforma, el presidente extendería, además, su alcance al poder judicial y a la educación. Tendría el poder de nombrar a todos los rectores universitarios y a elegir al director de la Junta Nacional de Educación Superior. La reforma daría al presidente poder efectivo sobre el nombramiento de todos los jueces y fiscales al permitir nombrar al jefe y a la mitad de los miembros de la junta directiva que realiza dichos nombramientos. Además, el jefe de Estado tendría el poder de nombrar a 12 de los 15 juristas que forman el Tribunal Constitucional turco, el órgano judicial más alto del país y la Corte que decide si se puede o no llevar al Ejecutivo al juicio político.

A la luz de todo esto, la amenaza a la democracia turca es obvia. Pero resulta poco probable, asimismo, que Erdogan pierda el referéndum. Los turcos viven en medio de un entorno hostil, con la devastadora guerra siria que se libra justo al otro lado de la frontera, los terroristas de ISIS activos en todas partes y utilizando el territorio turco como un refugio semiseguro, reforzando Rusia su presencia en la región y el gobierno involucrado en una prolongada guerra no declarada contra los rebeldes kurdos.

En un contexto tan incierto —y con el país, según muchos observadores, casi dividido por igual entre los que adoran al presidente y los que lo odian—, muchos turcos ven a Erdogan como símbolo de fortaleza y estabilidad. Aunque sus actuales vínculos con Occidente puedan ser menos cordiales que antes, sus opositores no demuestran una creíble capacidad de mantener buenas relaciones con la UE y con Washington. Además, Erdogan ha demostrado su fuerza en las acciones militares que ha dirigido en Siria y en los esfuerzos diplomáticos que ha montado allí en conjunto con Rusia. Los activistas democráticos seculares en su mayoría forman parte de la oposición y, aunque hayan extraído gran parte de su pensamiento de las democracias europeas, pocos entre ellos consideran como confiables ya las grandes potencias occidentales que han estado cautelosamente preparadas para seguir respaldando al líder autocrático del país ante cualquier intento de derrocarlo.

El referéndum será, en cierta medida, una gran apuesta para Erdogan. Un abrumador voto por el no socavaría seriamente su base de poder cada vez más autocrática, e incluso podría terminar dando apoyo interno a un nuevo levantamiento contra él. Pero en el análisis final, aunque las encuestas preliminares indican que el país está prácticamente dividido por la mitad entre el sí y el no para el plebiscito que se aproxima, son muchos los indicios que sugieren que la mayoría, incluyendo un gran número de los jóvenes ascendentes del país, están más interesados en una Turquía "resistente" que en la democracia.

El referéndum de abril se reduce, entonces, a una pulseada entre aquellos que quieren evitar que Erdogan elimine todo vestigio de la democracia y aquellos dispuestos a proporcionarle la autoridad que requiere para convertirse de pleno en dictador populista.

31 de marzo de 2017

EL NACIONALISMO POPULISTA INCITA A CAMBIOS EN LA POLÍTICA DEL FMI

El auge repentino de las distintas expresiones del nacionalismo populista ha causado pánico entre las organizaciones globales, tanto democráticas como, sencillamente, capitalistas. Resulta un fenómeno que los expertos políticos más tradicionales no vieron venir, pero sobre el cual los demócratas más eruditos —como Noam Chomsky y Joseph Stiglitz, del lado izquierdo del espectro político, y Robert Kagan y George Will, de la derecha— vienen advirtiendo ya hace tiempo. A medida que dicho fenómeno se ha incrementado en los últimos años, echando raíces tanto en Europa Occidental como en Estado Unidos, primero los centros de investigación política y, luego, las principales organizaciones multilaterales han tenido que comenzar a reconocerlo como una verdadera tendencia creciente y a aceptarlo como un peligro inminente, no solo para la democracia capitalista como marco sistémico de Occidente, sino también para la economía liberal tal como el mundo lo ha conocido hasta la actualidad.

Una de dichas organizaciones es el Fondo Monetario Internacional (FMI), en este caso una institución sobre la cual se podría añadir: "Más vale tarde que nunca". Para ser justo, desde la crisis mundial provocada por la caída estrepitosa del mercado de valores de Estados Unidos en 2007, y la subsiguiente Gran Recesión mundial que lo acompañó, el FMI ha estado reconsiderando políticas conservadoras de larga data para su trato con el mundo entero. Bajo el liderazgo desde el 2011 de la abogada liberal y economista de línea smithiana Christine Lagarde, el FMI se ha alejado de su antigua imagen como una especie de "sucursal" del gobierno estadounidense, desempeñando un papel claramente más destacado en la economía mundial, y con una tendencia decididamente europea.

Pero quizás el mayor cambio en el pensamiento en la cumbre del FMI sea, al parecer, que ya nadie cree más en la antigua teoría reaganesca de la "economía de goteo". Si hay algo que las últimas décadas han demostrado, es, de hecho, que lo que "gotea" desde la cima hacia abajo no es otra cosa que un empobrecimiento cada vez mayor. Si bien algunas estadísticas buscan desmentir este hecho, es porque se alimentan de datos sobre las clases más pobres de la Tierra que en algunos lugares han mejorado marginalmente su suerte, mientras que el declive mundial más evidente, especialmente desde el advenimiento de la Gran Recesión, se ha observado en las clases medias. Mientras tanto, la cresta de la cima se ha convertido en un lugar mucho más acogedor que nunca, ya que los multimillonarios más ricos del mundo han logrado obtener la mitad de la riqueza total con que debe vivir el resto del mundo.

La actual conclusión del FMI parece ser, entonces, que, si se quiere lograr una distribución más justa de la riqueza en el mundo, habrá que echar mano a la obra para distribuirla porque, de lo contrario, "goteo" o no, queda claro que esto no va a suceder. La nueva perspectiva del FMI se basa aparentemente en la idea de que fenómenos tan alarmantes como el advenimiento de Brexit en Gran Bretaña, el auge de la extrema derecha en Francia y —en un grado cada vez mayor— en Alemania, y como el surgimiento de la ultraderecha en Estados Unidos tras comicios recientes allí, alimentarán un aumento mundial en el proteccionismo y en las divisiones nacionalistas. Y tales cambios en el escenario político mundial prometen ejercer sus más crueles efectos sobre los segmentos más vulnerables de las clases media y baja.

Según la directora del FMI, "dicho de manera sencilla, el crecimiento ha sido demasiado bajo, durante demasiado tiempo, y ha beneficiado a muy pocos. Las consecuencias sociales y políticas son cada vez más evidentes. La desigualdad sigue siendo demasiado elevada en demasiados países. Los conflictos y la migración ejercen una terrible influencia. El comercio se ha convertido en un fútbol político. Y los partidarios de la integración económica —y la cooperación— se encuentran a la defensiva".

Lagarde dice que la globalización debería haber funcionado de una manera distinta a cómo, en realidad, lo ha hecho. Debería haber tenido en cuenta la inclusión social y nunca lo hizo. Y por eso no ha funcionado para todos. Ha ignorado a los que están en riesgo de quedar atrás y ha concentrado más riqueza que nunca en el pináculo del poder económico.

Lo que es difícil de entender es, precisamente, la mentalidad de aquellos que se han quedado atrás y que, sin embargo, han creído las promesas de campaña de los nacionalistas populistas quienes, en el caso de las elecciones estadounidenses, por ejemplo, están íntimamente ligados a los mismos magnates del uno por ciento superior de la economía que es responsable de reprimir sus esperanzas y sus sueños de una existencia mejor, más equilibrada y más justa. Es difícil ver, por ejemplo, cómo los sectores más angustiados y desencantados entre la clase obrera de raza blanca en Estados Unidos pudieron haber pasado por alto el hecho de que su actual presidente empresario es considerado como uno de los hombres más ricos del mundo, como para elegirlo como su potencial salvador económico.

Según Lagarde, en comentarios contenidos en una entrevista con el *Financial Times* de Londres, el referendo popular británico a favor de salir de la Unión Europea proyecta una gran sombra sobre el crecimiento global, y la imposición de nuevas barreras comerciales por parte de otra de las principales economías podría tener efectos nefastos. Dijo Lagarde: "En verdad, pienso que sería bien desastroso. Bueno, tal vez no debería decir desastroso porque es un término un tanto excesivo, y debo desistir de utilizar palabras excesivas. Pero tendría, por cierto, un impacto negativo sobre el crecimiento global".

¿Cuán preocupado debería estar el mundo frente a la tendencia antiglobalización, siendo propulsada por los nacionalistas populistas? En esa misma entrevista con el *FT*, Lagarde se animó a decir que esperaba que la tendencia no impulsara al mundo hacia otro "momento tipo 1914" y abogó para que los líderes aprendan de la historia para no condenar al mundo a repetirla.

"Espero que no sea un momento tipo 1914 —le dijo al *FT*— y espero que la historia nos ayude a enfrentar el impacto negativo de la globalización como para aprovechar los beneficios que esta puede aportar". Según el *FT*, añadió que en el pasado, "las oleadas del proteccionismo" habían "precedido a muchas guerras" y que el proteccionismo "perjudica el crecimiento, perjudica la inclusión y daña a la gente".

En la reciente Cumbre Mundial de Gobierno en Dubai, Lagarde advirtió sobre un "avance insidioso y progresivo" hacia el pensamiento antiglobalización y proteccionista como un factor que el mundo, evidentemente, ignoró y que fue la razón por la que Brexit y el advenimiento de la era Trump en EEUU tomaron por sorpresa a gran parte del mundo. "Hemos estado diciendo que la globalización es fabulosa, el comercio internacional es genial, y lo es —dijo—, pero no hemos mirado hacia los que la pasaron mal, los que fueron negativamente impactados".

Culpó en parte por estos impactos negativos al incremento en el uso de la robótica, que reduce los puestos de trabajo y a la reducción en haberes que padece la clase media global. En otras palabras, desde su punto de vista, el fracaso en el desempeño de los líderes mundiales frente a los aspectos más negativos de la globalización ha provocado un creciente descontento entre los votantes de clase media y obrera en Occidente, lo cual los ha llevado a concentrarse masivamente detrás del populismo nacionalista en los comicios, debido a la percepción de una economía globalizada y, en correlación, los extranjeros y los intereses extranjeros como la causa de su declive.

A pesar de admitir que las actuales políticas económicas del gobierno estadounidense probablemente aportarán cierto brillo al clima económico en Estados Unidos, Lagarde ha insinuado que esto sería de corta duración, porque un fortalecimiento del dólar y el aumento de las tasas de interés, la promesa de la administración de Estados Unidos de imponer aranceles comerciales altos a algunos de sus principales socios comerciales como México y China pondrían en aprietos al comercio internacional. Y, aunque Estados Unidos podría tratar de imponer políticas nacionalistas, la globalización ha sido durante tanto tiempo la fuerza principal en la economía mundial que lo que se hace en un lado se nota en otro. Tal como lo demostró el *crack* financiero de 2007 en Estados Unidos, una sola gran economía afecta a todas las principales economías. El aislacionismo se ha convertido, entonces, en un mito y una imposibilidad, o por lo menos en una improbabilidad, a menos que venga acompañado de un resultante trastorno global.

Jacob Funk Kirkegaard, investigador *honoris causa* del Instituto Peterson de Washington, cree que el FMI ha llegado ya muy tarde al debate sobre la globalización, tal como lo demuestran las recientes incursiones del nacionalismo populista en todo Occidente, y especialmente en Estados Unidos, Gran Bretaña y Francia. En una entrevista reciente con el diario español *El País*, afirmó que uno de los problemas es que los economistas han confiado demasiado tiempo en herramientas que miden el crecimiento económico estrictamente en términos de Producto Interno Bruto (PIB). "Pero [...] si ese crecimiento va al dos por ciento de la población y el otro 98% pierde, usted termina teniendo un problema político". Y esta es una descripción bastante justa de precisamente lo que ha estado ocurriendo en un grado cada vez mayor durante las últimas décadas.

El economista Premio Nobel Joseph Stiglitz ha calificado de "estúpida" la idea conservadora de que, si los gobiernos pudieran simplemente mantener equilibradas sus cuentas públicas, los mercados funcionarían libremente, proporcionando beneficios y pleno empleo, haciendo que todo el mundo pudiera beneficiarse. Stiglitz postula que, por lo contrario, cuando hay integración económica, hay ganadores y perdedores, salvo cuando se introducen poderosas políticas liberales para proteger a estos últimos.

Esta es precisamente una idea que el FMI intenta ahora introducir en sus políticas, en lo que solo se puede ver como una puja de última instancia, como medio para corregir los errores de la globalización tal como se conoce hasta ahora. Pero, aunque, en un movimiento claramente positivo, la institución multilateral insta a sus miembros a comenzar a introducir políticas sociales para proteger a los que quedan atrás y para incluirlos en los enormes beneficios que la globalización ha proporcionado, pero que han encontrado su camino hacia los bolsillos de solo un segmento minúsculo de la población, esto huele a muy poco, demasiado tarde.

El temor persistente entre los pensadores liberales en todo el mundo es que bien podríamos vernos obligados a presenciar el ascenso y caída indudable e impensablemente destructivos del populismo nacionalista antes de que se produzca cualquier corrección en la distribución de la riqueza global. Y la otra pregunta que pocos están dispuestos a formular es en qué términos será capaz la sociedad mundial de sobrevivir a ese proceso... si es que lo puede hacer.

16 de febrero de 2017

LA BÚSQUEDA DEMOCRÁTICA DE LOS SIRIOS Y EL PRECIO DE LA HIPOCRESÍA OCCIDENTAL

"Aquí es donde la revolución se inicia —dicen Leila Al-Shami y Robin Yassin-Kassab en su libro, *Burning Country* ('País en llamas', Pluto Press 2016)— antes que las armas y los cálculos políticos, antes que, incluso, las manifestaciones: en los corazones de las personas, en la forma de nuevos pensamientos y nuevas palabras sin restricciones.

La tragedia de la llamada "guerra civil" en Siria se ha vuelto tan inexpresablemente monumental y monstruosa que, para el público en general en todo el mundo, se ha destilado en un mero conjunto de sombrías estadísticas, en el titular actual de "peor conflicto del mundo", en la fuente de la mayor parte de la crisis migratoria de Europa, pero manteniéndose inimaginable y, más triste aún, impensable para la mayoría en términos del horror que sucede allí a diario. Siria es un país donde una familia de dictadores apañada por superpotencias ha gobernado durante más de cuatro décadas, y logrado, hasta el 2011, callar a todo oponente, y gobernar de manera autocrática a generaciones resignadas a una vida en silencio. Según Al-Shami y Yassin-Kassab, "Siria fue alguna vez conocida como el 'Reino del Silencio'. Pero en 2011 estalló en discurso, no de una voz sola, sino en la de millones. En una inmensa oleada de energía reprimida durante mucho tiempo, un movimiento de protesta no violenta cruzó fronteras sectarias y étnicas y se extendió a todos los sectores del país. Nadie lo podía controlar, ningún partido, líder o programa ideológico, y mucho menos el aparato represivo del Estado, que aplicaba disparos de armas de fuego, detenciones masivas, violaciones y tortura, incluso de los niños...".

Después de cuatro años de guerra arrolladora e incesante en la cual los conflictos regionales han embarrado la cancha, el terrorismo islamista ha aprovechado el caos para expandir y profundizar su yihad, las superpotencias se han empeñado en no solo demorar una solución pacífica, sino en verter combustible sobre las llamas, y el régimen sirio ha empleado terribles dispositivos de guerra, prohibidos por todas las convenciones humanitarias del mundo, para asesinar, mutilar y matar de hambre a su propio pueblo —incluyendo a civiles inocentes desde niños hasta ancianos—, la historia de cómo empezó todo se ha tornado más bien anecdótica. No importa, sin embargo, cómo las potencias tanto occidentales como orientales utilicen eventualmente su poder para meter una cuña entre los beligerantes y tratar de improvisar una "solución" en su propio beneficio y en su propia imagen. La historia auténtica de la guerra de Siria no es el conflicto en sí, sino la revolución pacífica que, sin querer, encendió la mecha. La verdadera historia es la búsqueda (el reclamo) por la democracia que, tal vez no intencionalmente, ha expuesto al régimen sirio por lo que siempre había sido y bajo el cual los ciudadanos del país habían sufrido en silencio durante mucho tiempo: una implacable autocracia indescriptiblemente cruel, una vil dictadura bajo la apariencia de una "presidencia constitucional", un títere del Oso Ruso, tolerado y provisto de riqueza, siempre que siguiera formando parte de los planes estratégicos de Moscú en el Medio Oriente, un peón de oro en la siempre latente e irresuelta guerra fría entre las principales potencias y sus apoderados en las guerras regionales.

Tampoco fue la verdadera revolución democrática una mera expresión de deseo idealista. Era, en efecto, un movimiento práctico con un proceso de pensamiento mutuo y un curso hacia adelante que latía bajo la superficie de las manifestaciones más superficiales. Según los autores de *Burning Country*, "los revolucionarios sirios a menudo describen su primera protesta como un evento de éxtasis, como una especie de renacimiento.

La respuesta salvaje del régimen fue un bautismo de terror después del cual no hubo vuelta atrás". Escriben que "donde el Estado se derrumbó o fue rechazado, las personas crearon consejos locales, redes de distribución de ayuda, estaciones de radio y periódicos, que expresaban la solidaridad comunal en las formas más creativas y prácticas posibles". Y agregan que, "durante unos breves momentos la gente logró cambiar todo". ¿Qué pasó, entonces? De acuerdo a los autores, "nadie apoyó a los revolucionarios". Esa legítima tendencia hacia la democracia y hacia la autodeterminación fue —recuerdan— "abandonada por la mal llamada 'comunidad internacional' [y], en general, ignorada o erróneamente representada en los medios [...]". Los autores proporcionan, entre muchas otras cosas, una de las descripciones más sucintas y claramente comprensibles que he leído con respecto a cómo la intromisión occidental ha sumergido al Oriente Medio en luchas sectarias, religiosas y tribales durante la mayor parte del siglo pasado. Proporcionan una explicación de una serie de acuerdos anglofranceses que, tras la Primera Guerra Mundial, repartieron las antiguas posesiones del ex Imperio otomano con total desprecio por los deseos, la geografía política o las tradiciones de los pueblos que vivían en los territorios implicados. Un resumen esclarecedor de esta información está contenido en una frase claramente pensada a la cual me adhiero absolutamente: "Hasta cierto punto, los orígenes del conflicto árabe-israelí, las guerras civiles libanesas y la inestabilidad crónica actual en Irak y Siria se remontan a principios del siglo XX, con la elaboración de mapas imperialistas y una ingeniería sectaria externa". Debería resultar insoportablemente triste para la gente civilizada de todo el mundo presenciar lo que está sucediendo en Siria hoy. Un país que ha surgido de algunas de las civilizaciones más antiguas de la Tierra está siendo reducido a escombros manchados con sangre inocente y carroña humana, donde buitres tanto occidentales como rusos picotean para seleccionar su participación en los procesos tanto de guerra en curso como en una paz eventual de acuerdo a sus propios intereses estratégicos y, una vez más, con total desprecio por la difícil situación y los deseos del pueblo sirio. Es una nación al borde del colapso y el proceso democrático saludable que provocó los primeros enfrentamientos ha sido ignorado y abandonado por un Occidente receloso y, por parte del Moscú de Putin, vilipendiado como 'terrorismo'".

Pero *Burning Country* no es la historia del descenso de Siria al olvido. Más bien, es la historia inaudita y desatendida de los que no han abandonado el sueño y la causa de una Siria libre, pluralista y democrática en algún futuro: una nación libre de la cruel represión de dictadores externamente respaldados y libre de las influencias de acondicionamientos e ingenierías políticas impuestos por las principales potencias del mundo. Siria constituye hoy, el símbolo, reconocido o no, de los que luchan en el mundo entero, y contra todo pronóstico, por el derecho a sus propias formas de gobierno democrático y a una verdadera autodeterminación: es decir, no a la determinación de estar con o contra Rusia u Occidente, sino para encontrarse libre de establecer sus propias relaciones con el mundo y para decidir su propio camino hacia un futuro más brillante.

Hasta que las potencias occidentales estén dispuestas a apoyar de todo corazón y desinteresadamente estos principios como derechos sagrados y defenderlos contra la tiranía y contra los designios imperialistas, los términos "democracia" y "autodeterminación" que pretenden abogar serán poco más que dulces cuentos que relatan a sus hijos a la noche para evitar que padezcan el tipo de pesadillas que los niños sirios viven en carne propia todos los días.

29 de enero de 2016

LA ELECCIÓN FRANCESA Y LO QUE SIGNIFICA PARA LA DEMOCRACIA

Vive la démocratie française! Los demócratas liberales a través de toda Europa y en todo el mundo dieron un suspiro de alivio colectivo el fin de semana pasado después de que los votantes franceses optaron en su abrumadora mayoría en contra del proyecto de extrema derecha nacionalista de Marine Le Pen. Pero, mientras que las cifras iniciales demostraron a su opositor, Emmanuel Macron, habiendo ganado una victoria decisiva, un análisis más profundo deja lugar a gran preocupación acerca de hacia dónde llevarán las mareas de la democracia francesa y las tendencias entre los votantes de esa nación, que bien podrían reflejar las emergentes en el resto de Europa y de Occidente.

En primer lugar, es importante tener en cuenta no solo quiénes votaron por Macron y Le Pen, sino también quiénes no lo hicieron. Alrededor del nueve por ciento de los que votaron en las elecciones presidenciales del domingo emitieron votos en blanco o inservibles. En su mayor parte, probablemente no fueron votos erróneos, sino intencionalmente adulterados o incompletos. El así llamado *ballot blanc* es un medio tradicional de protesta en Francia y la proporción de nueve votos en blanco o adulterados de cada 100 votos emitidos marca un récord para todos los comicios presidenciales desde que Charles de Gaulle fundó la Quinta República en 1958.

Esto indica claramente la insatisfacción de los votantes con los dos candidatos que disputaron la elección, y esa falta de simpatía se subraya aún más mediante el más del 25% de los votantes franceses que se abstuvieron por completo de concurrir. Según los medios de comunicación, esta fue la tasa de abstención más alta para cualquier elección presidencial en casi medio siglo. Tradicionalmente, Francia tiene una alta participación de votantes, en comparación, por ejemplo, con Estados Unidos (donde solo alrededor de la mitad del electorado participó en la última votación presidencial, lo que permitió a Donald Trump ganar la Casa Blanca con el respaldo de apenas algo más de un cuarto de todo el electorado). Pero, esta vez, 12 millones de potenciales votantes franceses se mantuvieron alejados de las mesas electorales, cerca de tres millones más que el total que se abstuvo en la anterior carrera presidencial, cuando la participación fue equivalente a casi el 80% del electorado potencial.

En otras palabras, una cuarta parte del electorado francés, simplemente, no se molestó en votar por ninguno de los dos candidatos en la carrera. Si bien esto puede ser una mala noticia para ambos candidatos, *madame* Le Pen fue, claramente, la mayor perdedora en este caso, así como en un sentido general, ya que los analistas afirman que la mayoría de las abstenciones se daban entre una izquierda francesa muy desilusionada, y quienes, si hubiesen votado, habrían hecho aún más abrumador el voto en contra de ella. Ese resultado significa que Marine Le Pen no fue ni siquiera segunda a Macron, sino tercera (por un margen de diez por ciento), después de aquellos que decidieron abstenerse por completo.

Pero fue, asimismo, una advertencia a Macron, en cuanto a que se quedó corto entre los indecisos, y especialmente entre los izquierdistas, al tratar de formar un frente político amplio, y de complacer a todo el mundo, pese a enfrentarse a una candidata de extrema derecha claramente reconocible (y peligrosa).

La cruda realidad para ambos candidatos es que 16 millones de votantes franceses se negaron, de una forma u otra, a votar por cualquiera de ellos. Fueron cinco millones más de votantes que el total que se abstuvo en la anterior elección presidencial que François Hollande ganó en el 2012. Muchos de los que se abstuvieron fueron seguidores de campañas organizadas que presentaron a los dos candidatos como una elección entre el menor de dos males. Una de esas campañas, *Boycott* 2017, postulaba que este tipo de elección representaba la desaparición de la democracia francesa y que, como tal, los votantes debían abstenerse de emitir sus votos para cualquiera de los dos candidatos en una muestra popular de principios democráticos.

De hecho, Francia cuenta con un sistema electoral robusto y con una fuerte tradición republicana. Las victorias de Donald Trump y de Brexit palidecen en comparación. Pero también hay que recordar que Trump no es un producto de la extrema derecha establecida y que muchos de los votantes indecisos que lo favorecieron no lo vieron —pese a su obvia inclinación política— como representante del nacionalismo populista de extrema derecha, sino como un giro agudo (no importa en qué dirección) hacia un cambio en el acostumbrado día a día en Washington. Ese no es el caso de Le Pen, cuyas credenciales nacionalistas de extrema derecha están bien establecidas y que le fueron transmitidas por su padre, el nacionalista popular xenófobo más famoso (o infame) de Francia. Mientras tanto, la mayoría de los que votaron a favor de Brexit en Inglaterra estaban votando justamente por eso —una salida de la Unión Europea y del llamado de la UE a aceptar como propia la crisis de los refugiados—, y no por los Nigel Farage o por los Boris Johnson detrás de ella. Estaban votando contra la inmigración y contra el globalismo, y no por un candidato en particular. En el caso de Marine Le Pen, los votos que obtuvo fueron de personas que creen que su estilo de nacionalismo popular aislacionista sería un buen cambio para Francia. Visto de esta manera, el haberse ganado uno de cada tres votos emitidos para un candidato u otro es un mensaje revelador sobre el estado de la democracia liberal en Francia, y, de hecho, en Europa. Y este es un hecho que Macron no puede darse el lujo de ignorar a medida que avanza en busca de un remedio para las divisiones en su país y en Europa.

En comparación con el apoyo recibido por los dos anteriores presidentes, la victoria de Macron parece brillante. Los 20,7 millones de votos que recibió lo colocan muy por encima de la popularidad inicial del actual presidente Hollande (quien ganó con 18 millones de votos), o del expresidente Nicolas Sarkozy (quien recibió 18,9 millones de votos). Pero eso no desmiente los avances históricos de la extrema derecha, ya que, cuando Jacques Chirac se enfrentó al padre de Marine Le Pen en el 2002, le propinó al candidato de extrema derecha una aplastante derrota, al recibir 25,5 millones de votos en esa elección presidencial. Por otra parte, mientras que Macron ganó el 66% de los votos emitidos para cualquiera de los candidatos, en comparación con el 33% de Le Pen, si las abstenciones y los votos en blanco se calculan, el presidente electo solamente ganó, en realidad, el 43,6% de los votos potenciales, contra el 22% del electorado potencial que fue a Le Pen.

En Francia, al igual que en las últimas elecciones en Estados Unidos, una de las principales fuerzas motrices entre el electorado ha sido la furia reprimida en cuanto a la voz política perdida por el ciudadano común, la cual, con demasiada frecuencia y por desgracia, se manifiesta como resurgimiento de un nacionalismo y aislacionismo rabiosos, así como la división social a lo largo de líneas raciales y/o étnicas. Estos son los principios nacidos del facilismo político que los donald trump y las marine le pen del mundo utilizan, sin consideración alguna al potencial malestar y violencia que estas políticas populistas pseudodemocráticas tienden a generar.

Es aquí donde Macron no puede permitirse el lujo de fracasar. El hecho de que no responda a partido político alguno en Francia es visto por muchos observadores como una debilidad en momentos en que se prepara para tomar el timón. Pero podría ser, de hecho, una ventaja, ya que no trae consigo rivalidades políticas heredadas y puede, por lo tanto, trabajar para obtener un amplio apoyo para sus políticas entre todos los segmentos de la política francesa. Lo que más entrará en juego será su capacidad de crear extensas relaciones y de calmar las divisiones en beneficio a la República Francesa en su conjunto. En este sentido, su perfil como independiente que logró una victoria aplastante debería funcionar enteramente a su favor en la obtención de un amplio respaldo de todos, salvo en la extrema derecha y extrema izquierda del espectro político, cuyo avance Macron debe tratar de aislar y bloquear.

En un momento en que el mundo ha sido testigo de un asombroso resurgimiento del nacionalismo de extrema derecha y de una clara amenaza autoritaria a la democracia en el escenario político mundial, la victoria de Emmanuel Macron como el presidente más joven de la historia francesa es causa de celebración y de optimismo entre los verdaderos demócratas. Su triunfo va más allá de una victoria en una elección cualquiera. Representa un triunfo decisivo sobre la tendencia actual establecida por el tipo de xenofobia nacionalista representada por el presidente estadounidense, Donald Trump, por el político británico Nigel Farage, por la facilitadora de Brexit y primera ministra británica Theresa May y por la propia Marine Le Pen en Francia. Simboliza, asimismo, la defensa inquebrantable de la Unión Europea y de los ideales que la UE ha simbolizado como principal guardián de la paz durante los últimos 70 años en una Europa alguna vez devastada por la guerra: no debemos jamás olvidar que ese continente fue el principal escenario de ambas guerras mundiales. En este sentido, el hecho de que la "cortina musical" para el discurso victorioso de Macron fuera la "Oda a la Alegría" de la Novena Sinfonía de Beethoven (que también es el himno de la Unión Europea), y no el himno de Francia (*La Marseillaise*), muestra el compromiso del nuevo presidente en cuanto a reafirmar la participación de Francia en el futuro de Europa.

Más aún, el triunfo decisivo de Macron tiende a garantizar que Francia no caiga, como lo ha hecho Estados Unidos, en el juego del régimen de Vladimir Putin en Rusia. El cortejo a Putin y a su desdén hacia la UE han sido posturas escalofriantemente similares entre Marine Le Pen y Donald Trump, quien ha elogiado descaradamente al presidente ruso y restado importancia a la UE, ignorando el hecho de que los intereses del hombre fuerte ruso son diametralmente opuestos tanto a los de Estados Unidos como a los de la UE y, lo que es más importante, son contrarios a la democracia de estilo occidental. Elogiar el liderazgo de Putin es ser apologista del autoritarismo y cualquier movimiento hacia los lazos que legitiman las agresiones del régimen de Putin en el extranjero y el abuso de autoridad en su país vienen en detrimento de aquellas democracias cuyos líderes las fomentan. Así, la victoria de Macron es, entonces, un alivio en este sentido también.

En resumen, los votantes franceses y su presidente electo, respaldado por la gran mayoría, significan una nueva esperanza para el futuro de la democracia, la paz y la armonía, siempre que Macron se demuestre digno de la desalentadora tarea que lo espera respecto de curar divisiones y restaurar el fervor democrático, no solo en su país, sino también en Europa y en Occidente en general.

11 de mayo de 2017

MÁS SOBRE MACRON Y SU CONVOCATORIA A CENTRISTAS

En mayo, analicé la elección presidencial francesa, en la que señalé que la impresionante victoria de Emmanuel Macron había acontecido a pesar de que el candidato no fuese afiliado a ningún partido tradicional francés. Esto, planteé, sería visto por muchos observadores como una debilidad, presumiendo que podría no ser capaz de obtener el favor de los partidos que él no representaba en el Parlamento. Pero añadí que, visto desde otra perspectiva, esta condición podría llegar a ser una fortaleza, porque no estaba llevando rivalidades políticas heredadas consigo al poder.

En este sentido, según sugerí, Macron tendría que evitar el fracaso, e intentar tratar de ser el representante de una amplia base tanto de votantes como de legisladores franceses, quienes estuvieran hartos de la aparente incapacidad de la izquierda y la derecha francesas de dejar de lado su inútil estancamiento ideológico, para buscar maneras de servir de manera genuina los amplios intereses del pueblo. Y esto podría servir, a su vez, de ejemplo a otros países, como Estados Unidos, donde los dos extremos del espectro político se enfrentan entre sí en una amarga y fútil batalla ideológica que se concentra en bloquear toda posibilidad de soluciones negociadas, y se crea, así, un estancamiento en el auténtico propósito de gobernar, y se genera una división acrimoniosa en la población del país.

"Lo que más entrará en juego —dije— será la capacidad de Macron de crear extensas relaciones y de calmar las divisiones en beneficio a la República Francesa en su conjunto. En este sentido, su perfil como independiente que logró una victoria aplastante debería funcionar enteramente a su favor en la obtención de un amplio respaldo de todos los sectores, salvo en la extrema derecha y la extrema izquierda del espectro político, cuyo avance Macron debe tratar de aislar y bloquear".

A poco más de un mes, esto parece ya estar pasando. Las señales de Macron en el sentido de dirigir una administración centrista —cuyo objetivo es el de enfocarse en los problemas más apremiantes que padece Francia, en lugar de involucrarse en la lucha política que ha consumido durante demasiado tiempo la energía de los principales partidos políticos y dividido al país— ahora, por su propio gran peso, han generado un cisma, separando en dos grupos políticos a los republicanos de la derecha francesa. Los republicanos de la extrema derecha más dura han jurado, como principio, resistir al gobierno de Macron a cada vuelta. Pero una veintena de legisladores republicanos han formado un nuevo movimiento político, que definen como republicanismo constructivo. Se han unido en una coalición legislativa con 18 miembros de la UDI, partido de centroderecha, para respaldar los planes de Macron y esperan que al menos otra docena de miembros del Parlamento se unan a sus filas.

Thierry Solère, quien ha surgido como el principal portavoz del grupo, es, a su vez, una figura polémica a la derecha, que se ha enfrentado repetidamente a otras personalidades del partido UMP y ha sido activo a nivel municipal y regional antes de anotar una importante victoria en las elecciones legislativas nacionales. Más recientemente, sin embargo, ha sido nombrado "Diputado del Año" por su parte en la construcción de una alianza de centro derecha.

Solère es aliado de Edouard Philippe, el hombre que Macron eligió para ser su primer ministro, y, asimismo, del actual Ministro de Economía Bruno Le Maire. Los constructivistas de centroderecha han indicado que "trabajarán con las reformas que van en la dirección correcta y se opondrán cuando sea necesario" al trabajar con la administración Macron. Es un plan tan justo como podría esperar el nuevo presidente de parte de la oposición.

Macron ya contaba con apoyo centrista antes de la elección, en la figura de Francoise Bayrou, líder del Movimiento Democrático (MoDem). En febrero del corriente año, Bayrou anunció que respaldaría la candidatura de Macron y su movimiento conocido como *En Marche* en lugar de postularse él para la presidencia. Esta alianza tomó por sorpresa tanto a los rivales de Macron como a los analistas políticos. Como recompensa, Macron se comprometió a apoyar la promulgación de una ley de "gobierno limpio" que Bayrou venía proponiendo.

Promotor incansable de los derechos civiles, Bayrou es, además, un poderoso aliado de la Unión Europeo, organización que ha descripto como "la construcción más bella de toda la humanidad". Después de la salida de Gran Bretaña de la UE, Bayrou quiere que Francia fortalezca más su papel dentro del gobierno europeo.

Estas son no solo actitudes saludables —y beneficiosas para la salud de la nación—, sino también el deber, precisamente, de los funcionarios electos en todo el mundo, no solo en Francia. Pero, en la última década, la política en todo Occidente se ha vuelto cada vez más polarizada y refleja la situación que reinaba en Europa antes de la Segunda Guerra Mundial. Además, ha llevado, en el escenario internacional, a un resurgimiento de la Guerra Fría, con su enrarecida atmósfera de espía contra espía, pero en el presente caso con una escalada decididamente más peligrosa de posibles guerras por encargo y potencial para futuros conflictos armados entre las principales potencias.

En este sentido, Francia se está perfilando rápidamente como un ejemplo para el mundo, y particularmente para Occidente. La imagen de Macron como pacificador centrista ha mitigado el brote de una tendencia populista de extrema derecha —por lo menos por el momento—, contrarrestando, así, una creciente tendencia populista seudodemocrática en Occidente en su conjunto, notablemente representada por los últimos acontecimientos políticos en Estados Unidos y, en menor grado, en Gran Bretaña.

Lo más importante es lo que suceda de aquí en adelante. Si Macron logra galvanizar y mantener una alianza centrista capaz de impulsar un cambio genuino y de proporcionar respuestas convincentes y prácticas a los asuntos que realmente importan a los votantes, él y su grupo cada vez más amplio de partidarios parlamentarios se convertirán en un brillante ejemplo para el mundo de cómo responder a la reaparición de movimientos radicales que buscan socavar la democracia e instaurar una forma de autocracia elitista disfrazada de populismo.

¿Cuáles son estas preocupaciones comunes que resuenan entre la gente en general? La primera y más importante es una consecuencia de la necesidad de restablecer, por ejemplo, la confianza en el gobierno, demostrando que hace su trabajo en la provisión de soluciones eficaces (y presentando la democracia como el mejor método para hacerlo). Pero, a un nivel más práctico, tanto en Francia como en gran parte del resto del Occidente, la gente se preocupa por el desempleo, el auge de la robótica, un mercado laboral cada vez más reducido, la inseguridad financiera, la amenaza percibida de una inmigración masiva y la falta de programas de seguridad social eficaces para hacer frente a estos y otros problemas sociales emergentes.

La capacidad de Macron para invertir adecuadamente su popularidad actual y su creciente apoyo en la inmediata tarea de encontrar un camino hacia soluciones innovadoras y creativas para reforzar la confianza de un electorado más amplio será la medida de su éxito después de una victoria electoral espectacular. Por lo contrario, su incapacidad de aprovechar su ímpetu y mostrar resultados prácticos a nivel base podría acabar no solo con su carrera política, sino que podría, asimismo, socavar aún más la creencia en la democracia representativa como el mejor sistema posible de gobierno, lo que traería un renovado resurgimiento del populismo y de las maquinaciones autocráticas que lo acompañan.

6 de julio de 2017

LLÁMESE COMO QUIERA, SIGUE SIENDO CASTRISMO

Aunque muchos observadores occidentales ya están mostrando optimismo por el retiro parcial de Raúl Castro y el ascenso a la presidencia del anteriormente desconocido Miguel Díaz Canel, lo que acaba de ocurrir en Cuba no es un cambio de régimen. De hecho, por el momento, parece que muy poco cambiará en esa nación insular, incluida la severa restricción de los derechos humanos y civiles con la que los cubanos han vivido durante las últimas seis décadas.

Si bien es cierto que Díaz Canel es la primera persona en casi 60 años en hacerse cargo del país que no sea ni Fidel ni Raúl Castro, fue cuidadosamente elegido por Raúl para asegurar la continuación de la dinastía Castro, instalada en el poder desde el final de la Revolución cubana en 1959. Él ha ganado el favor de Castro al evitar la búsqueda de poder personal y al adherir a las principales líneas políticas y económicas del régimen desde su puesto más reciente como primer vicepresidente del país, después de largos años como exponente de base y encargado de hacer cumplir las reglas del régimen.

A los 58 años, Díaz Canel, parece una "cara nueva y fresca", en comparación con los perennes geriátricos Castro, quienes han dirigido el país hasta ahora. Sin embargo, tras el acercamiento con EEUU durante la era Obama —cuando el nuevo líder sugirió que Cuba necesitaba tomar un enfoque más abierto en sus asuntos económicos—, si por su cuenta tuviera la tentación de llevar a Cuba en una dirección completamente nueva, no le sería fácil. A pesar de que Raúl Castro tiene casi 87 años —su hermano Fidel, el líder icónico de la Revolución Cubana murió, a los 90 años, en 2016—, ha dejado en claro que solo se está retirando a medias. Observadores dicen que él mantendrá el control, detrás de bambalinas, tanto de la inteligencia del Estado como del Ejército (que a su vez controlan prácticamente todo en las islas cubanas). También continuará ocupando el puesto de Primer Secretario de la única organización política permitida en Cuba: el Partido Comunista.

Tampoco es como si la influencia de los Castro terminara con la muerte o incapacitación de Raúl. Su hijo de 52 años, el coronel Alejandro Castro Espín, por ejemplo, trabaja desde el Ministerio del Interior y se cree que dirige las operaciones cotidianas generales de los servicios de inteligencia omnipresentes de Cuba, pese a su doctorado en Relaciones Internacionales. Y él no es el único Castro de la generación más joven con el que Díaz Canel podría tener que lidiar. Entre otros, está la hija de Raúl Castro, Mariela, quien es una política cubana, y el nieto de él y jefe de sus guardaespaldas, Raúl Rodríguez Castro (hijo de otra de las hijas del líder saliente, Débora, y su exesposo, el general Luis Alberto Rodríguez, quien dirige unas mil empresas cubanas pertenecientes al complejo industrial-militar del país).

Aunque por ahora los Castro parecen querer evitar la impresión de que el régimen cubano es un asunto familiar donde el poder es heredado, no cabe duda de que no tienen planes de renunciar al poder acumulativo que sus dos patriarcas han desarrollado desde que terminó la Revolución, o que los Castro hayan continuado haciendo una gran demostración de la defensa del país contra sus enemigos ostensibles, tanto extranjeros como nacionales, a lo largo de su reinado increíblemente prolongado.

Fidel Castro dominó al país y a su gente durante más de medio siglo. De hecho, fue, en el mundo, el líder no monárquico que más tiempo gobernó en más de cien años. Cuando su salud comenzó a fallar, su hermano menor Raúl, quien había sido su mano derecha política desde la revolución que los llevó al poder, tomó su lugar como Jefe de Estado, un cargo que el Castro más joven ha ejercido, tanto virtual como efectivamente, durante la última década.

Mientras que la propaganda revolucionaria del régimen Castro pinta una imagen de paraíso obrero marxista-leninista, con mayor frecuencia este ha funcionado como una cruel dictadura. Muchos pensadores de izquierda, especialmente en América Latina, han defendido a los Castro mucho más allá de lo justificable porque Fidel y Raúl se han convertido en símbolos emblemáticos de la Revolución cubana, que se considera como un levantamiento justo contra una otrora dictadura cruel, explotadora y corrupta. Pero, más allá del valiente y astuto liderazgo de Fidel en la Revolución como tal, y a pesar de los primeros esfuerzos de los Castro para reorganizar el país una vez que el régimen anterior había sido conquistado, es difícil no darse cuenta de que la dinastía Castro se ha convertido en lo mismo en contra de lo cual juraron librar una guerra: una dictadura de puño de hierro que ha reprimido y oprimido al pueblo cubano durante más de medio siglo.

Claramente, entonces, si bien se puede defender la Revolución cubana como un triunfo del pueblo de esa nación sobre un régimen autoritario mantenido en el poder por las grandes empresas internacionales y por el crimen organizado en detrimento de los derechos y prosperidad del pueblo cubano, hay poca diferencia entre venerar a los Castro y alabar a exdictaduras igualmente crueles, como la de Pinochet en Chile, la de Gadafi en Libia o la de Franco en España. Al igual que estos otros hombres fuertes, los Castro han utilizado la represión de la disidencia, las ejecuciones sumarias, la tortura y el encarcelamiento arbitrario como base de su "revolución". Pero, de manera similar, las sanciones contra Cuba respaldadas por Estados Unidos que han atormentado a los Castro desde sus primeros años en el poder han sido, quizás, "lo correcto", pero por todas las razones equivocadas, ya que han sido más por venganza contra la nacionalización de los intereses empresariales estadounidenses y multinacionales que para presionar al régimen a iniciar una apertura democrática y respetar los derechos humanos de sus ciudadanos.

El acercamiento iniciado por la administración del expresidente de los EEUU Barack Obama fue por todas las razones correctas, y proporcionó a los hermanos octogenarios una oportunidad de oro para terminar con gracia su régimen y anunciar una nueva era más progresista en Cuba. Es verdad que, con un Fidel más fundamentalista fuera del camino, Raúl Castro aprovechó esa oportunidad y comenzó a dar pequeños pasos hacia la reforma económica y social, proporcionando a los cubanos una mayor libertad de movimiento y algo más de libertad para iniciar sus propias pequeñas empresas comerciales. El gobierno de EEUU simultáneamente levantó su prohibición de viajar a Cuba y algunas de sus restricciones al comercio con la nación insular. Pero las esperanzas de una mejora en las relaciones bilaterales, que habían comenzado a esbozar la llegada de una era más brillante para el pueblo cubano, se desvanecieron rápidamente en el primer año del gobierno de Donald Trump en Washington, lo cual ha provocado un nuevo endurecimiento de la postura del régimen Castro.

Nadie en el gobierno cubano más que Díaz Canel había demostrado tanto entusiasmo por la posibilidad de ampliar los lazos comerciales con el vecino más cercano y más rico de ese país. Y rápidamente comenzó a hablar sobre la necesidad de una reforma económica. Ahora, mientras toma el mando como cabeza visible del gobierno cubano (aunque no del régimen), es probable que tenga que esperar al final de la era de Trump en Washington antes de que pueda cumplir con plan alguno en ese sentido. Solo entonces podrá relajar el control del gobierno sobre el pueblo cubano y reinsertar a su país en el lugar que le corresponde en el orden mundial.

Mientras tanto, la única pregunta restante que Díaz Canel debería hacerse es si la llamada "revolución" bajo la influencia omnipresente de la que sigue viviendo el pueblo cubano, y que ha funcionado como autocracia de una sola familia desde que la revolución real terminó, puede sobrevivir a la muerte de sus fundadores cínicamente carismáticos y fríamente despiadados. ¿O acaso los cubanos finalmente se levantarán y exigirán una apertura más democrática y el cumplimiento largamente esperado de las promesas de libertad, derechos e igualdad de la Revolución y sobre las cuales el régimen Castro ha hecho caso omiso durante las últimas seis décadas?

27 de abril de 2018

VENEZUELA: DE ESTRELLA NACIENTE A ESTRELLA FUGAZ

Desde su independencia en los primeros años del siglo XIX, Venezuela ha tenido, como muchos de sus vecinos sudamericanos, una accidentada historia de oscilaciones de péndulo entre la democracia y el despotismo. Sin embargo, al igual que muchos de sus vecinos, ha tenido, asimismo, una historia de vocación democrática que ha llevado a su pueblo a buscar repetidamente un resurgimiento del vigor democrático cada vez que el autoritarismo ha levantado su cabeza.

No obstante, a diferencia de otras grandes democracias de la región, Venezuela está experimentando en la actualidad una nueva tendencia autocrática cada vez más profunda, que no solo ha acompañado, sino que también ha alimentado la crisis económica y social desencadenada en ese país por la caída estrepitosa en los precios del crudo desde 2014. En este sentido, la mayor amenaza para la democracia venezolana ha sido la falta de diversidad de su economía. Pero tanto el auge como el atraso en los ingresos petroleros han jugado a favor de los así llamados autoritarios "bolivarianos" de esa nación, lo que, en el primer caso, permitió la implementación de un distribucionismo populista de extrema izquierda y, en el segundo, proporcionó una excusa para imponer un gobierno antidemocrático y medidas draconianas para sofocar violentamente la indignación derivada de una crisis económica que paraliza la vida de un pueblo que ha perdido no solo su bienestar financiero, sino también su voz y voto.

Históricamente, Venezuela no ha estado ajena a la intriga política y a los proyectos autocráticos. En 1899, Cipriano Castro tomó el poder por la fuerza, al marchar un ejército bajo el mando de su amigo, el general Juan Vicente Gómez, hacia la capital de Caracas desde el estado andino de Táchira. Y logró mantenerse en el poder durante casi una década, pese a luchas intestinas y bloqueos internacionales, hasta que viajó en 1908 a Alemania para hacerse un tratamiento médico, solo para ser reemplazado en su ausencia por su antiguo compañero en la sedición, el general Gómez.

Gómez, por su parte, gobernó al país, de una forma u otra, durante los siguientes 27 años, creando una apariencia de democracia al ser elegido presidente tres veces durante ese período, pero manejando al país de todos modos, incluso en los momentos en que no gozaba del beneficio de la aprobación democrática.

Aún en esa época, la política y poder venezolanos estaban inextricablemente ligados al petróleo. El descubrimiento inicial de enormes yacimientos petroleros en el país le proporcionó a Gómez la riqueza y poder que requería para centralizar estrictamente el gobierno e intimidar a toda oposición. Y esta centralización autoritaria continuó por algunos años después de la muerte de Gómez en ejercicio del poder, bajo el gobierno de Eleazar López Contreras.

No fue sino hasta 1941 cuando este largo período autoritario comenzó a mermar, con la inauguración del gobierno de Isaías Medina Angarita. Medina Angarita inició una transición, aunque no plena, del país fuera del ciclo autoritario, al legalizar la actividad política en general. Pero él mismo terminó siendo derrocado en un golpe civil-militar en 1945, el cual dio el puntapié inicial a un intento fugaz de reavivar la democracia en Venezuela bajo el nuevo presidente, Rómulo Betancourt, fervor democrático representado por lo que algunos historiadores ven como los primeros comicios libres y apropiados en la historia del país, los cuales fueron celebrados en 1947. Como resultado de esas elecciones, Betancourt fue reemplazado por el presidente Rómulo Gallegos. Pero Gallegos no pasaría el año siguiente en el poder, antes de ser derrocado por su propio ministro de defensa,

Carlos Delgado Chalbaud, y por una junta militar encabezada por el general Marcos Pérez Jiménez.

Dos años más tarde, en 1950, Delgado Chalbaud fue asesinado en un intento fallido de secuestro, del cual Pérez Jiménez fue sospechado de organizarlo. Otros sospechaban del líder rebelde venezolano Rafael Simón Urbina, quien, poco después de la muerte de Delgado Chalbaud, fue capturado y ejecutado sumariamente por las fuerzas gubernamentales. En cualquier caso, Pérez Jiménez quedó librado a continuar gobernando el país hasta 1958, período en el cual, en un aparente intento de legitimar al gobierno autoritario, se celebraron elecciones (1952). Se creía que el líder militar ganaría la elección presidencial con amplio apoyo. Cuando los resultados no confirmaron las predicciones, el general, simplemente, los ignoró y permaneció en el cargo.

Pero la vocación de Venezuela por la democracia volvió a surgir y, en 1958, Pérez Jiménez fue obligado a dimitir. Todos los principales partidos políticos (excepto los comunistas) firmarían un pacto para consolidar la democracia. Como resultado, los Demócratas Cristianos (COPEI) y el Partido de Acción Democrática se convirtieron en los dos principales actores políticos en la consolidación de la democracia venezolana durante las siguientes cuatro décadas. Tal como otros países sudamericanos durante la década de 1960, la democracia venezolana sufrió los efectos del terrorismo armado, en este caso, a manos de las Fuerzas Armadas de Liberación Nacional y del Movimiento Revolucionario de Izquierda (derivado de la Acción Democrática). Pero, aun así, la democracia pudo hasta negociar el desarme guerrillero, bajo la administración del demócrata cristiano Rafael Caldera (1969-1974).

El sucesor de Caldera, Carlos Andrés Pérez (1974-1979), logró gozar de los beneficios de lo que se conocía en el mundo altamente industrializado como una "crisis petrolera", pero que fue un verdadero auge a niveles récord para los países productores de petróleo. Esto significó que Pérez pudo aumentar enormemente el gasto público a medida que los petrodólares pasaban a la economía venezolana, que dependía casi exclusivamente del petróleo, y al hacerlo, logró convertir la coyuntura global en un ostensible éxito personal. Pero los gobiernos que siguieron (los de los presidentes Luis Herrera Campins y Jaime Lusinchi) tuvieron que enfrentarse a lo contrario: la caída del precio mundial del petróleo en la década de 1980, que trajo aparejada la devaluación de la moneda y el colapso del nivel de vida que los venezolanos habían disfrutado gracias al auge mundial del precio del petróleo.

Aquellos que recordaban con cariño los días de gloria de la administración de Andrés Pérez en la década anterior lo reeligieron como presidente en 1988. Pero la situación se había deteriorado a tal punto que el país se encontraba al borde del abismo y en una economía en la cual ningún gobierno se había molestado nunca en introducir medidas exitosas para diversificarse más allá de los enormes recursos petroleros de Venezuela. No se podía hacer nada para compensar el descenso mundial en los ingresos petroleros. Socialmente, esto significó una economía paralizada en la cual los venezolanos promedio se hundían en la pobreza, lo que provocó una serie de disturbios conocidos como el "Caracazo", en los que murieron decenas de venezolanos. Como de costumbre, fue la gente común quien pagó por la falta de previsión del gobierno y su obstinada y poco aconsejable disposición a dejar que una nación entera dependiera casi exclusivamente de las ventas petroleras para su supervivencia.

Dos veces en 1992, en los momentos más álgidos de la crisis, un grupo de oficiales militares armaron intentonas para derrocar al gobierno de Pérez. Fue entonces cuando apareció en escena Hugo Chávez, un líder importante en las revueltas, quien, al final, quedó bajo arresto.

El deterioro de la situación social y los crecientes cargos de corrupción contra el gobierno llevaron al enjuiciamiento político de Andrés Pérez en 1993. Al año siguiente, el entonces presidente Rafael Caldera otorgó a Hugo Chávez un indulto presidencial y reintegró plenamente sus derechos políticos, lo que proporcionó al Comandante Chávez un tinte de héroe reinstaurado plenamente en la sociedad venezolana —circunstancia de la cual Chávez sacaría amplia ventaja—.

Parece una ironía que el régimen de Chávez se haya beneficiado del mismo tipo de auge mundial en los precios del petróleo que el primer gobierno de Pérez había disfrutado. Como tal, Chávez vio la oportunidad de lanzar una campaña populista supuestamente arraigada en el socialismo democrático pero, en realidad, no más "socialista" ni "democrática" que el autocrático régimen castrista de casi 60 años en Cuba, por el cual Chávez expresaba abiertamente, y a menudo, su gran admiración.

En un país azotado por una nueva crisis en el precio del petróleo, la gente perdió la confianza en los partidos tradicionales de Venezuela, y el rimbombante Chávez fue elegido como presidente en 1998. Se proclamó "fundador de la quinta república" y líder supremo de la "Revolución bolivariana", a fin de vincular su nombre y sus acciones con los del héroe del siglo XIX y libertador en las guerras de independencia hispanoamericanas, Simón Bolívar. El objetivo ostensible de la "revolución" de Chávez era construir una democracia popular (autodenominada "bolivarianismo"), establecer la independencia económica de Venezuela (arduo trabajo en una economía estrictamente petrolera) para promover una distribución equitativa de los ingresos, y erradicar la corrupción gubernamental. El lenguaje populista empleado en la promoción de este discurso era muy parecido al utilizado por el régimen castrista en Cuba y azotó a los mismos "enemigos", una corta lista encabezada por Estados Unidos (que, a pesar de la retórica, fue y sigue siendo asiduo importador de crudo dulce venezolano).

Chávez no perdió tiempo implementando grandes cambios destinados a consolidar su poder. Ya en 1999, encargó a una Asamblea Constituyente el trabajo de escribir una nueva Constitución. Simultáneamente, inició lo que llamó "misiones bolivarianas", que consistían en programas gubernamentales para abordar la pobreza a través del distribucionismo. Estas últimas medidas le sirvieron bien en 2002, cuando fue destituido por un golpe de estado, solo para ser devuelto al poder un par de días después por segmentos castrenses leales a él, respaldados por manifestaciones de masas organizadas entre algunos de los ciudadanos más pobres de Venezuela. Asimismo, padeció, al año siguiente, una huelga general de dos meses, que costó, a la todopoderosa industria petrolera del país, 13.000 millones de dólares y golpeó fuerte el PBI. En respuesta, instituyó controles monetarios, que permanecieron en rigor durante la próxima década.

Pero, a medida que el precio del crudo se desplomó una vez más hacia el final del reinado de Chávez, estas medidas arbitrarias hicieron prohibitivas las importaciones que el país necesitaba para sobrevivir. Chávez continuó usando los ingresos petroleros nacionalizados para llevar a cabo su proyecto de "ingeniería social" bolivariana, pero este comenzó a socavar la reinversión en la industria, que es, prácticamente, la única fuente de ganancia para el país.

Chávez fue reelegido a un tercer mandato hacia el final del 2012, pero nunca pudo asumir plenamente el poder. Se le diagnosticó una forma agresiva de cáncer, y murió a principios de marzo del año siguiente, lo cual puso fin a una muy controvertida carrera de trece años. Para entonces, el distribucionismo populista y una nueva tendencia bajista en los precios del petróleo comenzaban a minar la economía venezolana. De hecho, el precio del crudo llegó a más de 120 dólares el barril casi justo en el momento de la muerte de Chávez, antes de iniciar un declive y, al final, una caída estrepitosa en los años siguientes: alcanzó, en el 2015, un mínimo de menos de 30 dólares el barril y, aunque ha subido a más o menos la mitad de su nivel máximo, nunca se ha recuperado por completo.

Esta fue la realidad heredada por el sucesor y exvicepresidente de Chávez, Nicolás Maduro, un hombre sin el carisma popular ni la habilidad política de Chávez, pero con todas sus tendencias dictatoriales, cuyas limitaciones como líder han sido evidentes desde el principio. Un hombre más sabio habría leído las señales e inmediatamente tomado acción para fomentar una apertura democrática en la cual cada partido político y proponente habría podido unirse al proceso de restablecer un adecuado marco democrático, en el cual se pudiera comenzar el arduo trabajo de encontrar soluciones prácticas y consensuadas a los enormes problemas de Venezuela. Pero Maduro ha optado, de manera obtusa y trágica, por hacer exactamente lo contrario.

Desde el 2014, el gobierno de Maduro ha estado plagado de protestas y manifestaciones en masa, a las cuales ha reaccionado con creciente violencia. Las causas detrás de las protestas son claramente legítimas. Muchas personas en Venezuela están tan afectadas por la crisis económica y por la escasez resultante de medidas de austeridad ineficaces y/o arbitrarias impuestas por el gobierno que están, literalmente, muriéndose de hambre. El régimen de Maduro ha reaccionado encerrándose e instaurando restricciones aún más autoritarias que antes a los venezolanos, suspendiendo los derechos individuales y políticos garantizados por la Constitución e imponiendo una especie de ley marcial de facto, en la cual el abuso y la represión severa son moneda corriente.

Al menos 124 personas han sido víctimas fatales de la represión gubernamental, pero hay razones para creer que este número puede ser solo la punta del *iceberg*. Las organizaciones mundiales de defensa de los derechos humanos, tales como Amnistía Internacional y Human Rights Watch, denuncian la tortura generalizada y las detenciones clandestinas bajo el gobierno de Maduro. Las historias de abusos por parte de la policía y de la Guardia Nacional de Venezuela que tales ONG han documentado hasta la fecha son absolutamente nefastas.

La "evolución" del régimen de Maduro es la progresión clásica cuando las democracias resultan infectadas por el populismo nacionalista. Pueden mantener una pátina de fervor "democrático" mientras la economía logra sobrevivir a su autocrática indiferencia por cualquier interés que no sea el de la clase dominante y la corrupción y amiguismo que son normalmente inherentes en tales regímenes. Pero todos estos se convierten en rabiosas dictaduras cuando la realidad sobreviene a la retórica y cuando el distribucionismo llega al punto tal que ya no existen más recursos para distribuir.

Cuando esto sucede, y la pretensión populista es eclipsada finalmente por las medidas necesariamente violentas, represivas y dictatoriales que se toman para que la élite autocrática pueda seguir manteniendo aun el más débil dominio del poder político, es solo cuestión de tiempo antes de que esos gobiernos se estrellen contra los escollos de la dura realidad. El problema es que a menudo llevan al muere con ellos a una nación entera.

Estas situaciones jamás terminan bien y con demasiada frecuencia sirven como catalizador para hundir al país afectado en largos períodos de inestabilidad, caos político y violencia generalizada. Solo se puede esperar que, cuando termine, y cómo terminará, el actual régimen en Venezuela, la vocación democrática del pueblo venezolano sea resucitada y aleje al país de la división, llevándolo hacia una solución consensual y hacia un nuevo comienzo para una nación que por mucho tiempo se ha alejado del tipo de diversidad y progreso capaz de dotarla del futuro próspero, pluralista y pacífico que esta merece.

26 de septiembre de 2017

UNA CONMEMORACIÓN SIN BOMBOS NI PLATILLOS

Este mes marcó el centenario del Octubre Rojo, la Revolución rusa que puso fin al Imperio zarista y sentó las bases para la Unión Soviética. El extraño hecho de que Octubre Rojo se conmemora en noviembre (el 7 de noviembre, para ser preciso) se debe a que, hasta el momento de la Revolución, el Imperio ruso todavía usaba el calendario gregoriano en lugar del calendario juliano de hoy, lo cual resulta en una brecha de 13 días.

Para los memoriosos entre nosotros que podemos recordar el apogeo del poder de la ex Unión Soviética y la típica celebración que se armaba en Rusia para marcar el aniversario de la revolución comunista de 1917, las ceremonias de este año para el 100.° aniversario de la Revolución rusa no podrían haber sido más anémicas. No hubo eventos oficiales planeados para recordar, para bien o para mal, lo que claramente fue un hito que cambió la vida en la historia de Rusia y, de hecho, en la del mundo. Lo cierto es que el presidente Vladimir Putin respaldó una celebración militar algo contrarrevolucionaria para conmemorar la victoria de Rusia sobre el fascismo en la Segunda Guerra Mundial, y esquivó, así, cualquier homenaje a la toma del poder de Vladimir Lenin en 1917, una segunda etapa en una especie de juego político que comenzó con una revuelta popular y terminó reemplazando una autocracia zarista con un modelo de Partido Comunista dirigido, para siempre, por otra élite autocrática.

En realidad, el Zar Nicolás II fue derrocado en marzo de 1917. Había estado en el poder desde 1894, y en esos veintitantos años, no solo había llevado al Imperio ruso al borde del desastre económico y militar, sino que también había llegado a ser conocido entre sus opositores políticos como "Nicolás el Sanguinario". Esto no solo fue porque involucró al país en la nefasta Guerra Ruso-Japonesa (1904-1905) —que le costó a Rusia casi 90.000 bajas, así como a toda su Flota Báltica—, sino también por su inclinación a asesinar a sus oponentes políticos, por hacer la vista gorda a las persecuciones antisemitas y por el aplastamiento extremadamente violento de un intento de revuelta en 1905.

Ciertos historiadores culpan al zar directamente por millones de muertes durante sus dos décadas como emperador. De hecho, solo en la Primera Guerra Mundial —una guerra para la que Rusia estaba muy mal preparada—, 1,4 millones de soldados imperiales murieron o fueron heridos, y casi otro millón cayó en manos de los alemanes como prisioneros de guerra.

Este fue el comienzo del fin para el zar. Mientras Nicolás estaba ausente en 1914 y en 1915, al ineficaz mando de sus tropas que luchaban en la Primera Guerra Mundial, el caos estalló en casa, donde las provisiones de todo tipo escaseaban, ya que millones de granjeros habían sido reclutados en el ejército imperial. Los huelguistas industriales y los amotinados de las fuerzas armadas llevaron a cabo minirrevueltas y manifestaciones, mientras que Nicolás permanecía escondido en su cuartel militar a cientos de kilómetros de la capital, negándose tercamente a considerar reforma alguna que sus súbditos exigían. Además, su propia corte imperial se convirtió en un gran caldo de cultivo para la intriga política.

El invierno ruso hizo el resto. En Petrogrado (San Petersburgo), en febrero de 1917, el frío era severo, y la comida y el combustible eran tan escasos que la gente comenzó a saquear las tiendas y los almacenes para echar mano de lo que quedaba. La policía recibió la orden de disparar sobre los saqueadores desde los tejados, pero esto solo empeoró la situación, que se deterioraba rápidamente. El zar creía a su ministro del Interior, quien afirmaba que la situación estaba bajo control. Para cuando Nicolás descubrió la verdad —que sus propias tropas, que ya no eran profesionales militares leales, sino que ahora, en su mayoría, campesinos reclutados para el servicio, se unían a la revolución en masa—, era demasiado tarde para hacer retroceder la situación. De hecho, era demasiado tarde para ofrecer su renuncia.

Para el 12 de marzo de 1917, hasta incluso los regimientos de la guardia vieja más firmes del ejército ruso se habían amotinado, y decenas de miles de tropas se habían unido a la Revolución. El zar no tuvo más remedio que abdicar después de que su hermano se rehusó a tomar su lugar. Y el resto es historia. Nicolás y su familia fueron encarcelados y luego ejecutados sumariamente, cuando Vladimir Lenin y los llamados "bolcheviques" arrebataron el poder de las manos del gobierno provisional revolucionario.

Los regímenes que le siguieron no se parecían en nada al socialismo democrático e igualitario que el alemán Karl Marx había imaginado como objetivo para su teórica revolución socialista. Pese a ser tanto alabado como criticado por historiadores de izquierda y de derecha, Marx fue una de las figuras más influyentes en la historia moderna de la sociología y de la economía. De hecho, hay quienes todavía hoy lo describen como una de las figuras más influyentes en la historia de la humanidad. Su trabajo en economía ha servido como base para una gran cantidad del pensamiento contemporáneo con respecto al trabajo en su relación con el capital, y para gran parte de la teoría económica que ha surgido de estos principios. Intelectuales, sindicalistas y diversos movimientos políticos en todo el mundo han sido influenciados por el trabajo de Marx. Y a menudo se lo cita como una de las principales influencias en la ciencia social moderna.

Pero, mientras basaba ostensiblemente su filosofía en la teoría socialista marxista, casi desde el principio, el modelo ruso sería un duro sistema totalitario que difícilmente tenía más que una conexión nominal con el verdadero socialismo y que terminó siendo no menos represivo y repleto de intriga que el imperio que lo precedió. De hecho, el gobierno de Joseph Stalin, el revolucionario georgiano quien consolidó el poder antes, durante y después de la toma de poder por los bolcheviques, gobernó con mano de hierro desde mediados de la década de 1920 hasta su muerte en 1953, y se ganó ampliamente su reputación como uno de los gobernantes dictatoriales más crueles y sanguinarios de la historia mundial.

Desafortunadamente, sería sobre la base de este modelo de "comunismo" donde el mundo occidental formaría sus más amplias opiniones sobre cómo funcionaban la política izquierdista y los "sistemas socialistas" cuando, de hecho, esto era meramente una perversión rusa única.

Aunque la Revolución de 1917 es claramente un hito de la historia rusa y del mundo, no es difícil entender la ambivalencia del actual gobierno ruso respecto de esta conmemoración centenaria. Si bien todavía existe una izquierda pequeña pero influyente en ese país, que ha tratado de hacer de este mes y año un evento histórico de gran importancia, el actual presidente de la Federación Rusa, Vladimir Putin, tiene buenas razones para restarle importancia. Y en su actitud juega claramente su propia ambivalencia política que, en realidad, no es ambivalente en absoluto, sino, simplemente, una cuestión de interés propio.

La carrera política temprana de Putin transcurrió en la atmósfera sofocante del régimen soviético, en el cual sirvió como oficial de la KGB (servicio secreto). Cuando el Muro de Berlín cayó a fines de la década de 1980 y Moscú, bajo el liderazgo de Mikhail Gorbachev, declaró el fin de la Unión Soviética y abrió Rusia al mundo, Putin vio su oportunidad de estar en el lado ganador de la historia y para acumular influencia política en esta nueva era de cooperación rusa con Occidente, especialmente durante la presidencia de Boris Yeltsin.

De hecho, Vladimir Putin no oculta su desdén por los principios democráticos. Y ha mantenido un férreo control sobre el poder político en Rusia desde que asumió como presidente interino después de la renuncia de Boris Yeltsin en 1999. Tuvo dos gestiones propias como presidente luego, entre 2000 y 2004 y entre 2004 y 2008, antes de formar una especie de "binomio" con Dimitri Medvedev en el cual se han pasado desde entonces los puestos de presidente y primer ministro de mano en mano entre ellos.

Putin se ha vuelto más agresivamente autocrático a medida que crece su popularidad y perfil como el hombre fuerte de Rusia. Y, sobre la base de esa fortaleza, ha comenzado, en los últimos años, a flexionar los músculos de Rusia en el escenario internacional, buscando restablecer la polaridad que existía entre Oriente y Occidente durante la era de la Guerra Fría, emergiendo Rusia como poder opuesto a Washington y a Occidente. Actualmente, el presidente de EEUU, Donald Trump, lo está ayudando en este objetivo, al negarse a reconocer a Rusia como una fuerza contraria a la democracia. Más bien, parecería que Trump lo ve al presidente ruso como un modelo para emular en cuanto a liderazgo fuerte (si bien autocrático).

En el último año, el régimen de Putin se ha mostrado a sí mismo no solo despreciando la democracia, sino trabajando activamente para socavarla. Esta no es una mera teoría, sino la conclusión de cada una de las principales agencias de inteligencia en

Occidente. Claramente, lo que está por venir es una nueva forma de poder e intervención rusa en el escenario mundial, basada enteramente en la visión global de Vladimir Putin.

Cien años después de la tan anunciada revolución que debería haber marcado el comienzo de una era de reforma social, democracia pura e igualdad para todos, Rusia no ha podido sacudirse el autismo político de su pasado y establecer un sistema que promueve la libertad de expresión, la implementación adecuada de los derechos humanos y civiles y una forma de gobierno que coloca a la nación por encima del privilegio político y las élites autocráticas. Si no fuera por otro motivo, el gobierno de Putin al menos ha minimizado el aniversario del Octubre Rojo para evitar que se reavive el espíritu revolucionario y para subrayar su propia popularidad como un virtual zar, sin plan alguno de abandonar el poder en el plazo previsible.

21 de noviembre de 2017

PARTE DOS

DESAFÍOS DE HOY
RETOS PARA EL FUTURO

EL PERSISTENTE DESAFÍO DEL RACISMO EN EEUU

Un asesinato masivo en el corazón de una importante ciudad del sur de Estados Unidos ha vuelto a poner de manifiesto los efectos duraderos del racismo en la sociedad estadounidense, un siglo y medio después de la sangrienta Guerra Civil que acabó con el secuestro y esclavitud de millones de negros africanos en ese país.

Pese a las duras batallas del movimiento por los derechos civiles en Estados Unidos en las décadas de 1950 y de 1960, y del innegable avance que, contra todo pronóstico, han logrado los afroamericanos en los últimos cincuenta años, ningún análisis objetivo de la sociedad estadounidense actual puede concluir que el racismo, profundamente arraigado, ya no es un problema allí, o que la sociedad negra en su conjunto ha logrado la igualdad general con la sociedad blanca. La masacre de nueve afroamericanos llevada a cabo por un asesino blanco solitario en la histórica Iglesia Metodista Episcopal Africana Emanuel de Charleston (Carolina del Sur) a principios de este año no es un caso aislado de malestar racial continuado en EEUU, sino más bien un síntoma de alto perfil de heridas subyacentes que pueden haber cicatrizado superficialmente, pero que siguen desgarrando el tejido social estadounidense bajo la superficie de lo "políticamente correcto".

De hecho, en los últimos meses Estados Unidos ha sufrido algunos de sus peores disturbios raciales desde la década de 1960. Y, lo que es peor, la mayor parte de estos disturbios han sido el resultado, no de la discriminación entre civiles, sino del trato desigual, injusto y brutal de las autoridades policiales blancas a los afroamericanos. Uno de los últimos casos de este tipo de disturbios fue cuando estallaron las manifestaciones raciales en

Baltimore, Maryland, y, efectivamente, cerraron la ciudad durante varios días. Lo que las desencadenó fue la muerte a manos de la policía de Freddie Gray, un afroamericano de 25 años, detenido supuestamente por posesión de un "arma ilegal" (un cargo muy cuestionado por el fiscal del Estado). La muerte de Gray, que sufrió la rotura de la médula espinal durante su detención y transporte por la policía, desencadenó una serie de protestas cada vez más violentas en Baltimore, el saldo de las cuales fue 34 detenciones, 15 policías heridos e importantes daños materiales.

Anteriormente, Ferguson (Misuri) había sido escenario de diez días de protestas y disturbios después de que un agente de policía blanco allí disparó varias veces contra Michael Brown, un joven desarmado de 18 años, y le dio muerte. Un gran jurado acabó por absolver rápidamente al agente de cualquier delito, sentencia que dio lugar a una investigación federal del Departamento de Policía de Ferguson, y puso a la zona de San Luis y a todo Misuri bajo el escrutinio de los defensores de los derechos civiles, la prensa y Estados Unidos en su conjunto. La semana pasada se produjeron nuevas manifestaciones en Ferguson, en el primer aniversario del asesinato de Michael Brown, lo cual indica que los disturbios están lejos de terminar allí.

A mediados de 2014, un afroamericano de 43 años, Eric Garner, acusado de vender cigarrillos de contrabando, murió estrangulado mientras un policía de Nueva York utilizaba una llave de estrangulamiento ilegal para controlarlo cuando intentaban esposarlo. En otro incidente ocurrido el año pasado, policías de Los Ángeles mataron a tiros a un hombre negro desarmado de 25 años con problemas mentales llamado "Ezell" Ford, mientras que en Cleveland la policía abatió a tiros a un niño afroamericano de 12 años, Tamir Rice, que llevaba una réplica de una pistola con balines de juguete. Y otro caso resonante, a principios de este año, fue el de Walter Scott, afroamericano de 50 años, detenido en un control rutinario por la policía en North Charleston, Carolina del Sur. Aunque el policía solo lo había detenido por una luz de freno que no funcionaba, temiendo ser detenido por no haber pagado la manutención de sus hijos, Scott saltó de su coche y huyó del agente Michael Slager, quien le disparó por la espalda ocho veces; alcanzó a Scott con cinco de los tiros, y lo mató. Parece increíble, visto desde cualquier postura remotamente neutral, que el oficial Slager haya tomado una acción tan extrema cuando, hasta donde él sabía, el único "crimen" que Scott había cometido era tener una luz trasera que no funcionaba y, claramente, dado que estaba huyendo, Scott no representaba ninguna amenaza para el policía. Solo se puede especular que, en la mente de Slager, si el tipo estaba huyendo y era negro, debía haber una razón por la que valía la pena dispararle. Pese a los 150 años transcurridos desde la Proclamación de la Emancipación y a los 50 años desde el apogeo del movimiento por los derechos civiles, esta es una actitud que, aparentemente, no ha cambiado mucho entre ciertos segmentos de la población estadounidense desde la Guerra Civil.

Tampoco son infrecuentes estos casos de fuerza excesiva en Estados Unidos, como atestigua la plétora de noticias, informes, artículos académicos y ensayos que tratan el problema, que hace que los afroamericanos, y en particular los jóvenes negros, sea cual fuere su posición social, tengan casi el mismo miedo a los encuentros con la policía blanca que antes de que la era de los derechos civiles trajera la "igualdad" (al menos sobre el papel) a la población afroamericana. Varias organizaciones, incluido el Departamento de Justicia de Estados Unidos, realizan informes periódicos sobre el uso de la violencia por parte de las autoridades policiales contra los civiles.

Basándose en estas y otras fuentes, así como en sus propios informes, el periódico liberal británico *The Guardian* decidió este año realizar un estudio independiente sobre los incidentes de uso de la fuerza letal entre los agentes de la ley estadounidenses. El periódico llamó al proyecto "*The Counted*" y publicó sus primeras conclusiones en junio. Según el informe, la tendencia de 2015 indicaba que la policía de Estados Unidos mataría a más de mil civiles a finales de año, pues ya para entonces el número de civiles muertos por disparos de la policía había alcanzado los 500 (unos cien por mes). Otros informes posteriores a la publicación de *The Guardian* confirmaron la tendencia, ya que hasta agosto se habían registrado entre 600 y 700 muertes por disparos relacionados con la policía.

Sin embargo, lo más revelador del informe del periódico británico es el desglose de las cifras: la policía de Estados Unidos está matando a personas a un ritmo que duplica el de 2013 (461 muertes relacionados con la policía en todo ese año). En lo que va del año, el 28,2% de todas las personas matadas a tiros por la policía en Estados Unidos han sido afroamericanos. Aunque casi la mitad de las personas muertas a tiros por la policía en lo que va de 2015 eran blancos no hispanos, la proporción de afroamericanos muertos adquiere un nuevo significado si se tiene en cuenta que la población blanca no hispana de Estados Unidos supera a la población negra en una proporción de cinco a uno. En comparación, la proporción de hispanos étnicos en Estados Unidos con respecto a los blancos no hispanos es de menos de cuatro a uno (siendo los hispanos y latinos la minoría étnica más grande del país, con más del 17% de la población. Pero solo el 14,8% de las víctimas mortales del uso de la violencia letal por parte de la policía eran hispanos/latinos (una proporción relativamente alta, pero solo la mitad de la de los afroamericanos)).

The Guardian indica, además, que una de cada cinco personas muertas por disparos de la policía en lo que va del año en Estados Unidos estaba desarmada. Pero, desglosando esas cifras, más del 30% de los muertos desarmados eran negros, mientras que solo algo más del 16% de los muertos que no llevaban un arma eran blancos.

Aunque, para ser justos, podría haber cualquier cantidad de factores atenuantes (sociales, económicos, regionales, etc.) que afecten a estas cifras y a otros indicadores de fenómenos sociales cambiantes y/o estacionarios relacionados con raza en Estados Unidos, las cicatrices subyacentes del racismo en la sociedad estadounidense en su conjunto parecieron quedar instantáneamente más claras tras la masacre de la iglesia AME de Charleston, que fue, sin duda, un ataque contra los afroamericanos por parte de un joven con una agenda de supremacía blanca. Fue, de hecho, como si ese violento incidente hubiera quitado repentinamente la fina piel de lo políticamente correcto y hubiera dejado el nervio crudo del racismo temblando a la vista. Y la manifestación de esto se produjo en forma de un apasionado debate sobre el incuestionable símbolo de la supremacía blanca defendido por el Sur en la Guerra Civil: a saber, la bandera confederada, más conocida como "las estrellas y barras".

Aunque las autoridades de Carolina del Sur, de casi todas las tendencias, se apresuraron a salir con palabras de consuelo y de condolencia para las familias de las nueve víctimas de la matanza en la iglesia AME y a decir al mundo que ya no había lugar para el racismo ni allí ni en ningún otro lugar del Sur, sus palabras sonaron huecas, y muchos de ellos arrastraron los pies, carraspearon, y trataron de justificar lo injustificable cuando se sugirió que tal vez esa bandera debería finalmente bajar del mástil en los terrenos del Capitolio del Estado. No era la primera vez que se sugería, se exigía, se imploraba que la retiraran. Pero esta vez el poder de la indignación fue tan grande que voces de todos los niveles fueron capaces de preguntar: "¿Ahora la van a bajar de una buena vez?". Y finalmente, tras un largo y agrio debate político,

Carolina del Sur arrió efectivamente esa bandera por última vez y la guardó en un museo, donde, para los de un lado del debate, seguirá siendo un símbolo de "la gloria del Sur" y, para otros, un símbolo de odio y de discriminación tan cargado de negatividad como la esvástica del nazismo.

Pero ese debate sigue resonando en el Sur y en otros lugares de Estados Unidos. Lo que ese debate sobre la bandera de la Confederación esclavista puso de relieve fue cómo la corrección política ha llevado a la creación de mitos para hacer que ese símbolo sea "tolerable" para el público en general, a través de los esfuerzos por blanquearlo y para tratar de blanquear la Guerra Civil como algo distinto a lo que realmente representaban: una división diametral en el tejido social y político de los Estados Unidos de América sobre una única cuestión candente: el derecho o la prohibición de una raza de poseer a los miembros de otra raza y de comprar y vender a las personas de color como si fueran ganado. También se trataba de la creencia fundamental de los propietarios de esclavos y de la élite política del Sur de que el hombre blanco era superior a cualquier otro y especialmente al hombre negro.

El hecho de que los funcionarios públicos de Carolina del Sur hayan tardado tanto tiempo (desde 1861 hasta 2015) en admitir la impropiedad de seguir enarbolando el símbolo mismo de la supremacía blanca y de seguir deleitándose con la antigua glorificación de una sociedad cuya riqueza se basaba en la institucionalización del trabajo esclavo es una clara señal de que no solo ese estado, sino todo EEUU, tiene todavía un largo camino por delante para construir una sociedad libre de discriminación. Las leyes justas y los modales políticamente correctos han avanzado mucho hacia ese objetivo, pero no deben enmascarar las cuestiones más profundas de educar a las sucesivas generaciones para que desaprendan todo vestigio de pensamiento supremacista blanco.

En mi libro recientemente publicado, *La guerra: un crimen contra la humanidad*, escribí en un capítulo sobre el racismo y su relación con la guerra. Me parecía irónico que Estados Unidos, una nación que, junto con Francia, lideró el mundo en una revolución democrática contra siglos de tiranía, fuera la misma nación en la que la esclavitud y el racismo habían desgarrado el tejido social por la mitad. En un pasaje, escribí:

"En ningún lado fue más patente la lucha por conseguir la igualdad social y legal que en EEUU; país que, dada su larga historia esclavista y la Guerra Civil que había terminado con la esclavitud, continuaba con la población racialmente dividida y con un importante desequilibrio entre blancos y negros. No fue hasta el comienzo del movimiento en pro de los derechos civiles en la década de 1950 cuando los norteamericanos pudieron, por fin, enfrentarse a un tema tan controversial y realizar una reformulación sustancial de su sociedad para ir retirando las barreras raciales percibidas y abrazando a sus ciudadanos de todos los colores...

A pesar del progreso realizado en el camino hacia el antirracismo mundial, los espectros de teóricos racistas tales como Herder, Gobineau, Chamberlain y, en particular, [Madison] Grant siguen vivos en las actitudes de algunos de los países más ricos del mundo, por más que su discurso político y diplomático se haya tornado cada vez menos racista desde la Segunda Guerra Mundial. Desde tiempos bíblicos, tribus, naciones e imperios han intentado convencerse de su condición de 'pueblo elegido', 'mejor nación sobre la faz de la Tierra', o 'imperio más poderoso de la historia'. Y, como contracara de esta idea, yace la noción de que todos los demás pueblos son inferiores a los que se encuentran 'destinados a la grandeza'...

Para que el mundo eventualmente se convierta en un lugar de paz, donde la guerra sea impensable, la lógica científica y la sabiduría social deben triunfar y debemos asumir que el planeta Tierra es un barco que navega en el vasto océano del universo y que todos somos socios en su futuro. Este es, entonces, el gran factor que nos pone a todos en pie de igualdad, el hecho de ser, todos, interdependientes, e igualmente sujetos a la extinción si fallamos en la empresa de dejar de lado nuestros prejuicios y aprender a trabajar juntos por el bien común de la humanidad, y en un mundo libre de esclavitud, tortura, racismo y guerra".

15 de agosto de 2015

NO MÁS MUROS
PRIMERA PARTE: EL ICÓNICO CONSTRUCTOR DE MUROS

Muros. Símbolo de restricción, de intransigencia, de las sociedades cerradas, de callejones sin salida. Creo que puedo afirmar con seguridad que, desde la caída del muro de Berlín hace más de un cuarto de siglo, no ha habido tanto debate sobre los muros y cercos en Estados Unidos y en Europa. Y, por desgracia, no se trata de tirarlos abajo, sino de levantarlos.

Isaac Newton, figura clave en la revolución científica de los siglos XVII y XVIII, y, como tal, un hombre que creyó en tirar abajo las barreras al conocimiento y al progreso, una vez dijo que "construimos demasiados muros y no suficientes puentes". Sostengo que esta cita rara vez ha sido más cierta que hoy. Es un concepto que parece como imperceptible para demasiada gente, dado que estamos inmersos diariamente en los medios sociales y en las comunicaciones en todo el mundo. Pero en el núcleo político de nuestras sociedades existe un movimiento cada vez más poderoso cuyo objetivo consiste en separar las comunicaciones globales del contacto físico y, de hecho, en apartarse de las sociedades verdaderamente abiertas para encontrarnos cada vez más conectados electrónicamente pero, paradójicamente, sujetos a una política y, por lo tanto, a una sociedad donde reina el aislamiento a escala global.

Este tipo de pensamiento es cínico y peligroso en un momento en que nunca ha sido más importante para los diferentes segmentos de la comunidad mundial dejar de lado sus diferencias, lograr la paz y trabajar juntos para resolver nuestros problemas universales, para salvar nuestro planeta y, en el proceso, para salvar a nuestra especie y la única raza a la cual todos pertenecemos: la raza humana. Es, si pensamos lógicamente, suicida que estemos alejándonos los unos de los otros en el preciso momento en que debemos unirnos si queremos sobrevivir y prosperar y si esperamos dejar algo más que sufrimiento y la eventual extinción a nuestros descendientes.

Aunque la gran mayoría de la población mundial estaría de acuerdo en describir los movimientos fundamentalistas del tipo de Estado Islámico, Al Qaeda, Boko Haram o los talibanes como organizaciones nihilistas cuyas creencias y métodos extremos son una gran amenaza para la iluminación y avance de los pueblos que conquistan y cuyos recursos son violentos, sin sentido, totalitarios y socialmente absurdos, son demasiadas las personas supuestamente civilizadas que se encuentran cada vez más dispuestas a ceder a sus miedos y a buscar el aislamiento en lugar de la comprensión, o a rechazar y prohibir, incluso hasta tal punto de levantar, literalmente, muros contra gente de "sociedades extranjeras" en lugar de aceptar la diversidad y llevar la libertad y la luz de la democracia a los rincones más oscuros de la Tierra.

Un tema central para la mentalidad aislacionista es el de asociarse únicamente "con gente como uno", una noción que es la negación de la libertad, de los derechos individuales y de la sociedad liberal democrática. Cualquier sistema que rechaza la diversidad también rechaza la libertad y buscará necesariamente un líder autocrático o una élite para mantenerlo tal cual a través de medidas restrictivas. Esta es la antítesis de la democracia liberal pero, por desgracia, es también una veta política cada vez mayor en una sociedad occidental supuestamente liberal. Es una mentalidad que realmente cree que puede amurallar afuera al resto del mundo, una postura claramente obtusa, dado que la apertura de la sociedad liberal democrática no solo es sinónimo de diversidad, sino que es, también, la única respuesta al oscurantismo y mentalidades de la Edad Media.

El ser tan cerrado y aislacionista como los mismos movimientos extremistas que tememos no nos servirá para derrotarlos. Por lo contrario, se les dará la ventaja mediante la destrucción de las sociedades libres en las que nacimos y que plantean una amenaza existencial para las sociedades cerradas en todas partes del mundo, siempre y cuando recordemos nuestras raíces y estemos dispuestos a hacer el esfuerzo necesario para no solo permanecer libres, sino también para ayudar a liberar y a apoyar a los oprimidos en todo el mundo. Por otra parte, pensar que en la era de la información podremos levantar un muro físico y mantener fuera cualquier cosa que tememos es una locura tan infantil e ignorante como pensar que podremos estar seguros y protegidos por irnos a la cama y taparnos la cabeza con las cobijas.

Sin lugar a dudas, la figura más "icónica" de la actualidad en este movimiento que se podría llamar "el nuevo aislacionismo" —con toda su ciega ignorancia, hostilidad, segregacionismo y necedad— es el candidato a la presidencia de Estados Unidos,

Donald Trump. El error más grande que Estados Unidos y la sociedad global pueden cometer respecto de Trump (tal como él mismo ha demostrado ya en demasía) es pretender que su vil mezcla de discurso populista con intolerancia, arrogancia, patrioterismo y odio —la cual "vende" muy a la manera de los vendedores ambulantes de "remedios milagrosos" que abundaban en el antiguo Lejano Oeste— es de poca importancia. Se ha probado que se equivocaban catastróficamente los que se referían a Trump al principio de su campaña como un chiste, un fenómeno momentáneo, un radical loco sin apoyo entre los votantes sensatos de EEUU, una especie de *reality show* y un payaso intrascendente que sería rápidamente despachado una vez que tuviera que enfrentarse a los "verdaderos candidatos". Y los que ahora continúan tratando de hacer caso omiso a Trump —a modo, se puede pensar, de "silbar en la oscuridad" para aplacar el miedo—, afirmando que es lo mejor que les pudo haber ocurrido a los demócratas porque Hillary Clinton está segura, pues, de ganarle en los comicios presidenciales, podrían también llegar a equivocarse feo y terminar siendo trágicamente decepcionados.

Si el propio Trump es un símbolo "icónico" de la estirpe fundamentalista que abunda hoy en Occidente, no es, como muchos de sus seguidores están acostumbrados a afirmar, un conservador, ya que su actitud hacia las garantías básicas e instituciones sostenidas por los próceres fundadores de los Estados Unidos está encontrada con la Constitución y Carta de Derechos de su país. Su infame proyecto para construir un muro impasable en la frontera con México es simbólico, en sí mismo, de la mentalidad de la sociedad cerrada que él y la mayoría de sus seguidores representan. Ese muro es, además, una manifestación física de la reaparición del racismo en Estados Unidos, donde los avances logrados a través del movimiento de derechos civiles de la década de 1960, y a través de las normas contra la discriminación posteriores para apoyarlos podrían resultar gravemente socavados si Trump llegara a la presidencia, dado su desdeño manifiesto hacia la corrección política que se contagia cada vez más a sus seguidores.

Hablaré más sobre los muros, tanto simbólicos como materiales, sobre por qué plantean un peligro claro y presente para la sociedad abierta, y también acerca de por qué no funcionan, aun cuando podrían obstaculizar transitoriamente el desarrollo de una integración pacífica y de la cooperación en contraposición a la desconfianza y la hostilidad. Por el momento, Donald Trump sigue siendo la cara más visible de las actitudes que llevan a la sociedad cerrada dentro un terreno inesperado para la sociedad occidental. En cuanto al daño que el Partido Republicano de Estados Unidos ha hecho a su imagen mediante el discurso discriminatorio de Trump, al aceptarlo como su presunto candidato para las elecciones presidenciales de noviembre, es improbable que se recupere de tan duro golpe a su prestigio durante una generación.

19 de junio de 2016

NO MÁS MUROS
SEGUNDA PARTE: LEVANTAR VALLAS CONTRA RESPONSABILIDADES DEL PASADO

No cabe duda de que el resultado del referéndum del mes pasado en Gran Bretaña sobre si debe o no permanecer dentro de la Unión Europea (UE) tuvo poco que ver con la economía de mercado libre o con límites legales que se superponen, sino que, más bien, se trató de la inmigración y del nacionalismo radical. Por extensión, también tuvo que ver con eludir una rendición de cuentas en el Medio Oriente, y con tratar de hacer retroceder el reloj a una época en que los propios países europeos estaban divididos por fronteras, idiomas y la patriotería cultural. En última instancia, fue sobre el racismo y el fundamentalismo, sobre la sospecha y el miedo, y sobre el aislamiento y la mala sangre que estos necesariamente engendran.

El así llamado "Referéndum Brexit" fue una sorpresa asombrosa para casi todo aquel que seguía creyendo que vivía en un mundo en el cual, a pesar de abundantes controversias, todos quieren, básicamente, trabajar juntos. Uno de los más sorprendidos parece haber sido el propio primer ministro británico, David Cameron, quien, casi de inmediato después de la votación —en la que los británicos votaron de manera decisiva a no formar parte más de Europa— anunció su renuncia, pese a que, al parecer, continuará en el puesto durante unos meses más, para garantizar una transición sin sobresaltos.

Como líder político conservador, Cameron había trabajado duro para distanciarse de los nacionalistas de extrema derecha, tanto dentro como fuera de su propio partido, personajes que propulsaron apasionadamente a "Brexit" (la salida de Gran Bretaña de la Unión Europea). Había estado haciendo campaña durante semanas para mantener el Reino Unido dentro de la UE, argumentando que el país tenía mucho más que ganar formando parte de una Europa unida que mediante la construcción de un muro político y psicológico en torno a sus fronteras insulares y encerrándose en sí mismo. Trató de convencer a los británicos, en términos muy claros, de que debían votar por permanecer dentro de la UE, no para "salvar" a Europa, sino porque era lo mejor para Gran Bretaña.

En última instancia, sin embargo, fue el propio Cameron quien llamó a la consulta popular que ha dado lugar a lo que se ha descrito como el acontecimiento más trascendental desde la caída del Muro de Berlín hace ya un cuarto de siglo. Habría que añadir, claro está, que la importancia de Brexit es justo lo contrario de lo que significó la caída del muro de Berlín, que fue un factor unificador y de gran alegría no solo en el continente europeo, sino también en todo el mundo, mientras que Brexit marca una tendencia hacia el avance del nacionalismo radical de derecha, que ha comenzado recientemente a mostrar su feo rostro tanto en Estados Unidos como en partes de Europa.

Y la postura apocalíptica sostenida por el primer ministro británico respecto de la retirada de Gran Bretaña de la UE resultó profética tan pronto como se conoció el resultado del voto, y Gran Bretaña y el mundo entero reaccionó a este. En la batahola que se armó inmediatamente después del plebiscito, la libra esterlina se desplomó a su nivel más bajo en 30 años, al ritmo de una venta masiva de activos en los mercados financieros, no solo en el Reino Unido, sino también en todo Occidente y en otros lugares del mundo. Es probable que los mercados, por de pronto volátiles, con el tiempo hagan frente a la novedad y se tranquilicen, pero no existe duda de que enviaron un mensaje claramente negativo respecto del parecer del empresariado en cuanto a la retirada de Gran Bretaña, y a la verdadera preocupación que hay sobre el significado de la consulta popular británica, y de cómo señala y forma parte clave de una tendencia occidental hacia una radicalización popular que bulle bajo la superficie y que implica una amenaza para la paz y la cooperación en el mundo.

No fueron solamente los analistas liberales quienes captaron rápidamente esta situación —es que el resultado del referéndum fue un verdadero avance para los representantes del aislacionismo nacionalista—, sino también los más icónicos nacionalistas de la extrema derecha cuya influencia se encuentra en plena expansión. No es de sorprenderse que entre los más entusiastas a favor de Brexit se encontrara el candidato republicano a presidente de Estados Unidos, el empresario multimillonario y nacionalista radical, Donald Trump. Trump alabó a los británicos por "retomar su propio país" y añadió que esperaba que América estuviera observando lo que pasaba allí. Típico del magnate siempre hostil, inapropiado y mal informado, Trump hizo sus declaraciones pro-Brexit en Escocia, donde había viajado para inaugurar un nuevo campo de golf (solo uno más de un sinnúmero de propiedades del multimillonario en todo el mundo). En Twitter, tuiteó que los escoceses "estaban como locos" por los resultados del referéndum, en el sentido, claro, de que estaban felices al respecto de la consulta popular, cuando, de hecho, una amplia mayoría de los ciudadanos de Escocia votaron *en contra* de irse de la Unión Europea, y cuando, además, ahora están considerando la posibilidad de un segundo plebiscito sobre la conveniencia de separarse de Gran Bretaña y convertirse en una nación independiente, para poder volver a unirse a la Unión Europea. Se rumorea, además, que la provincia británica largamente problemática de Irlanda del Norte también podría estar contemplando alguna acción similar, dentro del contexto de un antiguo proyecto para unirse a la ya independiente República de Irlanda.

Tampoco era el primer ministro Cameron el único en Inglaterra que fue tomado por sorpresa por el resultado del referéndum. Boris Johnson, quien se opuso firmemente a la postura proeuropea del primer ministro dentro de su propio partido conservador, y quien hizo una ruidosa campaña en pro de Brexit, al parecer nunca creyó que su propia propaganda nacionalista a ultranza con su lineamiento antiinmigración iba a recoger una mayoría del voto popular. Cuando la votación había terminado y su equipo había "ganado", pronto se hizo evidente que él y sus seguidores prosalida no tenían la menor idea de cuál sería el próximo paso, ni tampoco tenían plan alguno para hacer frente al gran revuelo que el anuncio de la retirada de Gran Bretaña de la Unión Europea iba, obviamente, a causar.

Entonces, ¿por qué la campaña contra el líder de su propio partido, si Johnson no tenía un plan propio para ofrecer? Obviamente, fue una estrategia política para impulsar su propia "calificación" ante la base ultraconservadora. Pero, si ese era su plan —y plan, dicho sea de paso, bien miope—, resulta probable que cualquier avance que Johnson hizo en esa dirección lo perdió, cuando, a mediados de la semana siguiente, anunció que no se presentaría para el puesto de primer ministro cuando Cameron se diera de baja hacia el final del corriente año. El conocido actor Ewan McGregor probablemente habló por una gran cantidad votantes tanto anti-Brexit como pro-Brexit por igual cuando tuiteó: "@BorisJohnson: conch$#o cobarde. Dirigiste esta campaña ridícula para salir de la UE. Ganaste, y ahora te vas a la mi$#da, dejando que otro tenga que pagar los platos rotos".

El que se hizo más el compadrito respecto del resultado de la consulta popular fue el líder del Partido Independiente y nacionalista radical Nigel Farage, quien disgustó a no poca gente decente con sus comentarios inapropiados y jactanciosos posteriores al referéndum. El peor de ellos fue cuando se felicitaba a sí mismo por haber ganado el voto por Brexit "sin que hubiese un solo disparo". La mera sugerencia de que las divisiones eran tan profundas que podrían haber precipitado tiroteos entre los lados opuestos ya fue bastante descarada. Pero el hecho de que tal declaración se hubiera producido justo después del brutal asesinato de la diputada laborista y activista por los derechos de los inmigrantes Jo Cox hizo que tal afirmación fuera atroz e imperdonable desde cualquier punto de vista.

Cox fue asesinada en la tarde del 16 de junio en Birstall, West Yorkshire, donde ella estaba a punto de entrar en una biblioteca pública para hacer una presentación. Fue atacada por un hombre empuñando un cuchillo y una escopeta recortada quien gritaba: "¡Ponga a Gran Bretaña en primer lugar!". Un minero rescatista retirado de 77 años, quien se encontraba sentado en su coche esperando a su esposa, fue testigo del ataque y se precipitó en ayuda de Cox. Pero él también fue apuñalado en el estómago. Cox murió en el lugar del ataque a causa de múltiples heridas de arma blanca y de arma de fuego.

El asesino de Cox, Tommy Mair, de 53 años de edad, era residente local que había vivido en la zona durante 40 años. Parece que, a lo largo de los años, había tenido problemas de salud mental, y padecido depresión crónica. Asimismo, sin embargo, al parecer, había tenido problemas xenófobos y de racismo, habiéndose relacionado en distintos momentos de su vida con grupos de neonazis, de ultranacionalistas británicos, y de defensores de la política racista de Apartheid. En 1991, Mair escribió una carta a una publicación sudafricana pro-Apartheid llamada *SA Patriot in Exile,* en la cual arremetió contra "los liberales y los traidores blancos", quienes eran "los mayores enemigos del Apartheid". Afirmó: "Todavía tengo fe de que la raza blanca prevalecerá, tanto en Gran Bretaña como en Sudáfrica, pero me temo que va a ser una lucha muy larga y muy sangrienta". Si Tommy Mair había contenido sus impulsos xenófobos por todos esos años hasta entonces, parece evidente que el amargo debate sobre Brexit lo incitó a la acción. Y aunque, afortunadamente, no todo el mundo llevó a tales extremos el debate sobre si Gran Bretaña se quedaba o se iba de la UE, no cabe duda de que el referéndum llevado a cabo hizo que surgiera toda la fealdad del choque entre principios genuinamente democráticos liberales y las raíces del nacionalismo radical, el racismo y el aislamiento, siempre bajo el manto de una delgada capa de corrección política.

Las principales naciones de Europa Occidental, Rusia y Estados Unidos tienen claramente un interés moral en la crisis de migratoria que se encuentra hoy fuera de control y en plena expansión, y que, de una manera u otra, afecta a estas regiones en su conjunto. Muchas, si no la mayoría, de las rivalidades que hoy son causa de conflictos armados y del terrorismo en gran parte del Oriente Medio pueden encontrar sus raíces en el imperialismo europeo y norteamericano y, asimismo, en la expansión de Rusia, que estableció las fronteras y compitió por el poder en la región a lo largo de la mayor parte del siglo XX, y todavía lo está haciendo hoy en día en todas sus manifestaciones poscoloniales. El intento de estos países de pretender que la crisis migratoria es un fenómeno externo que no entienden o que no tiene nada que ver con ellos es tan intencionalmente engañoso como prender un incendio forestal viento abajo de la casa de uno y luego sorprenderse al ver que las llamas vuelven contra nuestra vivienda cuando empieza a soplar desde otra dirección.

Queda claro que Gran Bretaña ha hecho muy poco para disminuir su papel en las tensiones en el Oriente Medio, incluso en tiempos más contemporáneos. A pesar de representar al Partido Laborista, el ex primer ministro Tony Blair se apresuró a unirse a la extrema derecha, en la persona del expresidente de Estados Unidos George W. Bush, cuando, en el 2003, este último decidió desafiar a las Naciones Unidas y, con argumentos engañosos, librar una guerra de agresión ilegal contra el pueblo de Irak. Como tal, al unirse a EEUU en esa aventura militar, Gran Bretaña ayudó, sin querer, a dar a luz a la organización terrorista Estado Islámico (ISIS), que hoy ocupa grandes extensiones en el Oriente Medio y lleva a cabo ataques terroristas en todo el mundo contra objetivos relacionados con las potencias occidentales. Tampoco han hecho lo suficiente Estados Unidos, Gran Bretaña o cualquiera de las otras potencias occidentales para ayudar a poner fin a la devastadora guerra en Siria (de donde, actualmente, viene la gran mayoría de las personas desplazadas, en busca de asilo en el extranjero). Rusia, por su parte, ha hecho mucho, tanto por mantener como por expandir dicha guerra, que se encuentra ahora en su quinto año, poniendo sus intereses estratégicos, opuestos a los de Occidente, antes de una paz justa en el Oriente Medio, y defendiendo la violenta y sanguinaria dictadura siria de Bashar al-Assad. Por lo tanto, los líderes mundiales (principalmente Gran Bretaña y EEUU entre ellos) han relegado, en gran medida, el drama del conflicto sirio a un segundo plano, solo proporcionando soporte aéreo cuando conviene a sus propios intereses estratégicos hacerlo.

La crisis migratoria es, entonces, el incendio forestal que los vencedores en las dos guerras mundiales han prendido viento abajo de sus propios hogares. Pero ahora los vientos geopolíticos han cambiado, y las llamas de la crisis vienen hacia ellos. El levantar cercos no las parará. Como dijo alguna vez el expresidente estadounidense Bill Clinton, "un mundo sin muros es el único mundo sostenible. Si el mundo está dominado por personas que creen que sus razas, sus religiones, sus diferencias étnicas son los factores más importantes, un gran número de personas perecerán en este siglo".

Como reflexión final, vale la pena recordar que uno de los primeros grandes pensadores que promovieron la creación de una Europa unida en los traumáticos días posteriores a la Segunda Guerra Mundial fue el más renombrado conservador que Inglaterra jamás produjo: Sir Winston Churchill. El icónico líder británico vio la unidad europea como la única manera de garantizar la eliminación, de una vez por todas, de lo que él consideró como los males europeos natos del nacionalismo y el belicismo. En un discurso público que dio en 1946, poco después de la Segunda Guerra Mundial, Churchill dijo: "Existe un remedio que [...] dentro de unos pocos años, podría lograr que toda Europa fuera libre y feliz. Es la idea de recrear la familia europea [...] y proveerla de una estructura bajo la cual podrá vivir en paz, en seguridad, y en libertad. Debemos construir una especie de Estados Unidos de Europa".

Tanto Gran Bretaña como Estados Unidos harían bien en recordar las palabras de este ícono conservador y dejar de lado su flirteo con una mentalidad aislacionista basada en un renovado nacionalismo radical y en la construcción de muros en lugar de puentes.

5 de julio de 2016

EL VÍNCULO ENTRE LA CRISIS DE LOS REFUGIADOS Y LA DEL MEDIOAMBIENTE

Al repasar el año que terminó anoche, hay dos cosas que se destacan en mi mente como especialmente significativas para el mundo en general: la creciente crisis de los refugiados y el acuerdo medioambiental que los líderes mundiales redactaron a finales del año en París.

La primera se ha prolongado durante todo el año (y la década) y es la consecuencia directa de la miseria causada por la guerra y violencia constantes, y ahora está empezando a afectar de forma significativa a las naciones líderes de Occidente que, directa o indirectamente, alimentan la fuente de la crisis, ya sea mediante intereses bélicos por delegación, venta masiva de armas, apoyo político y/o material a uno u otro beligerante o, simplemente, por no buscar una solución humanitaria internacional desinteresada a la raíz del problema. La otra acaba de empezar y es una manifestación de cómo los líderes mundiales están finalmente —y muy tarde— despertándose al hecho de que sus países no pueden seguir ignorando el daño extremo que años de políticas corruptas, interesadas, comercialmente convenientes, intencionadamente engañosas y, en última instancia, perniciosas y retrógradas, han provocado en el entorno en el que todos vivimos y que todos necesitamos para nuestra supervivencia. En resumen, se trata de una admisión tácita, por fin, de que, si no se hace algo aquí y ahora para frenar la marea del deterioro medioambiental, no vamos a salir adelante como especie y, más pronto que tarde, seguiremos el camino de los dinosaurios.

Al reflexionar sobre todo esto, me di cuenta de que ambas cosas están íntimamente ligadas. ¿Por qué?, porque ambas cosas forman parte de la misma actitud negligente que las grandes potencias mundiales han adoptado con respecto a su deuda con la humanidad y con el medio ambiente en el cual vivimos desde el final de la Segunda Guerra Mundial o, en otras palabras, desde que sepan que existe una manera mejor de hacer las cosas, pero no hacen nada para cambiar el mundo de manera significativa. La situación en la que se encuentra el mundo hoy es, pues, el resultado de una mala gestión intencional de los procesos de paz y de desarrollo, con el objetivo tácito de recompensar la codicia, el poder y la arrogancia a costo de la cooperación, la tranquilidad y progreso humanos en todo el mundo.

Después de 2014 (que fue un año desastroso para la paz mundial), en 2015 muchos esperábamos un mejor giro en los acontecimientos, un clima mundial más cuerdo, un enfoque más humanista de las disputas internacionales. Pero, en cambio, obtuvimos una crisis mundial cada vez más profunda en términos humanitarios. La manifestación más obvia de esa crisis es el hecho de que las personas desplazadas en todo el mundo, en su mayoría, debido a la guerra o a las secuelas de esta, superan ahora los 60 millones, el mayor número de refugiados y solicitantes de refugio desde la devastación causada por la Segunda Guerra Mundial.

En el centro de la crisis de los refugiados, se encuentra Siria, donde lo que se ha dado en denominar "guerra civil" es, en realidad, el escenario de una serie de guerras internacionales por delegación, que lleva ya más de cinco años. Se trata de una conflagración en la cual los líderes de la comunidad internacional se han unido en bandos, y han tomado partido para proteger sus propios intereses regionales —y al hacerlo han empeorado la situación de forma devastadora—, o en la cual han dado la espalda por completo al pueblo sirio, y han fingido que la carnicería que se produce a diario en ese país desgarrado por la guerra, con un tremendo costo humano, no les incumbe para nada. En ambos casos, son parte del problema y lo que impide una solución. Por ello, es conveniente y correcto que las migraciones humanitarias de esa y otras muchas guerras y sus secuelas lleguen ahora a las costas occidentales.

Y no es un problema que vaya a desaparecer pronto, por mucho alambre de púa que pongan los países occidentales en sus fronteras, porque la vida en los infiernos de los cuales salen millones de desplazados es mucho peor que cualquier barrera que se levante en el camino de los que huyen. O más bien, el problema no desaparecerá pronto, a menos que los cinco grandes del Consejo de Seguridad de la ONU y los líderes mundiales en su conjunto dejen atrás sus propios intereses comerciales y políticos, y se pongan de acuerdo para forjar la única solución posible a este creciente problema: la paz mundial.

Siria se ha convertido, de cierto modo, en el laboratorio que pone a prueba el compromiso (o la falta de este) de los líderes mundiales con la paz, la democracia y el desarrollo humano. El conflicto internacional ya ha costado al menos un cuarto de millón de vidas, y cientos de miles más, la gran mayoría civiles, han resultado heridos o mutilados de por vida. El conflicto en Siria es el resultado directo de la combinación de la injerencia y competencia de las superpotencias, que han mantenido una dictadura extremadamente cruel al frente del ese país durante las últimas cuatro décadas en las que el poder ha pasado de padres a hijos y en las que la auténtica democracia ha brillado por su ausencia.

Los refugiados de la guerra de Siria han crecido a un ritmo de un millón al año, y hoy suman 4,2 millones. Otros 7,6 millones de sirios están desplazados dentro de su propio territorio y, como tales, constituyen una enorme fuente de nuevas migraciones de refugiados extranjeros en el futuro. Casi la mitad de todos los sirios están ahora desplazados, ya sea interna o externamente, y los observadores afirman que los últimos cinco años de guerra han sido tan devastadores y divisivos que el país está a punto de desaparecer tal como el mundo lo conoce.

La crisis mundial de los refugiados, en general, y la crisis de los refugiados sirios, en particular, no ha recibido gran atención hasta este último año, en el que cerca de un millón de inmigrantes han llegado a las costas europeas, como los restos fracturados de una pesadilla humanitaria. Está claro que la prensa que se está dando a este fenómeno ha encabezado las agendas de noticias porque es Europa, y no otra parte del mundo en gran medida ignorada. La alarma de los europeos surge porque, aunque un millón de migrantes pueda parecer una cifra asombrosa, solo representa alrededor del uno y medio por ciento del universo total de solicitantes de refugio. Mientras que una Europa Occidental que ha sido —junto con Estados Unidos en un papel mucho más amplio— instrumental en la creación de esta crisis parece como tomada por sorpresa por esta, y su compromiso con la responsabilidad debida ha sido tibio en el mejor de los casos. De todos los países europeos que se lamentan de la crisis, solo Alemania (y Suecia en menor medida) ha actuado realmente para hacer algo al respecto, ofreciendo reasentamiento al 75% de todos los migrantes sirios que han entrado en Europa hasta la fecha.

Pero, si los europeos han mirado la crisis con recelo y han fingido que las hordas de sirios que llegan a su continente no tienen nada que ver con ellos, Estados Unidos ha sido bastante más hipócrita en su gestión (o no gestión) de la crisis de los refugiados. Hasta la fecha, Estados Unidos, que no podría haber estado más profundamente involucrado en los fenómenos políticos de Oriente Medio que han generado la guerra en Siria, así como la generación directa de la plaga terrorista conocida como Estado Islámico de Irak y el Levante (ISIS), solo ha aceptado un mísero total de 2174 sirios que huyen de la carnicería combinada de la guerra civil interminable con el extremismo islamista insurgente, lo que equivale a solo un 0,0007% de la población estadounidense. En comparación, Turquía han aceptado a 1,9 millones de refugiados sirios, o un total equivalente a cerca del 2,76% de la población turca. En el Líbano, donde viven ahora 1,2 millones de refugiados sirios, una de cada cinco personas es un emigrante sirio. Jordania ha acogido a otros 650.000 refugiados sirios y Egipto, a unos 132.000. Incluso el devastado Irak, que cuenta con unos tres millones de desplazados internos, ha acogido a 250.000 refugiados de guerra sirios.

Si las naciones ricas de Occidente van a ignorar, en su mayor parte, su culpabilidad y su responsabilidad en la creciente crisis que afecta hoy a Oriente Medio, lo menos que podrían hacer es arrojar dinero al problema, para mitigar, en cierta medida, su papel en este desastre humanitario. Pero su hipocresía (especialmente la de Washington) parece no tener límites, teniendo en cuenta que, hasta la fecha, las Naciones Unidas solo han sido capaces de recaudar el 40% de los fondos que se necesitan para gestionar adecuadamente la crisis de los refugiados sirios, por no hablar de la difícil situación de los otros 48 millones de desplazados del mundo. Tanto en el caso de la crisis mundial de los refugiados como en el de la crisis mundial del medioambiente, los dirigentes han demostrado una falta de grandeza desmedida y han llevado al mundo al borde absoluto del desastre en ambos casos. Sin embargo, esto es casi tanto culpa de nosotros, los gobernados, como de ellos, porque hemos sido lo suficientemente crédulos, ignorantes y apáticos como para tragarnos sus mentiras y sus evasivas, y hemos hecho demasiado poco para presionar en favor de soluciones a problemas mundiales que nos afectan a todos. De hecho, hemos hecho todo lo posible para engañarnos a nosotros mismos creyendo que no es de nuestra incumbencia, que las más de 20 guerras que actualmente asolan al mundo son locales y están divorciadas de los intereses internacionales, que la paz es inalcanzable y que el cambio climático es un "fenómeno natural" sobre el que la humanidad no tiene ningún control.

A pesar de nuestra propia falta de sentido de responsabilidad, como ciudadanos del mundo en el que vivimos y como personas con todo que perder y nada que ganar tanto en la guerra como en la degradación del medioambiente, los líderes mundiales han tenido que admitir, por fin, por sí mismos que, cuando se trata de proteger el hábitat en el que todos debemos vivir, han fallado en el intento, y que esto podría ser fatal para la humanidad si no empezamos a hacer algo para revertir los efectos nocivos de décadas de irresponsabilidad ahora mismo, antes de que sea demasiado tarde, ¡si no lo es ya!

Queda por ver cómo este nuevo e histórico compromiso con el medioambiente por parte de 200 líderes se traducirá en la materialización de medidas efectivas. Pero el hecho de que, por fin, se haya alcanzado un consenso para un cambio real hacia un medioambiente más saludable plantea una pregunta cargada de significado en este primer día de un nuevo año: si los líderes mundiales pudieron sopesar la magnitud de la crisis medioambiental y comprometerse a hacer algo al respecto, ¿no podrían, en un futuro próximo, darse cuenta de la necesidad de atacar la actual crisis humanitaria en su origen, promoviendo el fin de las guerras en todo el mundo y encontrando formas creativas de vivir en paz, armonía y cooperación mundial con el fin de crear un mundo mucho mejor para las generaciones venideras? Si resulta que no es utópico que ese pacto medioambiental tome forma, ¿no podría haber también una esperanza real para un futuro de paz mundial?

Estas son las preguntas que quiero dejar sobre el tapete al comenzar este nuevo año juntos, y a la humanidad toda le deseo, asimismo, que las respuestas a estas preguntas se materialicen como cambios positivos para un mundo más ecológico y pacífico.

1 de enero de 2016

EL HAMBRE: UN PROBLEMA CRUCIAL QUE NADIE QUIERE SOLUCIONAR

Munido del último y dramático informe del Programa Mundial de Alimentos de las Naciones Unidas, el Subsecretario General de Asuntos Humanitarios de la ONU y Coordinador del Socorro Urgente de esa organización, Stephen O'Brien, fue citado recientemente diciendo que 108 millones de personas de 48 países en todo el mundo se enfrentan actualmente a "una crisis de inseguridad alimentaria". En términos sencillos, lo que significa dicha frase es que este total de personas está en peligro inminente de morirse de hambre. De hecho, mientras escribo esta nota, muchos de ellos pueden haberse muerto.

Y eso es solamente el comienzo de una trágica y continua historia, tal como lo demuestra el hecho de que, hace apenas dos años, el número de personas en esa última situación de crisis sumaba 80 millones, lo cual es bastante perturbador, dado que significa que ha aumentado más del 25% ese total en tan solo los últimos 24 meses.

En la actualidad, las personas que corren el riesgo más inmediato de morir de hambre suman unos 20 millones, y entre ellas, según expertos mundiales de las organizaciones de socorro, existen al menos 1,4 millones de niños que sufren una desnutrición tan grave que pueden haber pasado ya del punto sin retorno. Si bien el mal gobierno y la corrupción pueden ser mencionados como dos de las causas de esta situación de crisis en muchos de los países donde la inanición es frecuente, hay, claramente, otras principales razones por las cuales ciertas naciones no pueden alimentarse bien como, por ejemplo, el clima, la falta de tierras cultivables u otros recursos alimentarios, y la falta de ayuda internacional, no solo en términos de dinero en efectivo, sino también de ayuda para el desarrollo de una mejor producción de alimentos. Pero, en algunos países, como Nigeria, Somalia, Yemen y Sudán del Sur, la principal causa del hambre y de la desnutrición es la guerra, lo cual revela otra razón urgente para que los líderes mundiales hagan un esfuerzo para dejar de lado sus diferencias y convertirse en arquitectos de una paz global, en lugar de seguir siendo proveedores y promotores de conflictos.

El historial de las naciones más poderosas del mundo es, en este sentido, abismal, y se encuentra, actualmente, lejos de mejorar. Por el contrario, el presidente estadounidense Donald Trump, por ejemplo, ha prometido no solo no aumentar la cantidad de dinero que su país —ciertamente, el más pudiente de la Tierra— dedica a la ayuda externa, sino reducirla en casi un 30%. El conductor de la CNN y editorialista del *Washington Post*,

Fareed Zakaria, hizo referencia recientemente a una encuesta de opinión pública en la que una de las preguntas formuladas a los estadounidenses fue respecto de qué proporción del presupuesto de gastos discrecionales de EEUU se utilizaba para la ayuda humanitaria externa. La mayoría seleccionó la respuesta escandalosamente inexacta del 26%. La respuesta correcta es que, incluso antes de que el Presidente Trump haya realizado acción alguna para disminuir significativamente la ayuda externa, el total de dinero dedicado a las relaciones exteriores es solo alrededor del tres por ciento del presupuesto discrecional de los Estados Unidos, y solo un uno por ciento se destina a una genuina ayuda extranjera. Si la administración actual consigue lo que quiere, esa cantidad se reduciría en otro tercio.

En la actualidad, y a modo de comparación, Estados Unidos invierte más del 50% (el 54% en 2015) de su presupuesto discrecional —la cantidad negociada cada año por el Poder Ejecutivo con el Poder Legislativo, en contraposición con el presupuesto obligatorio o fijo— en los vastos intereses militares del país. Los más de 600.000 millones de dólares al año que Estados Unidos gasta actualmente en mantener su poderío armamentista es ya un total mayor que los presupuestos militares de los próximos ocho poderes militares mundiales combinados, y el gobierno de Trump quiere aumentar aún más el gasto militar, como parte de la promesa del mandatario en su campaña electoral: "hacer que América vuelva a ser grande". En mi opinión —y en la de Fareed Zakaria, aparentemente—, una buena manera de hacer que EEUU vuelva a su otrora grandeza sería convertirse en el mayor poder pacificador y humanitario del mundo. Pero, según la tendencia actual, parecería que el camino va por el lado opuesto.

De hecho, eso parecería ser la tendencia en el mundo entero. Las redes mundiales de socorro, incluso la de las Naciones Unidas, que es, sin duda, la más grande, han instado a las naciones más ricas del mundo a aportar los 21.500 millones de dólares que necesitan para proporcionar no solo suministros alimentarios de emergencia, sino también asistencia para refugiados, salud y otros tipos de ayuda urgente. Pero, a medida que el 2017 avanza hacia su quinto mes, las organizaciones mundiales de socorro solo han podido recaudar alrededor del 17% de esa cantidad (3700 millones de dólares).

Es interesante notar que el déficit de 18.000 millones de dólares entre la cantidad de dinero que las naciones más ricas del mundo han prometido a la ayuda humanitaria internacional y la cantidad que las organizaciones humanitarias consideran que requerirán para cubrir mínimamente las necesidades de los enfermos, los destituidos y los hambrientos, es solo un tercio de la cantidad en la cual el presidente de Estados Unidos Donald Trump espera aumentar el presupuesto ya astronómico de su país para la guerra.

Además, si se tiene en cuenta que los recortes presupuestarios propuestos por Trump en materia de relaciones exteriores priorizarán la prestación de abundante ayuda militar a los aliados percibidos (en detrimento de la ayuda humanitaria y de la de desarrollo), la perspectiva para los pobres y desvalidos del mundo empeora de manera aún más sombría. Por ejemplo, hasta ahora en 2017, EEUU solo ha proporcionado unos 640 millones (sí, millones) de dólares en ayuda externa no militar, en comparación con los ya escasos 3600 millones de dólares prometidos por el gobierno del presidente Barack Obama en 2016.

Con demasiada frecuencia, las sociedades más ricas del mundo buscan justificar el hambre global "vendiéndola" como un problema insoluble. Esto, en verdad, no es así. De hecho, más que por ninguna otra razón, el hambre en el mundo no se resuelve debido al egoísmo y a la indiferencia entre las sociedades más privilegiadas del planeta. Esto hace que sea un problema de fácil resolución. Todo lo que se necesita es un compromiso mínimo: la reasignación de una mera fracción de lo que se gasta diariamente en "defensa" (leer: guerra y dominio militar) para aliviarla de inmediato, y, en un futuro no lejano, eliminarla por completo. Y, antes de que me tilden de idealista impráctico, presten atención a los siguientes hechos hechos descritos a continuación.

Hay quienes señalan que mucha menos gente pasa hambre hoy que hace 20 años. Y eso es verdad. Pero solo porque el nivel de conciencia era mucho más bajo y los programas, mucho menos eficaces en ese entonces. De acuerdo con la organización WorldHunger.org, las regiones en desarrollo vieron una reducción del 42% en la prevalencia de la subalimentación en el período de 2012 a 2014 en comparación con las cifras correspondientes al período de 1990 a 1992. Pero gran parte de esta mejora se debió al meteórico avance económico (una de las formas más seguras de combatir la pobreza y el hambre) del cual fueron testigos China y algunos países del sudeste asiático.

Pese a estas buenas noticias desde la perspectiva de dos décadas, el hecho trágico sigue siendo que en Asia todavía una de cada tres personas padece hambre. Y aún más grave es el hecho de que, incluso después de este lento pero seguro progreso, una de cada ocho personas en estas regiones en desarrollo sigue estando crónicamente desnutrida. Esto es más del 13% de la población mundial. El menor progreso en la lucha contra el hambre se ha registrado en la región subsahariana. Allí, al menos una de cada cuatro personas se encuentra desnutrida.

Mientras tanto, en el sur de Asia (India, Pakistán, Bangladesh, etc.), el problema de la subalimentación solo se ha reducido marginalmente en las últimas dos décadas, a pesar del notable ascenso de la India como potencia económica mundial durante ese período. En esa zona, se estima que habitan 276 millones de personas crónicamente desnutridas.

En la Cumbre Mundial de la Alimentación celebrada en Roma en 1996, los delegados se fijaron el objetivo de reducir el número de personas hambrientas en el mundo, desde un total de 991 millones hasta 495 millones para 2015. Para aquellos de nosotros que entendemos cuán absolutamente alcanzable resultaría el nivel cero de hambre como objetivo global de mediano plazo, esta meta nos parecía demasiado conservadora. Sin embargo, el mundo ni siquiera se acercó a ese objetivo, con el número estimado de personas desnutridas, aun totalizando 790,1 millones en 2015. Las cifras más recientes (2014-2016) muestran que este guarismo está nuevamente en alza con un estimado total de desnutridos de 795 millones según el último recuento.

Para aquellos que se sienten ofendidos por mi caracterización de las naciones más ricas del mundo como egoístas, no comprometidas y manifiestamente apáticas en cuanto al destino de la gente hambrienta del mundo y a la solución del problema de una vez por todas, consideren esto: un artículo en la prestigiosa revista británica *The Economist* informó recientemente que los estadounidenses, en promedio, terminan tirando a la basura el 40% de los alimentos que compran. Y, en la India —una nación donde, como dije antes, el hambre es endémico—, una distribución ineficaz significa que el 40% de todos los alimentos se pudren antes de llegar al mercado. Mientras tanto, el Instituto Internacional del Agua de Estocolmo, que realiza estudios en profundidad sobre la producción de alimentos y el uso del agua, calcula que más de un tercio de todos los alimentos en el mundo se tiran o se echan a perder antes de poder servir para alimentar a los seres humanos.

Torgny Holmgren, director ejecutivo del Instituto Internacional del Agua de Estocolmo, lo explica de manera sucinta: "Más de una cuarta parte de toda el agua que utilizamos en el mundo está destinada a cultivar más de mil millones de toneladas de alimentos que nadie llega a comer. Esa agua, junto con los miles de millones de dólares gastados para cultivar, transportar, empaquetar y comprar los alimentos, se tira por la borda". Mientras tanto, cientos de millones de personas están muriendo de hambre, y otros centenares de millones en todo el mundo se encuentran desnutridas. En resumen, las sociedades más ricas del mundo están comiendo en exceso —con una obesidad endémica y con otros trastornos de la salud que esto significa— y tirando a la basura toda la comida que no llegan a engullir, mientras que más de mil millones de personas no pueden obtener suficiente comida para alimentarse adecuadamente.

Hace unas semanas, en su programa titulado "GPS", en la red de cable CNN, Fareed Zakaria dejó en claro lo sencillo que sería para Estados Unidos, por su exclusiva cuenta, hacer una enorme diferencia en la lucha mundial contra el hambre. Señaló que "ayudar a la gente al borde de la inanición no es caro. Según el Programa Mundial de Alimentos, cuesta tan solo alrededor de 20 centavos, menos que el costo de un sello postal, para ayudar a alimentar a un niño malnutrido durante un día. Pero quizás la mejor razón para invertir en la ayuda externa es porque esto encarna lo mejor de Estados Unidos. Al ayudar a los millones de personas que ahora sufren, Estados Unidos afirmaría su liderazgo en el mundo, al tiempo de defender sus valores como nación y de salvar vidas humanas".

Este es un llamado que se debe hacer a los líderes no solo de los Estados Unidos, sino también de todas las demás grandes potencias económicas del mundo. El hecho de que todavía debamos hablar del hambre como un problema que sigue sin solución debería ser una fuente de vergüenza para todas las economías centrales de la Tierra porque, más allá de todas las excusas y justificaciones a las cuales uno podría querer apelar, denota una absoluta falta de humanidad y de empatía, y una falta de interés en las causas de la paz mundial, la solidaridad y la fraternidad.

1 de mayo de 2017

STEPHEN HAWKING: ADIÓS A UN HOMBRE INMORTAL DE LA CIENCIA Y DE LA PAZ

Sería justo decir que la vida de Stephen Hawking fue un desafío permanente, monumental y todopoderoso. Y ese desafío vino acompañado de una enorme sensación de urgencia. Sería difícil encontrar una mente más curiosa y científicamente inquieta que la de Hawking, y el reto de cumplir y superar todos los desafíos que se propuso a sí mismo solo fue eclipsado por una espada de Damocles que colgaba por un pelo sobre su cabeza a lo largo de toda su vida. A los veintiún años, los médicos le "dieron" tres años de vida. Desde entonces, y durante el medio siglo siguiente, *se adueñó* de los años que deseaba, pese a esa sentencia de muerte, e hizo que cada uno valiera en cuanto a cómo obsequió sus descubrimientos y conocimientos al mundo en general.

Al momento de su muerte la semana pasada, a los 76 años, Hawking estaba, literalmente, tan cerca como un humano podría llegar, a ser un cerebro inmensamente activo alojado en lo que se había convertido en un paquete casi completamente inerte. Pero, a pesar de su casi total inhabilidad física, su mente y su imagen lo habían convertido en una de las figuras más conocidas y populares del mundo: uno de un puñado de brillantes científicos que ha hecho que la misión de su vida sea hacer que teorías y principios científicos poco comunes, complejos y complicados sean accesibles a la gente común.

Stephen Hawking era todo, menos negativo o de mal agüero, pese a las terribles circunstancias bajo las cuales su vida se desarrollaba. "Mantener la mente activa ha sido vital para mi supervivencia —dijo una vez—, al igual que mantener el sentido del humor". De hecho, tenía un lado lúdico que le permitía apreciar y participar en manifestaciones públicas de humor. Hizo muchas pequeñas apariciones, en persona, en programas de televisión, pero también lo hizo como un personaje de dibujos animados. Una vez dijo que la serie de dibujos animados de Matt Groening, *Los Simpson*, era el mejor programa en la televisión, y su personaje apareció en varios episodios del programa, en los cuales Homero, el jefe del clan (amarillo) Simpson, se refirió a él como "el robot amigo de Lisa".

Pero dicha identificación y participación en la cultura popular ayudó a Hawking, sin duda, a avanzar en su propia misión: la de ayudar a la gente a comprender la ciencia del mundo en el que vivían, y así ser conscientes de los desafíos que enfrentan ellos mismos y las generaciones futuras que se iban generando.

Intrínseca y activamente, Stephen Hawking fue, claro está, un hombre de paz. Una vez dijo: "Los mayores logros de la humanidad se realizaron hablando y sus mayores fallas al no hablar. No tiene por qué ser así". Su mensaje más saliente fue que lo que hacemos importa. "El universo —dijo— no es indiferente a nuestra existencia: de hecho, depende de nosotros".

Hawking creía que lo único que podía salvar al planeta Tierra de una catástrofe ecológica era la paz y cooperación mundiales. Por lo tanto, estaba preocupado en sus últimos años por el creciente resurgimiento del patriotismo ciegamente nacionalista y de las políticas aislacionistas. Esta tendencia la vio, correctamente, como resultado de la frustración de la gente con una desigualdad económica y social cada vez mayor, pero indicó que el aislacionismo era justo lo contrario de una solución muy necesaria.

Hawking mencionó, específicamente, como manifestaciones preocupantes de esta tendencia, la elección de Donald Trump en EEUU y la decisión popularmente apoyada de Gran Bretaña de retirarse de la Unión Europea. Indicó que no era momento para tales tendencias políticas, ya que el planeta vivía una era peligrosa en la que las decisiones que nosotros, la raza humana, tomábamos podrían marcar la diferencia entre nuestra supervivencia como especie y una sexta gran extinción que nos destinaría —a nosotros y a la mayoría de las otras especies— a la misma suerte que a la de los dinosaurios.

"Nada —dijo Hawking alguna vez— dura para siempre". Pero la raza humana podría durar mucho más tiempo si, en lugar de despilfarrar grandes sumas de dinero en armas y en maquinaria de guerra, invirtiéramos fuertemente en viajes espaciales e interplanetarios de exploración y asentamiento. Para esto también, Hawking dejó en claro que tendríamos que cooperar cada vez más. Advirtió que las posibilidades de un evento catastrófico en la Tierra eran más una cuestión de cuándo ocurriría que si efectivamente lo haría. "Aunque la posibilidad de un desastre para el planeta Tierra en un año determinado puede ser bastante baja —dijo—, se va acumulando con el tiempo, y se convierte en una casi certeza dentro de los próximos mil o diez mil años".

Hawking alguna vez indicó que, si la raza humana esperaba sobrevivir a tal tipo de evento —un impacto de un asteroide, un holocausto nuclear, una calamidad a causa del cambio climático—, tendría, probablemente, que estar colonizando otros planetas dentro de los próximos cien años. "La luna —dijo— podría constituir una base para viajar al resto del sistema solar". Y pensó que Marte sería, "obviamente, el próximo objetivo".

Pese a su deseo y esperanza de paz y cooperación en el mundo, Stephen Hawking no tenía ilusión ingenua alguna respecto del comportamiento de la Humanidad hasta el presente. Una vez abogó por considerar los virus informáticos como una forma de vida creada por el hombre. "Creo que esto dice algo sobre la naturaleza humana —afirmó—, que la única forma de vida que hemos creado hasta ahora es puramente destructiva. Hemos creado vida a nuestra propia imagen".

También dio una advertencia a los seres humanos sobre la búsqueda activa de contacto con formas de vida alienígena. "Solo tenemos que mirarnos a nosotros mismos para ver cómo la vida inteligente podría convertirse en algo que no nos gustaría conocer —sugirió Hawking—. Me imagino que podrían existir en naves masivas, habiendo agotado todos los recursos de su planeta de origen. Esos alienígenas avanzados se convertirían, tal vez, en nómadas, que saldrían en busca de conquistar y colonizar cualquier planeta que pudieran alcanzar. Si los extraterrestres alguna vez nos visitan, creo que el resultado sería mucho más parecido a cuando Cristóbal Colón llegó a América, cosa que no salió muy bien para los nativos americanos".

Su otra admonición para la Humanidad fue sobre el rápido avance de la Inteligencia Artificial. Necesitaríamos incorporarla, según indicó, para evitar ser esclavizados por esta. "Con la ingeniería genética —dijo Hawking— podremos aumentar la complejidad de nuestro ADN y mejorar la raza humana. Pero será un proceso lento, porque habrá que esperar unos 18 años para ver el efecto de los cambios en el código genético. Las computadoras, por lo contrario, duplican su velocidad y sus memorias cada 18 meses. Existe un peligro real, entonces, de que las computadoras desarrollen su propia inteligencia y se hagan cargo. De manera urgente, necesitamos desarrollar conexiones directas con el cerebro para que las computadoras puedan aumentar la inteligencia humana en lugar de oponerse a esta".

Desde las complejidades de la física cuántica hasta la fascinante Teoría de la Relatividad de Einstein, el propio Hawking fue un investigador y descubridor infatigable, pero su obsequio al mundo fue que buscó que toda la ciencia que pudiera captar él mismo fuera accesible al público en general. Su primer libro más conocido, *Breve historia del tiempo*, proporcionó su primera revelación de ciencia compleja a los lectores comunes, y vendió más de diez millones de ejemplares. Pero, a medida que investigó, buscó simplificar cada vez más la transmisión del conocimiento, para que sus lectores lo pudieran adquirir y, después de ese primer libro, siguió con secuelas cada vez más didácticas: *El universo en una cáscara de nuez*, *Brevísima historia del tiempo* y *Breve historia ilustrada del tiempo*. De este último trabajo, escribió con orgullo en la introducción: "Incluso si solo mira las imágenes y sus leyendas, debe poder hacerse de una idea de lo que está sucediendo".

Quizás fue la ausencia casi total de la personalidad física de Stephen Hawking lo que hizo que su mensaje fuera tan convincente para todo el mundo. Y es lo que continúa haciéndolo inmortal y convincente hoy. Hawking parece haber estado siempre hablándonos desde algún lugar del otro mundo, apenas menos así que el lugar desde el cual nos habla hoy. Y no podríamos rendir mejor tributo al conocimiento que nos ha legado que prestando atención a sus palabras y aprendiendo a vivir y prosperar en un marco de paz, armonía y cooperación mundiales, con el objetivo de forjar un futuro en el cual nuestra especie podría, de hecho, sobrevivir y evolucionar, en lugar de perecer para siempre.

22 de marzo de 2018

LIFE 3.0: ¿REALIDAD, CIENCIA FICCIÓN, O ALGO ENTRE MEDIO?

Recientemente leí, con entusiasmo y fascinación, el último libro del profesor Max Tegmark del MIT (*Massachusetts Institute of Technology*), titulado *Life 3.0: Being Human in the Age of Artificial Intelligence* (Knopf, Nueva York, 2017, disponible a través de Amazon). Si bien el libro ha demostrado ser polémico —y, sin duda, lo es— debo admitir que gran parte de mi interés en este proviene de mi propia tendencia a ver el mundo desde un punto de vista positivo y en términos de soluciones en lugar de profecías tremendistas, a pesar de los acontecimientos actuales, que hacen difícil mantener un estado de ánimo optimista. La de Tegmark no solo es una visión global, sino también cósmica, de un futuro de millones de años.

En otras palabras, me atrajo esta obra por la forma en que mira más allá de nuestro presente frágil y efímero hacia un posible futuro de la Humanidad en el que los problemas aparentemente insolubles de nuestro mundo actual habrán encontrado una solución inteligente que solo la ciencia avanzada puede prever hoy, pero que puede terminar formando parte de los cálculos de un futuro mejor, en gran medida debido a la Inteligencia Artificial (IA) cada vez más penetrante y compleja, pese a nuestra conservadora noción humana de que "nada cambia realmente"... o debería hacerlo.

Tegmark, de 50 años, nació en Suecia con el nombre "Max Erik Shapiro", pero más tarde tomaría el apellido de su madre Karin Tegmark como propio. Su padre es Harold Shapiro, de 89 años, nacido en Brooklyn, él mismo exprofesor emérito de Matemáticas del Instituto Real de Tecnología de Suecia, y conocido por su trabajo pionero en el campo de los dominios de cuadratura.

Ciudadano estadounidense naturalizado, además de su puesto como docente e investigador del MIT, Tegmark es también Director Científico en el Foundational Questions Institute y cofundador del Future of Life Institute (https://futureoflife.org/). Fue educado en el Instituto Real de Tecnología de Estocolmo y en la Universidad de California, Berkeley, donde recibió su doctorado. A lo largo de su carrera, su enfoque ha estado en la cosmología, pero es reconocido, además, como creador de algunas importantes teorías y aplicaciones científicas prácticas, como su interpretación cosmológica de la física cuántica, el uso de las oscilaciones acústicas de bariones como regla estándar y su Teoría del Conjunto de Todo que, básicamente, postula que todas las estructuras que existen matemáticamente también existen físicamente, una teoría que Tegmark describe en detalle en un libro anterior titulado *Our Mathematical Universe* ('Nuestro universo matemático').

Tegmark inicia *Life 3.0* con *El cuento del Equipo Omega*, un brillante y ficticio equipo científico y tecnológico que diseña y crea una red de Inteligencia Artificial llamada "Prometeo" que, una vez lanzada, imita la inteligencia y aprendizaje humanos, pero a una escala mucha más amplia y rápida, aprovechando cientos de años de recopilación de conocimiento humano, y se vuelve extraordinariamente inteligente y consciente de sí misma dentro de un tiempo ridículamente corto.

Programado para hacer el bien en lugar del mal (el común denominador de cada película de ciencia ficción desde *Terminator* hasta *Yo Robot*) el programa Prometeo, propiedad de la Alianza del Equipo Omega, obtiene la gratitud de las masas al resolver prácticamente todos los problemas humanos que los gobiernos corruptos y/o ineficaces hayan generado o mantenido por omisión o por comisión en el transcurso de todos los tiempos, y así logra socavar el poder de los antiguos sistemas políticos que eventualmente dejan de existir, siendo reemplazados por un programa de liderazgo de la Inteligencia Artificial absolutamente eficaz, paternal y perfectamente presupuestado que, básicamente, hace del mundo el lugar maravilloso que siempre debió ser y donde todos pueden vivir y prosperar, con la garantía de que esta perspectiva positiva continuará durante millones de años en el porvenir, ya que Prometeo expande continuamente su conocimiento y lo usa para el bien de la Humanidad, el medioambiente e, inclusive, el universo.

Si bien todo esto puede sonar locamente idealista y, como tal, enteramente irrealista, Tegmark señala que "este cuento es de proporciones verdaderamente cósmicas, ya que implica nada menos que el futuro definitivo de la vida en nuestro Universo. Y es un cuento que nosotros debemos escribir".

El subtítulo de *Life 3.0* es *El ser humano en la era de la Inteligencia Artificial* y, en este sentido, el libro es una especie de estudio "ecológico" del entorno de la IA, o, en otras palabras, está relacionado en gran medida con cómo los seres humanos harán frente a los continuos avances en la IA. El libro de Tegmark es, entonces, un estudio de cómo la IA puede afectar al futuro de la vida humana y de todo otro tipo en este planeta. Para hacer esto, el autor observa cómo la tecnología avanzada ya está teniendo un impacto en las sociedades en las que vivimos, cómo su influencia puede afectar a la sociedad y al individuo en el futuro y cuáles son las posibilidades de tener un resultado que es, tal vez —pero no necesariamente, dependiendo de los factores humanos involucrados—, menos apocalíptico que el sombrío futuro orwelliano imaginado por la mayoría de los escritores y cineastas de ciencia ficción.

Aun así, uno termina de leer este fascinante estudio con cierto grado de lo que un crítico dio en llamar una especie de "terror pasivo", ya que incluso los escenarios más positivos que el autor describe son muy diferentes a cualquier cosa que hayamos conocido jamás y tienden a recordarnos más a un mundo más distópico que utópico desde el punto de vista de la libertad y creatividad del individuo, tal como las conocemos. En el mejor de los casos teóricos, la IA engaña a los humanos haciéndoles creer que son los arquitectos de su propio destino, cuando la verdad teórica es que la IA maneja todo.

De hecho, en la mayoría de estos escenarios futuros, los seres humanos dejan de existir como tales y evolucionan hacia distintas manifestaciones de organismos cibernéticos o de *uploads* —inventos tecnológicos cargados con *software* humano—. ¿Por qué? Porque, como Hans Moravec, autor de *Mind Children*, sugiere en una cita que Tegmark incluye en su libro, "la longevidad pierde gran parte de su objeto si estamos destinados a pasarla mirando estúpidamente cómo las máquinas ultrainteligentes realizan descubrimientos cada vez más espectaculares e intentan explicarlos a nosotros, utilizando lenguaje para niños para que podamos entender". El impulso, entonces, para que los humanos se integren con máquinas inteligentes se convertirá, probablemente, en toda una tendencia, si la IA continúa desarrollándose y se generaliza en el futuro.

Aunque Tegmark haya sido acusado por algunos críticos de ser ingenuo —particularmente en cuanto a cómo resolver el implacable e inevitable problema del desempleo masivo una vez que las máquinas hayan reemplazado el trabajo e intelecto humanos en todos los ámbitos de la vida—, claramente, no se autoengaña creyendo que lo único que tenemos que hacer es dejar que la IA se vuelva consciente de sí misma, y todo será un sueño de felicidad en un futuro no muy lejano. Pero deja en claro que la IA como tal no es malévola. Solo puede serlo como resultado de su intercambio con la inteligencia humana cuando esta se inclina por el mal en lugar de por el bien. En su aspecto más fundamental, la IA buscará las mejores y más efectivas soluciones a los problemas con los que se presenta. Cualquier perversión de esa misión podrá ser atribuida a las maquinaciones humanas, y no a las máquinas inteligentes que, de repente, se vuelven malvadas y se enloquecen.

Pese a lo altamente teórico que sea, *Life 3.0* baja línea, sin duda, en cuanto al futuro de la IA y a cómo podría afectar a la Humanidad. Tegmark admite sin titubeos que, en cuanto a lo que definitivamente vendrá en el futuro, "la respuesta más corta es que no tenemos idea alguna de lo que sucederá si la Humanidad logra construir una IAG (Inteligencia Artificial General) que iguala al nivel humano". Pero tiene, sí, una muy buena idea de cuáles podrían ser los distintos escenarios posibles.

En lo esencial, según sugiere, nuestro éxito eventual en la creación de una IAG a nivel humano bien podría desencadenar una explosión de inteligencia que podría dejar a los seres humanos muy atrás. Si un solo grupo humano tuviera poder sobre tal explosión de inteligencia, podría tomar el control del mundo entero dentro de un lapso relativamente corto. En cambio, si los seres humanos no tomaran control alguno sobre una eventual explosión de inteligencia, la IA podría volverse consciente y dominar esta misma el mundo entero dentro de un lapso aún más corto.

El autor continúa indicando que una rápida explosión de inteligencia podría poner el control en manos de una sola potencia mundial, mientras que una explosión más lenta y gradual podría prolongarse durante años o décadas y conducir a luchas entre poderes multipolares y entidades independientes. Además, la historia de la vida tiende a demostrar un tipo de autoorganización que conduce a una complejidad jerárquica cada vez mayor. Según Tegmark, la superinteligencia (una inteligencia artificial que va mucho más allá de la inteligencia artificial general) permitiría una mayor coordinación entre esas jerarquías, "pero no está claro si [esto], finalmente, conduciría a un control más totalitario desde arriba, o a más empoderamiento del individuo".

Resumiendo sus pensamientos fundamentales, el autor dice: "El pináculo de nuestra carrera actual hacia la IA puede ser lo mejor o lo peor que le haya pasado a la Humanidad [...]". Y agrega que "tenemos que empezar a pensar mucho sobre qué resultado preferimos y cómo dirigirnos hacia esa dirección porque, si no sabemos lo que queremos, es poco probable que lo obtengamos".

A raíz de lo que pasaría después de lograr una superinteligencia, sin embargo, hay claramente numerosos resultados posibles, y Tegmark se esfuerza por nombrarlos y describirlos con cuidadosa contemplación:

Utopía libertaria: Los humanos, los *cyborgs*, los *uploads* y las superinteligencias conviven en paz gracias a derechos de propiedad claramente limitados.

Dictador benévolo: Una especie de mundo utópico, si bastante orwelliano, en el que todo el mundo sabe que la IA maneja todo e impone reglas estrictas, pero en general esto se considera algo bueno.

Utopía igualitaria: Los humanos, los cyborgs y los *uploads* coexisten en paz porque la propiedad ha sido abolida por completo y los ingresos de todos están garantizados.

Portero: Se crea una IA superinteligente que interfiere solo lo necesario como para evitar la invención de una superinteligencia rival. El resultado: los robots de inteligencia subhumana abundan para facilitar la vida y existen los cyborgs mezcla de humano y máquina, pero el progreso tecnológico se inhibe intencionalmente.

Dios protector: Omnipresente, todopoderosa, la IA maximiza la felicidad humana de maneras que preservan nuestra ilusión de control sobre nuestro propio destino, mientras permanece tan oculta a la vista general que muchos humanos incluso dudan de que la IA exista.

Dios esclavizado: Los seres humanos logran confinar a una IA superinteligente y la usan para crear una tecnología y riqueza inimaginables para sus propios fines, los cuales pueden ser buenos o malos.

Conquistadores: Este es el escenario de *Terminator* en el que la IA se vuelve consciente de sí misma, encuentra a los humanos una molestia insoportable y decide deshacerse de nosotros.

Descendientes: Aquí también, la IA reemplaza a los seres humanos, pero les hace sentir que están colocando al mundo en mejores manos de la misma manera que los padres pueden sentirse orgullosos de sus hijos que los reemplazarán en el futuro.

Guardián de Zoológico: La IA permite que los seres humanos —que vivirán para lamentar su destino— continúen existiendo, pero los trata como animales cautivos en un zoológico.

1984: El progreso tecnológico hacia la superinteligencia se ve restringido permanentemente no por la IA como tal, sino por un Estado vigilador orwelliano, conducido por humanos, y que reprime cualquier investigación en el campo de la Inteligencia Artificial.

Reversión: El progreso tecnológico hacia la superinteligencia se previene, haciendo que el mundo regrese a una forma de sociedad pretecnológica, muy similar a la forma de vivir de los Amish.

Autodestrucción: La IA superinteligente jamás se logra porque, antes de que esto pueda suceder, la raza humana se extingue por otros medios, tales como el caos ambiental provocado por el cambio climático y por la destrucción del medioambiente, o por medio del holocausto nuclear.

Mi propia conclusión, ya sea que concuerde totalmente o no con las premisas de *Life 3.0*, es que, sea cual fuere el escenario que se desarrolle en el futuro de la raza humana, será resultado del mérito o culpa de los seres humanos y sus decisiones. Este es un hecho que debemos tener en cuenta al elegir a nuestros líderes, defender o dejar de defender nuestros derechos básicos, y enfrentarnos o no a las amenazas que afectarán a las futuras generaciones como resultado de nuestras acciones, o de nuestra inacción, en el presente.

19 de febrero 2018

HISTORIA ESTREMECEDORA DETRÁS DE LA TECNOLOGÍA AVANZADA

Somos cada vez más dependientes de la tecnología avanzada que utilizamos a diario en la sociedad contemporánea. De hecho, gran parte de esta ha perdido su mística original y la novedad que nos inspiraba hace apenas una década. Los novedosos aparatos que antes nos asombraban se han convertido rápidamente en herramientas cotidianas que utilizamos automáticamente y sin pensar en la maravilla que representan en comparación con lo que estaba disponible para nuestro uso diario hace solo unas décadas, y los últimos avances están sucediendo a un ritmo cientos de veces más rápido que nunca antes, especialmente en los campos de las comunicaciones y del transporte.

Pero, detrás de la provisión de este avance técnico, queda una primitiva verdad respecto de los elementos naturales necesarios para materializarlo. Si bien algunos de nosotros podemos estar levemente preocupados por lo que sucederá con todo el hardware de la era tecnológica moderna una vez que se vuelva obsoleta, pocos de nosotros pensamos mucho sobre la procedencia de los elementos utilizados en la fabricación de ese hardware. Pero deberíamos hacerlo.

Datos disponibles indican que hasta un cuarto del cobalto usado en las baterías de litio ionizado que son utilizadas en casi cualquier dispositivo electrónico, hasta inclusive en los autos eléctricos, proviene de lo que se conoce como "minería artesanal", una de las prácticas más explotadoras en la Tierra. Si bien este tipo de minería se está utilizando para extraer cobalto en varios países, la República Democrática del Congo, de donde proviene una proporción significativa del cobalto extraído de esta manera, ha recientemente captado la atención mundial gracias a las investigaciones lanzadas por Amnistía Internacional, el diario *The Washington Post*, la cadena de cable CNN y la cadena de televisión por aire CBS, entre otras.

Las condiciones en la extracción artesanal de cobalto son espantosas para todos los trabajadores que participan en la actividad. Las "minas" son poco más que hoyos de conejo cavados a mano, en el interior de los cuales no hay apuntalamiento ni ningún otro tipo de soporte para evitar derrumbes. La roca cargada de mineral se arranca en trozos de las vetas y se arrastra en sacos por los mineros, que a menudo apenas tienen espacio para entrar y para salir. Más tarde, las rocas son martilladas y lavadas a mano para extraer el mineral. El pago se basa en la producción. En un buen día de trabajo agotador y peligroso, un "excavador" ganará tan solo dos o tres dólares, según fuentes allegadas a la actividad citadas en un artículo de *The Washington Post*.

Agravando aún más esta terrible explotación, sin embargo, está el hecho de que gran parte del trabajo en tales operaciones mineras es llevado a cabo por niños. Se estima que unos cuarenta mil menores de edad, algunos de los cuales no tienen más de entre siete y diez años, están siendo utilizados como virtuales esclavos en operaciones de extracción de cobalto artesanal en el

Congo y en otras partes de la región, unos cuatro mil en una sola zona del Congo, donde este tipo de minería es prevalente. La proporción de adultos a niños que trabajan en operaciones mineras artesanales es asombrosa: algunas estimaciones indican una proporción de alrededor de sesenta a cuarenta.

El Congo tiene abundantes recursos de cobalto y proporciona aproximadamente dos tercios del suministro mundial de este mineral. Con la gran cantidad de dispositivos nuevos e innovadores que se inventan y se comercializan cada año, la demanda para el cobalto utilizado como ingrediente principal en sus baterías ha aumentado de manera drástica, y el precio por libra de este metal se ha triplicado en el último lustro.

Esa debería ser una buena noticia para los mineros artesanales que venden su mineral al mercado industrial mayorista, pero no lo es. Apenas pueden arañar una subsistencia de la corteza terrestre, a veces incluso luchando por mantener alimentos básicos como la sal y la harina en sus alacenas, y sus hijos también llevan a cabo trabajos forzados en las minas, mientras que la mayor parte del dinero tiende a quedarse en manos de los intermediarios, en su mayoría asiáticos.

Estos intermediarios han creado una compleja cadena de suministro que dificulta que las principales compañías que comercializan las baterías de litio ionizado, ricas en cobalto, en los automóviles y dispositivos que fabrican, puedan rastrear hasta su origen el cobalto que utilizan. Y, aunque algunos de los más importantes, como Apple y Amazon, y al menos uno de los principales fabricantes de automóviles, han dado amplio discurso a la necesidad de hacerlo, detrás de bambalinas, en muchas empresas globales, parecería que no conviene investigar a fondo, ya que resolver el "misterio" las compromete a aumentar el costo de sus materias primas.

Las investigaciones, por lo tanto, han recaído en las ONG globales como Amnistía, en agencias multilaterales como la ONU y en los medios de comunicación. Hay, en este sentido, iniciativas particularmente admirables, pero no exclusivas, llevadas a cabo hasta la fecha por *The Washington Post* y por la CNN. La reportera estrella de CNN, Nima Elbagir (quien, por otra parte, ha realizado un brillante trabajo sobre el tráfico global de personas), presentó su exposición sobre la extracción de cobalto diciendo que cada compañía de tecnología con la que se había hablado indicó lo difícil que es rastrear el cobalto hasta su origen. Así, pues, CNN decidió, según ella, hacerlo por estas.

A pesar de estar sentado encima de algunos de los depósitos minerales más grandes del planeta —tan grandes que un geólogo francés alguna vez describió esa potencial riqueza natural como "un escándalo geológico"—, en términos del ingreso per cápita, el Congo es uno de los países más pobres del mundo, con un PBI per cápita equivalente a menos de cuatrocientos dólares al año. Los mineros artesanales de cobalto son claramente indicativos de este nivel de pobreza. Este dato es representativo, a su vez, del hecho de que, si bien el colonialismo concreto pudo haber sido expulsado hace mucho tiempo de África, el colonialismo económico sigue vivito y coleando allí, particularmente en las naciones más pobres, pero más ricas en recursos, como el Congo. En otras palabras, sigue siendo una cuestión del "primer mundo" tecnificado que explota las áreas ricas en materias primas del "tercer mundo" que permanecen entre las naciones más pobres y menos desarrolladas del planeta.

Las baterías de litio ionizado son el corazón de la última tecnología. Son más ligeras, más potentes, duran más y son fácilmente recargables. Pero, si bien su confiabilidad también se comercializa como parte de la revolución "verde", el costo humano, ambiental y social de su elemento principal claramente no cuaja con el espíritu de la sustentabilidad.

En la extracción artesanal de cobalto, los derrumbes y otros accidentes mineros son extremadamente comunes y, considerando la ausencia absoluta de cualquier tipo de reglas que rijan esta actividad, o de la implementación de medida alguna de seguridad, el término "accidente" debe usarse de manera muy amplia. Las condiciones bajo las cuales tanto adultos como niños trabajan en estas minas improvisadas hacen de esta una actividad casi suicida. Como si esto no fuera suficiente, el proceso de minería de cobalto también está envenenando las fuentes de agua en la región, de modo que muchos de los mineros que logran sobrevivir a sus duras condiciones de trabajo, a menudo, se enferman de males relacionados con el medioambiente.

Cuando historias como estas salen a la luz, la reacción habitual en el comercio, en el gobierno y entre el público en general es un discurso repleto de frases conmovedoras, chabacanas y huecas sobre lo horrible que es que cosas como estas pueden seguir existiendo en el mundo de hoy. Pero, al final, nuestras actitudes, aquí en el mundo desarrollado, solo pueden verse como hipócritas si cada uno de nosotros no actúa de alguna manera, por pequeña que esta sea, para solucionar el problema.

En este caso en particular, las compañías tecnológicas deben descubrir de dónde viene su cobalto y presionar a sus proveedores para que se comprometan ya sea a exigir a sus fuentes que cumplan con los estándares sociales y laborales globales o a arriesgarse a perder a sus clientes más grandes. Los gobiernos de los países industrializados deben reglamentar de tal manera que obliguen a las empresas a tomar estas medidas de diligencia debida, o arriesgarse a severas sanciones por comprar materias primas producidas explotando a los niños. Los medios de comunicación, las agencias multilaterales y las ONG deben seguir investigando y seguir creando conciencia entre los consumidores comunes con respecto a esta terrible verdad.

Nosotros, como consumidores, por nuestra parte, deberíamos comenzar a ser más conscientes en nuestras compras. Debemos responsabilizar a nuestras marcas favoritas por los productos que fabrican y comercializan, y recompensar a aquellas que demuestren una responsabilidad corporativa impecable, prefiriendo sus productos por sobre los de las empresas que no son socialmente responsables. Solo de esta manera podremos ayudar a implementar soluciones y merecer un poco más el privilegio de vivir a pleno en el mundo postindustrial.

23 de mayo de 2018

UN INFORME CLIMÁTICO ATERRADOR... PERO NADA QUE LOS AMBIENTALISTAS NO NOS HAYAN ESTADO ADVIRTIENDO

Después de haber leído el último informe de las Naciones Unidas sobre el cambio climático global, tengo buenas y malas noticias. La buena noticia es que existe una manera en que los seres humanos podamos lograr sobrevivir al cambio climático. La mala noticia es que, si no implementamos medidas urgentes, drásticas y serias en la próxima década para garantizar la supervivencia humana en el futuro cercano, no nos salvaremos.

Y las noticias se ponen aun peores. El límite máximo para mantener a raya la catástrofe absoluta en el aumento total del calentamiento global es de no más de 1,5 grados centígrados por encima de los niveles preindustriales. Punto. Los fenómenos climáticos que hemos presenciado en los últimos años —sequías prolongadas, vastos incendios forestales, inundaciones sin precedentes, calor estival sin par, tormentas invernales récord, tormentas tropicales, tifones y huracanes mucho más frecuentes y mucho más poderosos, un aumento en la actividad ciclónica, etc.— son todos resultado de un aumento en la temperatura global de un solo grado por encima de los niveles preindustriales.

Si seguimos nuestro curso actual, en el cual un pequeño grupo de países está realizando un esfuerzo por lo menos tibio para implementar medidas diseñadas para reducir las emisiones de gases de efecto invernadero como parte de un plan global para salvar a nuestras futuras generaciones de un apocalipsis ambiental, la temperatura global tendrá, sin embargo, un aumento de al menos 3°C para finales de siglo, el doble del techo apenas aceptable. Si, por el contrario, otros países deciden seguir el ejemplo del presidente de los Estados Unidos, Donald Trump, y se retiran de todos los acuerdos ambientales internacionales, simplemente negando e ignorando las advertencias de los científicos, podríamos ver un aumento de 4°C a 5°C en las temperaturas globales para finales de siglo. Aunque tal vez decir que "podríamos ver" tal aumento resulte un pensamiento demasiado optimista y, por lo tanto, meramente ilusorio.

La conclusión más importante y más grave del nuevo informe intergubernamental de las Naciones Unidas es que solo tenemos un máximo de 12 años para reducir implacablemente un 45% las emisiones globales de gases de efecto invernadero desde su nivel actual si queremos tener alguna esperanza de mantener la tendencia de calentamiento dentro de los 1,5°C a finales de siglo XX, sobre los niveles preindustriales. Y otra cosa que el informe exhaustivo de 700 páginas deja en claro es que incluso los aumentos fraccionarios más minúsculos de la temperatura son importantes. Habrá una enorme diferencia en los fenómenos meteorológicos, incluso con el aumento de medio grado hasta 1,5°C, al igual que ha habido una enorme diferencia como resultado del aumento de un grado hasta ahora. Un aumento de medio grado adicional a 2°C sería, según el informe, ciertamente desastroso.

Dos grados para el fin de siglo —pero con la promesa de tratar de cumplir con el objetivo más difícil de 1,5 °C— fue la meta establecida en el Acuerdo Climático de París de 2015, pacto que Donald Trump, como presidente de uno de los peores infractores en términos de emisiones de gases de efecto invernadero, rechazó de cuajo al convertirse en presidente de EEUU. El lenguaje claro del informe lo dice todo. No hay otra manera de ver lo que se avecina: permitir que las temperaturas sigan aumentando a su ritmo actual tendrá un costo enorme no solo para los sistemas naturales, sino también para las vidas humanas y para la economía global. El informe demuestra que la única verdad, sin importar quién argumenta lo contrario, es que solamente la acción inmediata, incluida la reducción drástica y urgente del consumo de carbón mineral y petróleo, puede mantener el calentamiento global bajo control, y así, ayudar a garantizar la integridad de la cadena de suministro de alimentos, y evitar que un número creciente de hogares y comunidades tengan que enfrentar su destrucción por causas climáticas.

No existe duda alguna de que los que niegan la realidad del calentamiento global y del cambio climático tienen sus cabezas enterradas en la arena. Y como tal, cuando están en posiciones de poder, no importa cuán limitadas sean, representan una amenaza para la salud pública y para el futuro inmediato y a largo plazo de nuestro medio ambiente, el medio que sustenta toda vida sobre la Tierra, inclusive la nuestra y la de nuestras generaciones futuras.

La gente común y corriente tiende a evitar hablar del cambio climático porque es un tema tan abrumador y desalentador. Se preguntan: "¿Qué puedo hacer yo al respecto?". Pero, en las democracias occidentales, al menos por ahora, todavía tenemos la posibilidad de hacer del cambio climático prioridad política número uno. Si la gente no hace esto con su activismo y sus votos, los gobiernos y los poderes corporativos, seguramente, continuarán priorizando la codicia por sobre la conveniencia global, hasta que los efectos catastróficos del calentamiento global ya no puedan ser ignorados... y, para entonces, será demasiado tarde.

Más que cualquier otro factor, el cambio climático nos afecta a todos. Por ejemplo, solamente con el aumento de un solo grado en la temperatura promedio desde los tiempos preindustriales, estamos presenciando la fusión más rápida en los últimos 1500 años del hielo del Océano Ártico. Desde 1880, los niveles del mar han aumentado ocho pulgadas (unos 20 cm). ¿Qué diferencia hará el medio grado entre un cambio de temperatura de 1,5°C y 2°C? Según el informe, un aumento de 2°C con respecto a los tiempos preindustriales significaría que la pesca marina podría tener que enfrentar el doble de la disminución de las poblaciones de peces que con un aumento medio grado menor. Las disminuciones en los rendimientos de las cosechas de maíz también podrían duplicarse. Las poblaciones de insectos polinizadores podrían disminuir hasta tres veces más con medio grado de diferencia. El nivel del mar aumentaría dos pulgadas adicionales (5 cm), lo cual colocaría a grandes poblaciones humanas en riesgo de inundaciones costeras, y el número de personas expuestas al calor extremo al menos una vez al año también se duplicaría con un aumento de 2°C en comparación con un aumento de 1,5 °C en las temperaturas.

Si una diferencia de medio grado entre un aumento de 1,5°C y un aumento de 2°C en las temperaturas globales puede causar tales estragos, trate de imaginar lo que hará un aumento de tres, cuatro o cinco grados en las temperaturas promedias para fines de siglo. Las proyecciones son, simplemente, aterradoras.

Actualmente estamos liberando más de 50 gigatoneladas de gases de efecto invernadero a la atmósfera cada año. El informe de la ONU cita como alentador el desarrollo de nuevas industrias, como la creación de plantas especiales de captura directa de aire, cuyo propósito es absorber aire de la atmósfera, eliminar el dióxido de carbono y devolver el aire purificado al medioambiente. Pero, en este momento, dicha tecnología está solo en su etapa más incipiente, y necesitaríamos muchísimas de tales plantas para eliminar del aire las mil gigatoneladas de CO_2 que actualmente están atrapando el calor y elevando constantemente las temperaturas globales.

Otro método es aumentar enormemente la reforestación, ya que los árboles son los pulmones naturales de la Tierra. Absorben dióxido de carbono durante la noche y liberan oxígeno durante el día. Pero tampoco es probable que esto suceda a la velocidad que se necesitaría para reducir sustancialmente los gases de efecto invernadero, considerando el crecimiento exponencial de la población mundial, que casi se ha triplicado desde que yo nací. Los bosques vitales se arrasan, se cortan y se queman a diario para dar lugar a poblaciones y agricultura cada vez mayores. Y, desafortunadamente, es probable que esta tendencia se revierta, nuevamente, demasiado tarde, cuando un gran número de seres humanos comience a perecer como consecuencia de los efectos del cambio climático: hambruna, incendios, inundaciones, radiación solar, supertormentas, epidemias relacionadas con el medio ambiente, guerras resultantes de la falta de recursos básicos, tierras y alimentos, etc.

Hablando en términos estrictamente económicos, el cambio climático costará a la economía mundial aproximadamente 54 billones de dólares para el 2100, si el aumento general de la temperatura es de 1,5°C en relación con los niveles preindustriales. Esa cifra se elevará a casi 70 billones si el aumento de temperatura alcanza los 2°C. En cualquier caso, el costo económico empalidece en comparación con el costo humano.

Toda persona sobre la Tierra debe dejar de resistirse a la ciencia y dejar de justificar las causas del cambio climático. Este último informe de la ONU, creado por más de 130 escritores científicos y basado en decenas de miles de páginas de investigación experta, debe ser tomado por el mundo en general como una llamada de atención. Y cualquier persona que no sea suicida o que se preocupe por qué tipo de mundo estamos dejando a nuestra descendencia debe prestar mucha atención a su advertencia.

15 de octubre de 2018

DESAFÍOS DE HOY, IMPLICANCIAS PARA EL FUTURO: PRIMERA PARTE

El desmoronamiento de la democracia, el surgimiento del neonacionalismo radical, una amenaza nuclear multifacética, el rápido deterioro del medioambiente mundial, la creciente amenaza de una nueva guerra mundial y el avance vertiginoso de la Inteligencia Artificial hacia un estado más allá de nuestro control... Estos son algunos de los principales desafíos a los que nos enfrentamos hoy, desafíos que podrían tener consecuencias graves y previsibles en un futuro no muy lejano. Sea como fuere, en la actualidad se ignoran en gran parte, ya que los individuos y las naciones parecen estar obsesionados con lo inmediato y atrapados irremediablemente en la vorágine de los acontecimientos actuales y de los ciclos electorales.

En un momento en que el mundo nunca ha necesitado más unirse en búsqueda de la paz y de la cooperación, sus naciones líderes están permitiéndose el lujo de consentir el capricho autista de una minoría autocrática de adoptar políticas aislacionistas y un retorno a los sentimientos nacionalistas radicales. Tanto literal como figurativamente, se están erigiendo muros para dividir a los pueblos en lugar de construir puentes para unirlos. Los aspirantes a autoritarios están cortejando a aquellos ya establecidos, mientras que los antiguos aliados se enfrentan entre sí. Los nacionalistas extremos están siendo estimulados a un estado febril, y sus sentimientos perversos están siendo legitimados para crear una base subyacente leal a sus designios autoritarios.

Estas condiciones, por lo espeluznantes, son similares a las que llevaron a la Segunda Guerra Mundial, que mató a decenas de millones de personas y fue la peor guerra de la historia. Pero estos son tiempos diferentes, con armas mucho más poderosas y con una tecnología de tipo ciencia ficción puesta a su servicio, suficiente poder de fuego y siniestro conocimiento para autodestruir todo el planeta y traer la extinción de la humanidad por su propia mano. Y, si la guerra no lo hace, la destrucción ecológica de nuestro entorno y/o una inteligencia cibernética fuera de control prometen hacerlo.

Un ejemplo es una propuesta actualmente sobre el tapete en el gobierno del presidente estadounidense Donald Trump para formar una sexta rama de las Fuerzas Armadas de ese país —además del actual Ejército, Armada, Fuerza Aérea, Infantería de la Marina y Prefectura Naval—, para hacer frente a la posibilidad de eventuales operaciones militares en el espacio ultraterrestre. Se llamaría a la Fuerza Espacial de Estados Unidos (USSF), expansión de una propuesta en 2002 para la creación de un Cuerpo Espacial por el entonces rimbombante secretario de Defensa Donald Rumsfeld, quien ejerció esa cartera en el gobierno de George W. Bush.

Estados Unidos ya tiene un programa espacial militar sobre el cual se habla poco, y que forma parte de la Fuerza Aérea, a saber, el Comando Espacial de la Fuerza Aérea de EEUU. A pesar de la oposición de una multitud de líderes militares (tanto actuales como anteriores), legisladores y expertos aeroespaciales, el actual presidente de Estados Unidos ha afirmado pública y reiteradamente: "Vamos a tener la Fuerza Aérea, y vamos a tener la Fuerza Espacial", y ha indicado que serían "dos ramas separadas, pero iguales" de las Fuerzas Armadas.

El razonamiento detrás del entusiasmo del actual gobierno de EEUU se traduce en una nueva Guerra Fría y en una carrera armamentista acompañante, en este caso, una carrera combinada tanta armamentista como aeroespacial. En 2007, China lanzó un arma capaz de destruir satélites artificiales en el espacio. Para demostrar la exitosa creación de este nuevo dispositivo cazador-liquidador, el gobierno chino destruyó uno de sus propios satélites meteorológicos. Un año después, Estados Unidos destruyó también uno de sus propios satélites en el espacio, y así comenzó, trayendo una idea bélica respaldada por las dos naciones más poderosas del mundo en lugar de una de cooperación en el espacio. En realidad, la idea había surgido mucho antes, durante la presidencia de Ronald Reagan, cuyo gobierno había propuesto un programa con el apodo "Guerra de las Galaxias" *(Star Wars)*, ambicioso plan que Reagan luego descartó al no lograr que ganara fuerza en el Congreso.

Si a esto se le añade la creciente construcción de bases militares en islas artificiales, por parte de Pekín, en aguas internacionales que pretende controlar —política que coincide con la decisión del líder chino Xi Jinping de perpetuarse en el poder, y lograr eliminar el límite a la cantidad de períodos de cinco años a los cuales puede acceder—, la guerra comercial multimillonaria que la administración Trump acaba de desatar con China y las maquinaciones del dictador norcoreano Kim Jong Un, quien está jugando a China en contra de EEUU en negociaciones supuestamente para poner fin a las aspiraciones nucleares estratégicas que tiene Corea del Norte (y en las cuales recibió concesiones de Washington sin dar nada a cambio), se dibujan las líneas para un aumento de hostilidad y para un enfrentamiento entre estos dos gigantes en algún momento en el futuro. Una eventual guerra de disparos entre China y Estados Unidos sería, seguramente, tierra fértil para una tercera conflagración global.

De manera paralela, la administración de Trump enfureció al presidente ruso Vladimir Putin al apoyar el mantenimiento de ciertas sanciones al régimen del líder autocrático, pero el propio Trump se ha mostrado reacio a castigar, o incluso criticar, a Putin por las acciones militares de este último contra Ucrania, la anexación de Crimea, la intromisión clandestina en las elecciones presidenciales de EEUU, o su papel para apuntalar la nefasta dictadura de Bashar Al Assad en Siria, donde cientos de miles han muerto y que, en la actualidad, representa la mayor y más horrorosa de las guerras por encargo en el mundo.

Lo opuesto es el caso del tratamiento por parte de Trump con los aliados de Washington en Europa Occidental, a quienes ha confundido y azorado al mostrar gran desprecio por la antigua alianza de la OTAN y al acusar a las naciones europeas de aprovecharse de Estados Unidos, mientras que ha dado prioridad intencional a cumbres con autócratas como Kim Jong Un y Putin, al tiempo que deja de priorizar el papel de los Estados Unidos como amigo y defensor de Europa.

Tan deterioradas se encuentran las relaciones entre el gobierno de Trump y los que han sido hasta ahora los aliados más estrechos de su país que el presidente de la UE, Donald Tusk, se sintió obligado a escribir la semana pasada: "Pese a nuestros esfuerzos incansables por mantener la unidad de Occidente, las relaciones transatlánticas están bajo inmensas presiones por culpa de las políticas del presidente Trump. Lamentablemente, las divisiones van más allá del comercio [...]. A mi entender, mientras esperamos que todo salga de la mejor manera, nuestra Unión debe estar preparada para enfrentarse al peor escenario posible".

La jefa de gobierno alemana, Angela Merkel, presagió el punto de vista de Tusk más temprano este año al afirmar, durante las conferencias de los países G7 y de la OTAN, que con la decisión de Gran Bretaña de abandonar la UE y con la elección de Donald Trump en Estados Unidos, la Unión Europea ya no podía contar con la cooperación de esas dos naciones occidentales. Sugiriendo que la antigua alianza occidental formada después de la Segunda Guerra Mundial se estaba deteriorando rápidamente, a fines de mayo, Merkel dijo: "Los tiempos en los que pudimos confiar por completo en los demás se han, de alguna manera, acabado [...]. Los europeos realmente tenemos que tomar nuestro destino en nuestras propias manos". Todo esto en el marco de la política de Trump de extender su guerra comercial más allá de China a sus tradicionales aliados en Europa y en Canadá.

Mientras tanto, en la preparación de su próxima cumbre con Putin, Trump continuó con su consistente política de dejar pasar las transgresiones del hombre fuerte ruso, quien, por cierto, no es amigo de la democracia, de Europa Occidental o de EEUU. Aunque finalmente y de mala gana el presidente norteamericano dijo que podría discutir con Rusia el haberse inmiscuido en las elecciones que Trump ganó raspando en 2016, después de meses de haber ignorado la confirmación de la comunidad de inteligencia norteamericana sobre el papel de Rusia y sugerir reiteradamente no creer que Putin tuviera nada que ver con eso. Además, culpó a su predecesor, Barack Obama, de "perder Crimea" en lugar de culpar a Putin de anexar esa república autónoma, para luego afirmar que Washington y Moscú habían "acordado estar en desacuerdo sobre Crimea", mientras que el gobierno de Putin simplemente dijo que el tema de Crimea se encontraba "fuera de la agenda" para la cumbre.

Recientemente, la renombrada Institución Brookings —descrita por *The Economist* como "quizás el grupo de expertos más prestigioso de Estados Unidos"— organizó una presentación sobre "La democracia en la era Trump", que prologó afirmando lo siguiente: "Desde Rusia hasta Sudáfrica, desde Turquía hasta Filipinas, desde Venezuela hasta Hungría, los líderes autoritarios se han llevado por delante las restricciones a su poder. La libertad de los medios y el poder judicial se han erosionado. El derecho al voto puede permanecer, pero el derecho a que se cuente el voto no. Hasta las elecciones presidenciales estadounidenses de 2016, el declive global de la democracia parecía ser una preocupación solo para otros pueblos en otras tierras. Sin embargo, algunos ven el ascenso político de Donald Trump como el final de ese optimismo aquí en casa".

30 de junio de 2018

DESAFÍOS DE HOY, IMPLICANCIAS PARA EL FUTURO: SEGUNDA PARTE

En *La guerra: un crimen contra la humanidad* (Hojas del Sur /Amazon 2015), escribí sobre la necesidad de fortalecer el compromiso de las instituciones internacionales y multilaterales entre sí y con el establecimiento de la paz mundial. Dije en ese momento que la Organización de Naciones Unidas (ONU) necesitaba ser reestructurada para evitar que las cinco potencias con veto en el Consejo de Seguridad manipularan la guerra y la paz de acuerdo con sus propias agendas geopolíticas, y sugerí, además, que la alianza de la OTAN debería reforzarse y utilizarse para restablecer y mantener la paz en áreas del mundo dentro de su esfera de influencia donde surgieran conflictos armados.

Sobre todo, sin embargo, hice hincapié en la importancia de la democracia como el mortero que consolida los cimientos de la paz mundial. Destaqué la importancia no solo de unificar las democracias occidentales, sino también de promover la democratización del mundo entero como ingrediente principal en la combinación de cooperación internacional y el eventual abandono de la guerra como medio para resolver disputas internacionales. Por eso, sugerí que quizás la mejor organización para llevar al mundo hacia la paz global sería la Comunidad de Democracias (CD). Este es un grupo fundado en el 2000 por iniciativa de la entonces secretaria de Estado de Estados Unidos, Madeleine Albright, y el entonces ministro de Asuntos Exteriores de Polonia, Bronislaw Geremek, en el marco de la Primera Conferencia Ministerial Bienal celebrada en Varsovia en junio de ese año.

Durante la ceremonia de clausura de esa conferencia de Varsovia —en la cual el resultado tal vez más sobresaliente fue la firma de la Declaración de Varsovia, una promesa de formar la CD—, el entonces secretario general de la ONU Kofi Annan (que falleció la semana pasada, a los 80 años), llamó la iniciativa de la CD un paso positivo hacia la democracia mundial, y agregó: "Cuando la Organización de Naciones Unidas pueda llamarse a sí misma una comunidad de democracias, los nobles ideales de su Carta Orgánica en el sentido de proteger los derechos humanos y promover el 'progreso social en el marco de las libertades más amplias' se habrán acercado mucho más a ese propósito".

Desafortunadamente, en la década y media transcurrida desde entonces, la Comunidad de Democracias no ha logrado obtener ninguna tracción importante en términos de pasos concretos hacia una mayor democratización mundial. Y, aunque ha ampliado su membresía a alrededor de cien naciones, es prácticamente desconocida fuera de los círculos diplomáticos. Es difícil imaginar que el bajo perfil en el cual se ha visto atrapada sea un accidente. De hecho, con el auge de los movimientos políticos autocráticos en Occidente y en otras partes del mundo en los últimos años, queda claro que el hecho de que la CD sea blanco de la desidia es por diseño, y no por casualidad. Y el gobierno actual de Estados Unidos ciertamente puede ser considerado responsable de socavar aún más la democratización mundial y la unidad occidental.

Por ejemplo, el año pasado y el año anterior, fue el turno de Estados Unidos para presidir la CD. Y, según el procedimiento desde la fundación de la esa organización, cada presidencia del grupo finaliza su mandato con una reunión ministerial celebrada en el país anfitrión. Pero, con las elecciones celebradas en EEUU en 2016, la administración estadounidense cambió justo en medio del plazo en el cual ese país presidía la CD. La administración del ahora presidente estadounidense Donald Trump ha demostrado, en su primer año y medio de gobierno, que tiene solo la más tenue comprensión de los principios democráticos y constitucionales, y la propia retórica y acciones del presidente han mostrado que él mismo, a menudo, prefiere la compañía de los autócratas a la de los aliados democráticos de Estados Unidos.

Un claro ejemplo de esto fue su gira europea más temprano este año, en la cual patoteó a la Comunidad Europea para que pagara una mayor parte de los costos de la OTAN, habló de la UE en general en términos peyorativos y lanzó ataques fulminantes contra dos de las principales líderes europeas, Theresa May (de Gran Bretaña) y Angela Merkel (de Alemania), antes de volar a Helsinki para reunirse con el caudillo ruso Vladimir Putin. Contrariamente a su abierta hostilidad hacia los socios democráticos de Estados Unidos en la OTAN, su actitud hacia Putin —un autócrata que ha violado el derecho internacional con la anexión militar de Crimea, el aplastamiento de la resistencia política en Georgia y el apoyo a los insurgentes étnico-rusos en Ucrania— fue conciliatoria, e incluso obsecuente. Incluía un indicio de que prefería la palabra de Putin por sobre la de 17 agencias de inteligencia estadounidenses respecto de la ya probada intervención rusa en las elecciones estadounidenses de 2016, una violación tan grave que muchos funcionarios de inteligencia estadounidenses se refieren a ella como "un acto de guerra cibernética".

En ningún otro lado fue más evidente la "actitud flexible" del gobierno de Trump hacia los principios democráticos que en la organización (o la falta de esta) de la reunión bienal de la CD que ese gobierno debía celebrar en Washington el año pasado. Apenas semanas antes de la reunión bienal, el Departamento de Estado de EEUU, bajo el mando del entonces Secretario de Estado Rex Tillerson, seguía manteniendo a los involucrados en la oscuridad respecto de cómo la conferencia se llevaría a cabo, o si acontecería. Tillerson parecía renuente a firmar planes concretos y, cuando la reunión finalmente tuvo lugar, fue como un evento muy disminuido en el cual sucedió muy poco y donde el país anfitrión firmó una letanía estándar de buenas intenciones, renovando el compromiso de Washington a "consolidar y fortalecer las instituciones democráticas". Existe un sentimiento definitivo entre los defensores de la democracia de que la idea actual en Washington es que se permita, simplemente, que la CD caiga víctima de la atrofia y muera.

Mientras tanto, hay signos inequívocos de que el gobierno de Trump ya no tomará la delantera en el mundo en defensa de la democracia y de los derechos humanos; de hecho, se está desvinculando de una política estadounidense de larga data de promover la democratización como una parte importante de los criterios para el establecimiento de relaciones permanentes entre los EEUU y otros países.

En *La guerra: un crimen contra la humanidad*, afirmo que, si deseamos construir un nuevo orden mundial para facilitar la deslegitimación y criminalización de la guerra, debemos llevar a cabo una profunda reforma en las organizaciones internacionales pertinentes. En las últimas décadas, sus intervenciones para detener las guerras y conflictos emergentes a menudo han tenido escaso éxito y han dejado en claro que, en el nuevo y cada vez más violento contexto mundial, ya no cumplen el papel para el cual fueron creados.

Esto se debe principalmente a las restricciones impuestas desde arriba hacia abajo, donde naciones no democráticas como Rusia y como China solían enfrentarse con Estados Unidos y con Europa, estas últimas como los campeones de la paz y de la democracia —pero donde EEUU ahora ha creado un gran vacío de poder— y la engorrosa burocracia que les impide ser tan ágiles como deberían ser. La democratización generalizada es la clave para llevar a cabo tales reformas. Pero, desafortunadamente, la retirada de la administración estadounidense de su antiguo rol como el faro democrático en la cima del mundo ha disminuido visiblemente las posibilidades de un giro efectivo hacia la paz mundial basado en principios mutuos como la promoción de la diplomacia y de la democracia.

La cofundadora de la CD, Madeleine Albright, fue citada recientemente diciendo: "En un momento en el cual los autócratas se vuelven más agresivos y sofisticados en cuanto a reprimir a sus propios ciudadanos y al trabajar en concierto para socavar las sociedades democráticas más allá de sus fronteras, la Comunidad de Democracias es aún más relevante hoy de lo que era hace 15 años. Este es un momento en que los gobiernos democráticos deben unirse para reafirmar su causa común, apoyarse mutuamente y enfrentando a las fuerzas que amenazarían un mundo más pacífico, estable, próspero y humano".

Claramente, la administración actual en Washington ha hecho mucho en el último año y medio para socavar esta noble misión.

21 de agosto de 2018

PARTE TRES

INGRESO BÁSICO UNIVERSAL

EL CONTROVERTIDO Y VISIONARIO CONCEPTO DEL INGRESO BÁSICO UNIVERSAL: INTRODUCCIÓN AL TEMA

Desde hace algún tiempo, las señales de advertencia han sido claras para cualquiera que estudie la evolución de las economías de libre mercado en el mundo. La creación de empleo no está siguiendo el ritmo de la disminución en la oferta laboral o en la expansión demográfica. La tendencia es hacia un mundo con cada vez más personas y con cada vez menos puestos de trabajo. Mientras que la mayoría de los políticos y líderes mundiales elogian la revolución tecnológica que ha servido para proveer extraordinarios avances a miles de millones de personas en todo el mundo, las fuentes menguantes de empleo legítimo desmienten el optimismo en cuanto a las posibilidades laborales futuras del trabajador medio. Entre las posibles soluciones, una de las más destacadas es la idea controvertida de algún tipo de "subsidio" básico para asegurar la cobertura de las necesidades individuales de cada persona. Pero esta es una idea que todavía está en su infancia, mientras que la necesidad de su aplicación práctica puede ser más urgente de lo que se presume en la actualidad.

En la sociedad capitalista occidental ha existido desde siempre una idea conservadora de que el capitalista gana dinero a través de la inversión y que el trabajador se gana la vida con sus habilidades laborales y con su sudor. Esa perspectiva capitalista conservadora, por un lado, considera los impuestos como una carga injusta para las empresas (y, por lo tanto, como un holgazán a cualquiera que recibe ayuda social alguna del Estado), pero por otro lado calcula el trabajo como "un costo" en lugar de un activo (pasivo que debe ser reducido al mínimo, toda vez que se pueda). Todavía en la actualidad, muy pocas empresas se encuentran lo suficientemente *aggiornadas* como para ver a los trabajadores como sus socios en la creación de los productos y servicios que venden y siguen tratándolos como una responsabilidad inevitable de la que se librarían con mucho gusto si pudieran encontrar una manera eficaz de hacerlo.

Esto ha sido durante mucho tiempo el quid de la cuestión en el choque permanente entre izquierda y derecha, entre trabajo y capital. Cuando la mano de obra seguía siendo un ingrediente crítico en toda la cadena industrial y comercial, se trataba de una lucha más justa, en la que los sindicatos podían desarrollar el poder necesario como para hacer frente a las grandes empresas y, a menudo, obligarlas a reconocer el papel del trabajador mediante la implementación de prácticas más equitativas de remuneración y beneficios que convirtieron a los empleados de Occidente en una clase media en pleno crecimiento, la cual resultó ser un instrumento crucial en la expansión de las economías de consumo del primer mundo. Pero, desde el final de la Segunda Guerra Mundial, los vertiginosos avances tecnológicos han estado cobrando su precio en el mercado laboral y desde los años ochenta han socavado gravemente el poder de los sindicatos y, por lo tanto, la influencia del trabajador medio.

El resultado de estos acontecimientos, particularmente en lo que se conoce como "el primer mundo", ha sido la acumulación masiva de riqueza en la parte superior de la cadena alimentaria, un mercado de trabajo cada vez más flojo, sindicatos más débiles y una clase media en rápido declive. Y esta situación se traslada al "tercer mundo" que, desde hace mucho tiempo, se emplea en las operaciones manufactureras del "primer mundo" (y más tarde en la tercerización también de los servicios) como una gran reserva de mano de obra barata y como un verdadero garrote con el cual vencer cualquier resurgimiento del sindicalismo en los países desarrollados.

En otras palabras, las divisiones entre los ricos y los pobres son cada vez más agudas. Y la clave de estos acontecimientos —considerados una bendición por la patronal y una catástrofe por el trabajador medio— ha sido la impresionante tecnología avanzada que ha proporcionado por igual a personas de todas las clases económicas acceso a ventajas hasta entonces inimaginables y al mismo tiempo le ha quitado, cada vez más, al trabajador un medio de ganarse la vida y de construir una existencia significativa y satisfactoria. Esto es especialmente cierto considerando que, en los últimos tres cuartos de siglo, la población mundial se ha duplicado, mientras que la tendencia en los negocios es proporcionar cada vez menos empleos, reemplazando las habilidades físicas y mentales con una robótica e informatización cada vez más frecuentes (léase Inteligencia Artificial).

Mientras que en Estados Unidos y en Europa los políticos conservadores han sido rápidos en enmarcar las últimas olas de inmigrantes como "enemigos internos" que vienen a absorber todos los puestos de trabajo en el mercado, la verdad es que los trabajos ya estaban en plena disminución y que la mayor amenaza para el mercado laboral no ha sido ni la mano de obra barata proporcionada por la inversión extranjera ni la sangre nueva que llega desde el extranjero. El auténtico enemigo de la mano de obra no calificada, semiespecializada (e incluso en algunos casos la altamente calificada) ha sido, y es, la vertiginosa expansión de la Inteligencia Artificial (IA).

Un artículo publicado recientemente en la revista *Wired* resumió el dilema en un titular que decía: "La amenaza de la IA no es la de Skynet. Es la del fin de la clase media". La referencia al nefasto sistema de computarización, *Skynet*, en la clásica película de ciencia ficción *Terminator*, de la década de 1980, que se convierte en autoconsciente y libera una guerra robótica con el fin de destruir a la raza humana, parecería ajustada a la realidad actual en que muchos millones de trabajadores están siendo desplazados a raíz de puestos de trabajo engullidos por las aplicaciones informáticas y por la robótica. Pero el artículo deja en claro que el objetivo de la realidad informática no es la aniquilación de la especie humana, sino la destrucción de la institución del trabajo humano. Según *Wired*, un grupo de científicos reunidos en el centro de conferencias Asilomar en California para discutir el problema parecía más preocupado por la manera en que la clase media se está "ahuecando" que por amenaza alguna del tipo *Skynet*. "Estoy menos preocupado por los escenarios del tipo *Terminator* —dijo el economista del prestigioso Instituto Tecnológico de Massachusetts (MIT) Andrew McAfee en su discurso el primer día en la conferencia de Asilomar—. Si la tendencia actual continúa, la gente va a rebelarse mucho antes de que lo hagan las máquinas".

Wired continuó diciendo que "McAfee señaló datos recopilados recientemente que muestran una fuerte caída en la creación de empleos de clase media desde la década de 1980. Además, la mayoría de los nuevos puestos de trabajo se encuentra en el extremo más bajo de la escala salarial o en el extremo más alto del escalafón". Pero la revista indicó que, a pesar del mensaje sombrío de la presentación, otros investigadores tendían a expresar una visión aún más extrema respecto de la situación y más tarde, en los pasillos de Asilomar después de la charla de McAfee, muchos le advirtieron al disertante que la revolución que se avecinaba en la IA eliminaría muchos más trabajos mucho más rápidamente que lo que él estaba postulando.

El problema inmediato es que, mientras en general, los capitalistas han tendido a incorporar y a alabar la revolución tecnológica, ignorando alegremente sus probables consecuencias sociales —considerando, a lo mejor, que estas no son "problema suyo"—, economistas, sociólogos y un puñado de políticos han estado advirtiendo durante décadas que, si se sigue postergando la formulación de una efectiva solución para atenuar esas consecuencias, a futuro se estará engendrando un potencial caos social masivo de proporciones inimaginables. Uno podría muy bien argumentar que el resurgimiento actual de los movimientos populistas de extrema derecha como los que condujeron a la Segunda Guerra Mundial es, justamente, una manifestación abierta de esta rebelión inminente. Y la conclusión de muchos expertos ha sido que, si la institución del trabajo honesto está de hecho en plena tendencia decreciente, entonces, la sociedad necesita encontrar un medio de permitir que la población en general sobreviva, al menos, sin la necesidad de tener un trabajo estable.

La conclusión a la que han llegado numerosos investigadores sociales y económicos es que existe ya mismo, y que existirá de manera imperiosa en el futuro, una creciente necesidad de que la sociedad se asegure de invertir una parte de la riqueza que genera en el pueblo entero, en la forma de un "subsidio" básico de algún tipo para reemplazar o al menos complementar el trabajo como medio de "ganarse la vida" (o, en otras palabras, como medio de supervivencia). A la herramienta teórica para hacer esto se le ha dado una serie de nombres, pero el más común es "Ingreso Básico Universal" (o IBU).

Las ventajas y consecuencias del IBU son múltiples y dignas de un profundo debate, pero la idea básica detrás de este es que, como los empleos desaparecen por millones (algunos expertos calculan que hasta el 47% de todos los empleos actuales estarían en riesgo de desaparecer debido a los avances en la Inteligencia Artificial en un futuro no muy lejano), la sociedad necesariamente tendrá que adaptarse. Las empresas y los gobiernos no pueden, simplemente, borrar cientos de millones de empleos que nunca volverán, dejando a la deriva a quienes los ocuparon, sin arriesgarse al caos social, a la violencia y al surgimiento de sistemas políticos de facto. Máxime cuando la creación de nuevos puestos de trabajo se está quedando muy atrás. Guste o no, la solución más eficaz, que cada vez más científicos sociales proponen, sería que aquellos que se benefician de la sociedad contribuyan a cubrir las necesidades básicas de esa sociedad y que la mejor manera de asegurar que esas necesidades estén realmente cubiertas es mediante el pago de un subsidio básico directo a cada ciudadano, para que su subsistencia ya no esté más en riesgo.

Esta idea es, por supuesto, la antítesis absoluta de todo lo que nosotros en la sociedad occidental hemos sido educados para creer. Hemos sido imbuidos con la creencia de que el éxito es el resultado del "trabajo honesto", el trabajo es un "derecho básico", el aceptar la ayuda social es un "paso vergonzoso" que equivale a "vivir de arriba", y el trabajo ennoblece y empodera al común de hombres y mujeres. Esta mentalidad también culpa, por consiguiente, a los desempleados por su propia situación, como si el hecho de ser despedido demostrara una falta de valor como miembro útil de la sociedad, y marca los logros a los cuales uno pudiera acceder sin remuneración alguna a cambio como meros "pasatiempos", o incluso como "una pérdida de tiempo". Ninguna de estas creencias, por noble, digna y bien intencionada que sea, nos prepara para lo que parece ser la disminución irremediable en los puestos de trabajo disponibles, o para lo que Jeremy Rifkin ha descripto como el inevitable "fin del trabajo".

Lo que se necesitará en el futuro, entonces, será una reestructuración masiva de la sociedad, tal como la conocemos, si queremos evitar el escenario típico de la ciencia ficción de un planeta desperdiciado, donde los restos de la especie humana luchan con ratas y con cucarachas por una escasa participación en los escombros de una civilización que alguna vez fue grande. Sin embargo, hasta que pueda tener lugar ese proceso de reestructuración planetaria, el IBU parecería ser el medio más práctico para afrontar el creciente problema del deterioro de las clases sociales, la marginalización, la indigencia y las semillas de una revolución mundial que este proceso podría sembrar. Algunos de los principales defensores de este concepto son Rutger Bregman, Milton Friedman, Guy Standing, Hillel Steiner, André Gorz, Ailsa McKay, Karl Widerquist, Peter Vallentyne y Philippe Van Parijs.

En la visión de la mayoría de sus partidarios, el IBU difiere de otras formas de seguridad social en el hecho de ser incondicional. En otras palabras, está diseñado para ser un ingreso básico pagado a todos los ciudadanos o residentes de un país en forma regular —una suma incondicional de dinero, proporcionada por el gobierno o por algún otro tipo de institución pública, por encima e independientemente de cualquier otro ingreso que las personas pudieran ganar por otra parte—. Es, pues, un medio de garantizar la subsistencia básica de todos los ciudadanos en un mundo en el que los empleos cotidianos serán cada vez más escasos.

22 de junio de 2017

MILTON FRIEDMAN: VOZ CONSERVADORA QUE APOYÓ AL SUBSIDIO UNIVERSAL

Milton Friedman, quien murió en el 2006 a la edad de 94 años, fue considerado durante décadas como uno de los más destacados economistas de Estados Unidos, que obtuvo gran fama mundial. Ganador del Premio Nobel Memorial de Economía en 1976 por sus muchos logros en ese campo, Friedman criticó como "ingenuo" el pensamiento keynesiano tradicional y reinterpretó muchas de las teorías económicas ampliamente aceptadas hasta su época. Fue un capitalista de libre mercado que actuó como apreciado consejero de líderes mundiales emblemáticamente ultraconservadores, tales como el presidente estadounidense Ronald Reagan y la primera ministra británica Margaret Thatcher. Sus teorías respecto de tales áreas clave como política monetaria, privatización y desregulación ejercieron gran influencia en las políticas de estado de muchos gobiernos occidentales, así como de organizaciones multilaterales en los años ochenta y noventa.

Podría parecer improbable que un académico tan claramente conservador saliera a respaldar una idea tan controvertida como la de regalar, sin restricciones, dinero a cada persona y familia. Pero el hecho es que sería difícil encontrar a un partidario más vocal y entusiasta del Ingreso Básico Universal (IBU) que el profesor Friedman. De hecho, el ingreso garantizado fue tema de uno de los ensayos reunidos en su libro de 1962 titulado *Capitalismo y Libertad*, en el cual expuso su postura sobre una variedad de principios de política pública.

Friedman escribió sobre el IBU como una especie de "impuesto negativo", pero también lo consideró, con franqueza y realismo, como lo que sería: dinero gratis e irrestricto. Basó su apoyo en cinco principios fundamentales:

En primer lugar, Friedman sugirió que un único programa de bienestar social reduciría, masiva y eficazmente, la burocracia del Estado y, por lo tanto, el gasto público. Es decir, la teoría de Friedman era que sería dramáticamente más barato para los gobiernos, simplemente, dar dinero a sus ciudadanos que involucrarse en complicados programas de bienestar social basados en la necesidad de establecer la condición de auténticamente pobre del potencial beneficiario antes de proporcionar ayuda alguna, y luego, tener que supervisar el gasto de esa ayuda y realizar la diligencia debida necesaria como para decidir si las prestaciones debían continuar o ser suspendidas, dependiendo de las cambiantes circunstancias de los beneficiarios.

Al hablar específicamente respecto de su propio país, el consejo de Friedman consistía en reemplazar el pantano burocrático de más de 125 programas de bienestar social con un esquema único de distribución monetaria, que sería mucho más barato de mantener y mucho más eficiente para cubrir las necesidades básicas de la población. Dijo: "Debemos reemplazar el lío de programas específicos de bienestar con un único programa integral de suplementos en efectivo (un impuesto negativo). Aportaría un mínimo asegurado a todas las personas necesitadas, independientemente de las razones de su necesidad". Añadió que "tal impuesto negativo proporcionaría una reforma integral que haría de manera más eficiente y más humanitaria lo que nuestro sistema actual de bienestar social hace de manera ineficiente e inhumana".

El segundo principio de Friedman con respecto a los ingresos garantizados se dirige a la idea de que, en un sistema de libre mercado, los ciudadanos se expresan y demuestran su confianza en el sistema y en sus protagonistas tanto a través de su consumo como por medio de su voto, si no más. Pero aquellos que no tienen dinero para gastar en un sistema de libre mercado están marginados del sistema —y, por lo tanto, de la sociedad— como tal. Además, los programas de bienestar que tratan de controlar cómo se gasta el dinero de la caridad que reciben los pobres marginan y estigmatizan aún más a estos "beneficiarios". Friedman opinó que "la propuesta de un impuesto negativo significa [...] ayudar a la gente pobre dándoles dinero, que es lo que necesitan, en lugar de hacer como se hace ahora, exigiéndoles que se presenten ante un funcionario del gobierno para dar cuenta de todos sus activos y pasivos y que este después les diga que pueden gastar tal cantidad de dólares en el alquiler, y tal otra cantidad de dólares en los alimentos, etc.".

Un tercer aspecto que Friedman cita al respaldar el ingreso garantizado es que el subsidio social, tal como es vivido hoy, es una trampa. El renombrado economista escribe: "El número de personas que reciban los beneficios sociales ha aumentado. ¿Por qué? Porque, una vez que los consiguen, hacemos casi imposible que los dejen. Para que alguien pueda dejar el subsidio social, él o ella tiene que poder conseguir un trabajo realmente bueno porque, al tratar de dejarlo gradualmente, con un sueldo pequeño [...] termina no conviniendo".

En otras palabras, los que están recibiendo un subsidio social, o bien tienen que renunciar a la idea de trabajar por completo o, si no, deben contar con las habilidades necesarias para conseguir un puesto de trabajo realmente bueno. Y, en nuestro mundo actual, esto es cada vez más difícil de lograr, a medida que más y más puestos de trabajo se pierden por la robótica y por la Inteligencia Artificial, mientras que la potencial fuerza laboral crece día a día.

El solo hecho de conseguir un trabajo de cualquier tipo no resuelve nada, según señala Friedman. Por lo contrario, un trabajo malo a menudo proporciona a los beneficiarios del subsidio menos dinero que el monto del subsidio mismo, el cual se les quitará no bien el gobierno descubra que un beneficiario ha conseguido un trabajo. La idea del Ingreso Básico Universal es que sea de naturaleza incondicional. Uno lo goza sin condición alguna.

Tal vez menos concreto, pero potencialmente plausible, es el cuarto principio de Friedman a favor de los ingresos garantizados. Sugiere que, si se eliminara la carga de tener que encontrar la manera de ganar lo suficiente para cubrir las necesidades básicas, la gente podría participar en el tipo de tareas no remuneradas que requiere cualquier sociedad efectiva, las que implican el trabajo voluntario en una amplia gama de necesidades sociales y de medioambiente. Según Friedman, "una de las grandes virtudes del impuesto negativo, en mi opinión, es que, al quitarse la onerosa carga del mantenimiento de ingresos, se haría posible que las organizaciones caritativas privadas pudieran hacer [su trabajo]".

Y, finalmente, al ser capitalista de libre mercado, Milton Friedman, daba prioridad a la reducción de la burocracia gubernamental por sobre la inclusión social. Sin embargo, en este caso, se hizo eco de los valores humanitarios de líderes sociales como el difunto Reverendo Martin Luther King. En un discurso de 1967, el doctor King, por su parte, sugirió que el gobierno de Estados Unidos "podría y debería" proporcionar "a todas las personas y a todas las familias" un "ingreso anual mínimo garantizado", argumentando que, al hacerlo, el Estado haría mucho por desterrar la injusticia social y la desigualdad enfrentadas no solo por los afroamericanos pobres, sino también por los no pudientes de EEUU en general.

De manera similar, el profesor Friedman postuló que una gran virtud del ingreso garantizado fuese que se aplicara a todos de la misma manera, lo que ayudaría a limitar la actual "desafortunada discriminación entre las personas".

Si la razón para defender la teoría del subsidio universal es conservadora —un medio para reducir el gasto público, disminuir la burocracia y permitir que los otrora pobres se conviertan en un factor positivo del consumo y, por lo tanto, de una economía sana— o liberal (una solución razonable y económicamente práctica al creciente problema del desempleo y a la división social), el hecho de que un economista conservador de la talla de Milton Friedman haya sido uno de sus partidarios más vocales muestra claramente que la creencia en la necesidad de tales medidas se extiende a todo el espectro político. Nos enfrentamos a un progresivo cambio en el desarrollo económico y social, y en algún momento el Ingreso Básico Universal tendrá que ser sopesado contra la probabilidad de un enfrentamiento universal.

27 de julio de 2017

OTROS PUNTOS DE VISTA SOBRE EL INGRESO BÁSICO UNIVERSAL

La idea general detrás de la teoría del Ingreso Básico Universal (IBU), sobre el cual he escrito en ensayos anteriores, es que debe ser incondicional. Por esta razón, algunos economistas y filósofos políticos prefieren la sigla IBI: Ingreso Básico Incondicional. La mayoría de los proponentes de la idea están de acuerdo en este único punto.

La razón más socialmente potable en este sentido es que el IBU es una forma de asegurar una alternativa universal a la pobreza. Pero el mejor argumento económico a favor del IBU es bien práctico: proporcionar a todos los ciudadanos, sin importar cuáles sean sus condiciones económicas o sociales, una forma básica de subsistencia, reduciría muy sustancialmente la enorme burocracia que actualmente se ocupa de examinar a los beneficiarios y potenciales beneficiarios de los programas de bienestar social, igual que el presupuesto necesario para mantener esa burocracia. Esto podría generar miles de millones de dólares en ahorros y hacer que los gastos de asistencia social sean mucho más sencillos y extremadamente más efectivos, lo que permitirá que los fondos de ayuda social vayan directamente a los ciudadanos en vez de quedarse pegados a las agencias encargadas de distribuirlos entre “los merecedores”.

Más allá de este punto de consenso casi unánime, sin embargo, existen numerosos puntos de vista sobre por qué el IBU es una idea que ha madurado, sobre cómo implementarlo y sobre cuáles son sus ventajas para la sociedad en todo el mundo. En este ensayo, quiero compartir algunas de las opiniones más destacadas de hoy entre teóricos del IBU, quienes son considerados expertos mundiales en el tema.

Uno de los principales promotores del IBU es el investigador holandés Rutger Bregman. Pese a no cumplir todavía los 30 años de edad, Bregman ya es reconocido como periodista, historiador y autor. Su *Historia del progreso* fue galardonada con el Premio Liberal belga como mejor libro de no ficción del 2013, y su *Utopía para realistas* se ha convertido en un *best seller* internacional con traducciones a más de una veintena de idiomas. Se le atribuye el haber generado un movimiento de apoyo al ingreso básico incondicional que ha atraído la atención mundial.

En *Utopía para realistas*, Bregman intenta dejar de lado las divisiones entre derecha e izquierda para demostrar con hechos concretos y casos exitosos que muchas de las ideas nuevas calificadas de "utópicas" por sus oponentes —por ejemplo, una semana de trabajo de 15 h y un Ingreso Básico Universal— son ideas implementables y prácticas, cuyo tiempo ha llegado. Bregman desarrolla su teoría partiendo de la premisa de que prácticamente todo lo que existe hoy es mejor que lo que fue durante el 99% de la historia anterior. Esta no es una opinión compartida por muchas personas hoy en Occidente cuando se habla mucho del "rápido declive de las cosas", y se señalan como prueba puestos de trabajo cada vez más reducidos, concentración de la riqueza en la cima, reducción de las escalas salariales, los peligros del cambio climático global, la tendencia hacia el populismo de derecha y una creciente población mundial que encabeza la lista de máximas preocupaciones.

Pero Bregman postula que "durante casi el 99% de la historia del mundo, el 99% de la humanidad era pobre, hambrienta, sucia, miedosa, estúpida, enferma y fea". Afirma que todo esto ha cambiado en los últimos dos siglos y que el cambio ha formado parte de una tendencia progresivamente positiva: "Miles de millones de nosotros —dice— nos encontramos repentinamente pudientes, bien nutridos, limpios, seguros, inteligentes, sanos y, a veces, incluso hermosos. Donde el 84% de la población mundial todavía vivía en la pobreza extrema en 1820, para 1981 ese porcentaje se había reducido al 44%, y ahora, unas pocas décadas después, se encuentra por debajo del 10%".

Si bien esto puede ser considerado como un punto de vista altamente optimista que, sin duda, suscitaría el debate en muchos círculos —en especial, entre los grupos de ayuda que luchan por recaudar fondos para alimentar a los hambrientos del mundo y para socorrer a más de 60 millones de refugiados de naciones devastadas por la guerra y por la ruina económica—, se alinea con el principal argumento de Bregman en el sentido de que cada hito en la civilización ha sido considerado en algún momento como "una fantasía utópica", y que, tal como esos otros logros, el IBU está destinado a convertirse en una realidad práctica y común.

Su postura se encuentra enfrentada con la de los populistas derechistas como Marine Le Pen, Nigel Farage y Donald Trump, quienes buscan un retorno a "como fuera todo antes". Sus soluciones son simples y claras. "La pobreza —dice— no significa falta de carácter. Significa falta de dinero". Y su idea para sacar a la gente de la pobreza es, simplemente, dar a todos dinero gratis para asegurar su subsistencia.

Se trata de una idea compartida por un icónico economista conservador estadounidense: el difunto Milton Friedman. Pero muchos jóvenes se sorprenderían al saber que el país más grande que jamás se acercó a la implementación práctica del IBU en todo el mundo fue, de hecho, Estados Unidos y que la propuesta para hacerlo no fue avanzada por un liberal, sino por uno de los presidentes republicanos más conservadores de la historia de ese país, Richard Nixon. Bregman cuenta cómo Nixon envió dos veces al Congreso un proyecto de ley para implementar el ingreso básico incondicional, y logró impulsarlo dos veces a través de la Cámara Baja, solo para verlo atrancarse y morir en el Senado, porque los demócratas consideraban que la cantidad de dinero en efectivo del IBU propuesto era demasiado baja.

Lo que Bregman postula en la *Utopía para realistas* es la simplificación del "estado de bienestar" en un sistema por el cual cada persona tiene derecho a la subsistencia básica. Él indica que el sistema actual está fallando por aplicar un "estándar de progreso" que data de otra época, la era de la Segunda Guerra Mundial. El hecho de que la guerra haya terminado hace siete décadas significa que "nuestras estadísticas ya no captan la forma actual de nuestra economía". Y, según Bregman, esta realidad tiene consecuencias.

Bregman propone que cada época requiere su propio conjunto de estadísticas. Y, al hablar de esto, presenta un argumento estadísticamente claro para apoyar al IBU: "Erradicar la pobreza en EEUU —postula— costaría solo alrededor de 175.000 millones de dólares, menos del 1% del PBI". Aquí, yo añadiría, se trata de una cifra que es más de cuatro veces menor que el total del gran rescate bancario que el gobierno estadounidense implementó después de la debacle financiera del 2007 y, tal como marca Bregman, "ganar la guerra contra la pobreza sería una ganga en comparación con las guerras en Afganistán e Irak, que, según un estudio de la Universidad de Harvard, han costado... un asombroso 4 a 6 billones de dólares". Argumenta, además, que "ha estado, hace años, dentro del alcance de todos los países desarrollados la posibilidad de acabar con la pobreza".

Muchas de las voces que pregonan las virtudes del IBU pertenecen a economistas y sociólogos que forman parte de lo que ha llegado a conocerse como la "izquierda libertaria". "Libertarismo de izquierda" es el nombre dado a una variedad de enfoques a la teoría política y social vagamente relacionados, pero a menudo distintos. Lo que todos estos enfoques tienen en común es su énfasis en la igualdad social y las libertades individuales. Mientras que, en su franja de extrema izquierda, el libertarismo de izquierda es sinónimo de variedades libertarias del anarquismo y del marxismo, cuando se trata del debate respecto del IBU, se refiere a las ideas de pensadores tales como Peter Vallentyne, Hillel Steiner, y otros que defienden la propiedad individual. Hacen, sin embargo, una distinción no tan sutil entre propiedad personal y propiedad privada, pero aplicando principios igualitarios a los recursos naturales, que ellos consideran un derecho nato de cada individuo.

En esta variedad de libertarismo de izquierda, los recursos naturales se definen, prácticamente, como la tierra, el petróleo, la riqueza mineral (incluyendo el oro) y la vegetación. En general, creen que tales recursos deben estar sujetos a reglas igualitarias y que no deben tener propietarios o bien ser propiedad colectiva como en la ortodoxia de estilo marxista. Los más liberales y progresistas de estos libertarios de izquierda apoyan la propiedad privada, incluso cuando se aplica a las concesiones de recursos naturales, pero solo con la condición de que se proporcione a la comunidad local una compensación adecuada (es decir, una compensación que realmente llegue al individuo de manera significativa) cuando se concedan recursos a concesionarios privados.

Poseedor de doble ciudadanía de Estados Unidos y de Canadá, el Doctor Peter Vallentyne, de 65 años, es nativo de New Haven, Connecticut, pero actualmente es profesor de filosofía en la Universidad de Missouri (Columbia, MO). También ha enseñado en la Virginia Commonwealth University y en la University of Western Ontario. Ha escrito y dictado conferencias extensamente sobre una amplia variedad de asuntos relacionados; es un claro defensor de la compensación por los recursos naturales como una fuente para la financiación del Ingreso Básico Universal.

Vallentyne propone que, aunque todas las formas de libertarismo rechazan el "impuesto no consensual al trabajo y a los productos del trabajo", todos, excepto el libertarismo radical de derecha, permiten un impuesto a la riqueza sobre los derechos de los recursos naturales. Señala los diferentes grados de aceptación que encuentra este principio entre los libertarios, diciendo que "algunas versiones del libertarismo permiten la distribución igualitaria e incondicional de tales ingresos y otros no". La propia teoría de Vallentyne sobre el IBU es compleja, pero parece basarse en ciertos factores claros: la justicia de un ingreso básico en ausencia del consentimiento válido de los que deben financiarlo, y el respaldo de la plena propiedad misma y de la plena propiedad de "los productos del trabajo", pero no sobre los recursos naturales de donde se derivan estos productos.

En otras palabras, plantea que, si bien sería excesivo recuperar todos los recursos naturales y someterlos a la propiedad colectiva, los que tienen derecho a la propiedad sobre los recursos naturales deberían pagar una compensación a los individuos que, al no tener tales derechos, se ven privados de la misma "oportunidad de bienestar" de la cual goza el poseedor de recursos naturales. En resumen, Vallentyne propone que "ningún agente humano crea los recursos naturales, y no existe razón alguna para que la afortunada persona que sea el primero en reclamar los derechos sobre un recurso natural, y los herederos de esos derechos, coseche todos los beneficios que el recurso proporciona". Según Vallentyne, el Ingreso Básico Universal debería ser pagado con los impuestos que gravan los derechos de propiedad sobre los recursos naturales, pero no sobre los productos del desarrollo del recurso.

Sin embargo, a diferencia de otros defensores de los ingresos básicos, Vallentyne reflexiona sobre si el IBU debería ser universal, o simplemente incondicional, considerando que quizás aquellos con más activos que la norma deberían recibir menos o ningún beneficio de IBU. Visto de esta manera, me parece un poco menos probable que su propuesta pudiera reducir significativamente la burocracia, porque esto implicaría, presumiblemente, un complicado proceso de investigación.

Esta constituye una gran diferencia entre la visión de Vallentyne y la de Hillel Steiner. Steiner —nacido en Canadá, profesor emérito de filosofía política de la Universidad de Manchester, que fue inscripto en la Academia Británica en 1999— cree que muchos de los actuales problemas sociales del mundo se resolverían instituyendo el pago de un ingreso básico a cada individuo en la Tierra. Dice Steiner: "A diferencia de la actual prestación estatal de beneficios de bienestar social —disposición condicionada a que sus receptores estén enfermos, o sean padres solteros, discapacitados, desempleados o jubilados—, el IBU está destinado a todos, tanto ricos como pobres". Señala que "su administración sería mucho menos costosa que la de cualquier provisión de prestaciones condicionales, ya que, siendo universalmente suministrado, el IBU no requeriría de ninguna evaluación de las circunstancias personales de sus beneficiarios".

Otra parte de su argumento a favor del IBU es la simplificación de cómo pagarlo. Con este fin, se propone la aplicación de un Impuesto Básico a la Tierra (IBT) como fuente principal de financiación del IBU porque constituye "el impuesto perfecto" y neutraliza el argumento más citado contra el bienestar: es decir, gente sana que vive parasíticamente de la riqueza creada por contribuyentes que trabajan".

El IBT, Hillel postula que "es un gravamen sobre el valor no mejorado de un terreno —una tasa que, a diferencia de los impuestos a la propiedad, no tiene en cuenta el valor de los edificios, propiedad personal y otras mejoras a ese sitio—". O sea, pasa la clásica prueba, en cuanto a que el gravar el valor de un recurso en bruto, según la postura libertaria de izquierda al menos, es un gravamen a algo que pertenece a todo habitante del planeta, y no grava los frutos del trabajo del poseedor de ese recurso. Proporciona, además, compensación a los demás interesados en ese recurso, quienes no tienen la misma oportunidad que el concesionario para beneficiarse de su explotación.

La eficiencia económica del IBT se ha reconocido desde el siglo XVIII, y numerosos economistas desde Adam Smith hasta David Ricardo han abogado por este. Hillel señala que el IBT es más conocido por formar parte de las teorías del economista estadounidense de fin del siglo XIX, Henry George, un periodista reformador inscrito en la Era Progresista, cuyas ideas para la reforma social se basaban en el principio de que las personas deben poseer un valor propio, independientemente de lo que producían, y de que el valor económico de la Tierra y de los recursos naturales en general pertenecen por igual a todos los miembros de la sociedad.

Los partidarios del IBT todavía hoy abarcan el más amplio espectro político, entre economistas tan ideológicamente divergentes como los Premio Nobel Milton Friedman a la derecha y Joseph Stiglitz a la izquierda. Y ha llegado la hora en que debería dejar de ser meramente teórico y comenzar a materializarse en forma práctica.

16 de agosto de 2017

PARTE CUATRO

EDUCAR PARA LA PAZ

DÍA INTERNACIONAL DE LA PAZ

Buenos Aires

Hoy es primavera en el hemisferio sur. Es otoño en el hemisferio norte. El Papa Francisco visita Estados Unidos tras su histórico viaje a Cuba. Y, en algún lugar de las agendas de noticias globales y locales, estos eventos pueden figurar de manera prominente, así como la crisis de los refugiados en Europa y algunas de las principales guerras que la están causando. Cabe destacar cómo la reticente decisión de la nación más poderosa del mundo de (finalmente) de comenzar a recibir más que un pequeño puñado de los desplazados por las guerras en las que su política exterior, y las de otros miembros permanentes del Consejo de Seguridad de la ONU, han figurado de manera prominente.

El evento sobre el cual se oye muchos menos, sin embargo, es el que a veces se llama "Día Mundial de la Paz". Efectivamente, lo que se conoce oficialmente como el Día Internacional de la Paz es hoy. Desafortunadamente, y con pocas excepciones, el mundo parecería obviar su existencia.

El Día Internacional de la Paz es una fiesta en el calendario de las Naciones Unidas. La Asamblea General de la ONU aprobó la resolución que lo creaba en 1981, y se celebró por primera vez en 1982. En otras palabras, el Día Mundial de la Paz cumple hoy 33 años. Así, si la raza humana hubiera hecho su trabajo buscando formas de acabar con la guerra y construir la paz mundial, cualquier persona mayor de, digamos, 25 años, sería hoy muy consciente de esta conmemoración y quizás estaríamos todos celebrando y dando las gracias colectivamente por los mayores pactos de paz mundiales conocidos en la historia del así llamado mundo "civilizado".

En cambio, lamento decir que hoy estamos mucho más atentos a la guerra —que la mayoría de las potencias mundiales siguen glorificando (siempre que no sea su pueblo víctima de la violencia)— que a la paz, y mucho más atentos a los días que marcan los aniversarios de las grandes guerras que a este, que, más bien inútilmente, pretende poner en primer plano el tema de la paz mundial. De hecho, hoy nos enfrentamos a las peores condiciones para la paz mundial desde la época de la Guerra Fría, y el mundo está al borde del tipo de circunstancias que podrían conducir a un conflicto internacional catastrófico, las cuales son similares —y sin precedentes desde esa época— a las que desencadenaron la Primera Guerra Mundial.

La conmemoración del Día Mundial de la Paz comienza cada año con el tañido de la Campana de la Paz de la ONU en la sede de las Naciones Unidas en Nueva York. La campana fue un regalo de Japón a la Asociación de las Naciones Unidas y se fundió con monedas donadas por niños de todos los continentes, excepto África. Al ofrecer el regalo a la ONU, Japón —la única nación que ha sido testigo de primera mano del holocausto nuclear— propuso que la campana debía servir como "un recordatorio del costo humano de la guerra". La campana lleva inscrita una leyenda que reza: "Larga vida a la paz mundial", lo cual solo puede tomarse como una ironía o como una expresión deseo, teniendo en cuenta que, desde el final de la Segunda Guerra Mundial (del que se esperaba que anunciara una nueva era de paz y cooperación mundial), el mundo solamente ha conocido las rivalidades y luchas de poder de los grandes contrincantes representadas en los dramas de los salvajes conflictos por delegación escenificadas en los campos de batalla de las naciones del tercer mundo, y en las que la proporción de muertes civiles con respecto a las militares ha aumentado cada vez más, hasta el punto de que, hoy en día, entre cinco y nueve de cada diez muertes en las guerras se producen entre la población civil no combatiente.

Como donante de la Campana de la Paz de la ONU, Japón, después de la Segunda Guerra Mundial, ha sido uno de los países que más han hecho por promover la paz mundial. Desgraciadamente, siguiendo el signo de nuestros tiempos caóticos, el gobierno japonés ha anunciado recientemente su apuesta por añadir fuerzas japonesas a la coalición de la Guerra contra el Terrorismo, una medida que, a primera vista, podría parecer una cuestión defensiva, pero que conlleva la posibilidad subyacente de reconvertir a Japón en otra potencia militar de primer orden. Afortunadamente, la opinión pública japonesa en general todavía tiene fresco en la memoria el horrible costo de la guerra, y las protestas contra las pretensiones del gobierno de militarización han sido inmediatas y claras.

Es interesante observar que, en los primeros años, el Día Mundial de la Paz iba por buen camino: El tema del primer evento anual proclamaba: "El derecho a la paz de los pueblos del mundo". El lema para el segundo año reclamó: "Una cultura de paz en el siglo XXI". En aquel momento, diecisiete años debían parecer tiempo suficiente para alcanzar tal objetivo. Sobre todo, porque, hasta que llegara el año 2000, existía todo un misticismo sobre el espectacular cambio de mentalidad que el mundo podía esperar con el amanecer del Nuevo Milenio, como si, de un siglo a otro, alguna fuerza cósmica nos iluminara y convirtiera a la raza humana en una especie más sabia que utilizaría todo lo que había aprendido en el milenio anterior para crear un mundo más iluminado, más positivo, más cooperativo, más desarrollado sosteniblemente y, claro estaba, más pacífico.

La verdad sobre el nuevo milenio hasta la fecha ha sido una amarga decepción para los que abogamos por la paz mundial. Tan cierto es esto que el año pasado, 2014, tuvo todos los rasgos aterradores del clima de 1914, cuando el planeta estuvo a punto de sufrir el primero de los dos panconflictos más devastadores de la historia del mundo, los dos que se libraron en la primera mitad del siglo XX y que costaron la vida a un total combinado de más de 100 millones de personas. Y 2015 ha empezado a mostrarnos algunos de los resultados de nuestra locura en forma de la mayor crisis mundial de migrantes y refugiados desde la Segunda Guerra Mundial.

En todo caso, parecemos más obtusos, más obsesionados con la guerra y con la rivalidad internacional, más inmersos en la industria armamentística mundial, más vulnerables al falso patriotismo y a la glorificación de la guerra, y más ciegos que nunca al deterioro de nuestro planeta y a las condiciones adecuadas para una vida humana sana. Con lo que deberíamos saber a estas alturas sobre los resultados de la guerra, las consecuencias de la degradación del medioambiente y la inutilidad de los conflictos armados como "solución" alguna a los desacuerdos internacionales, parecería que estamos más empeñados en tomar un camino obstinado hacia la autodestrucción como especie que en poner lo que hemos aprendido en buen uso para crear un mundo cada vez mejor, más pacífico y más sustentable en el cual vivir.

Uno de los lemas del Día Internacional de la Paz es una cita de Mahatma Gandhi que dice: "No hay camino hacia la paz; la paz es el camino". A estas alturas, seguramente deberíamos haber superado la etapa de búsqueda del camino y estar firmemente en el camino de la paz mundial y de la cooperación mutuamente beneficiosa.

En 2013, el secretario general de la ONU, Ban Ki-moon, proclamó que el tema del Día Mundial del Racismo de ese año sería la educación para la paz como medio para lograr una cultura de paz. Y, en efecto, si existe un camino hacia la paz y cooperación mundiales —y creo que a través de un intenso activismo mundial puede ser así—, la educación para la paz a todos los niveles es la respuesta, la única que puede sacar a la humanidad del fango de los conflictos y permitirle salvarse de una eventual autodestrucción.

Como individuos —civiles comunes y corrientes que tenemos todo que perder y nada que ganar al participar en guerras con nuestras hermanas y nuestros hermanos humanos de todo el mundo—, tenemos que sacudirnos del aislamiento y del autismo político en el que nos hemos dejado sumergir. Tenemos que dejar de hablar de la boca para afuera sobre nuestro deseo de paz y, al mismo tiempo, encogernos de hombros y afirmar que no podemos hacer nada como individuos para conseguirla. Tenemos que abrazar la empatía y sentir en nuestra propia piel la difícil situación de cada persona que la guerra deja sin hogar, de cada aspirante a refugiado que araña los muros de alambre de púas de Europa, de cada niño refugiado que sufre abusos y hambre, de cada hombre, mujer o niño bombardeado, disparado o despedazado por las bombas y por la metralla, porque hoy nadie está a salvo de los estragos de la guerra y del combate armado.

Para lograr la paz y cooperación mundiales, tenemos que estar dispuestos a aclarar nuestras mentes, rechazar el canto de sirena de la "conveniencia política" y formar un frente común de ciudadanos comunes por la paz. Debemos estar dispuestos a rechazar los llamamientos a las armas, a protestar contra el uso de la fuerza, a negar nuestros votos a cualquiera que llame a la agresión, a disuadirnos de la idea ficticia de "la gloria de la guerra" y a unirnos en organizaciones que patrocinen la educación para la paz, la protesta pacífica y la desobediencia civil como medios para despojar a los gobiernos del poder de asesinar a otros pueblos en nuestro nombre y hacer que nos asesinen a nosotros en el proceso.

La paz solo puede llegar con un cambio de mentalidad, y cada uno de nosotros tiene que estar dispuesto a decir: "Que empiece por mí", y hacer todo lo que esté en nuestra mano para efectuar ese cambio, un alma a la vez.

Que la paz te acompañe en este día y en todos los días.

21 de septiembre de 2015

SCHOLAS OCCURRENTES EN EL VATICANO: EDUCAR PARA LA PAZ

Ciudad del Vaticano

Esta semana he tenido el enorme placer de ser invitado a participar en el Cuarto Congreso Mundial de Scholas Occurrentes en el Vaticano, un proyecto que lleva el sello del Papa Francisco. En el marco de esta invitación, también tuve el honor de que me pidieran que presentara mi libro, *La guerra: un crimen contra la humanidad* (que se publicará próximamente en inglés como *War: A Crime Against Humanity*), cuyo mensaje está en perfecta sintonía con el de la misión de las Scholas: la consolidación de la paz a través de la educación y de la aceptación de la diversidad humana.

Aquí en Roma, esperamos ansiosos la presentación de clausura encabezada por Su Santidad, el Papa Francisco. Scholas Occurrentes es una red educativa mundial inspirada por el Pontífice con el objetivo de promover la vinculación de escuelas de todo el mundo en una gran red. La idea es que gran variedad de centros de enseñanza compartan sus proyectos y, al hacerlo, se enriquezcan mutuamente. Aunque la idea rectora es crear un rico diálogo entre escuelas de todo tipo, el proyecto se centra especialmente en proporcionar el tipo de ayuda que estas redes pueden generar a las escuelas de bajos recursos, para crear una educación sin exclusión.

A pesar del apoyo prestado por el Vaticano y por el propio Santo Padre, esta red no está orientada a conectar únicamente las escuelas que se encuentran en las naciones de mayoría cristiana. Por el contrario, según José María del Corral, director mundial de Scholas Occurrentes, "el mejor resultado hasta la fecha fue por los experimentos que hicimos cuando el Papa era arzobispo de Buenos Aires y juntamos a chicos de escuelas de distintas religiones, escuelas judías, y escuelas católicas, y escuelas islámicas... y probamos un experimento que llamamos 'escuelas de vecinos'. Y allí aprendieron lo que era la verdadera convivencia, lo que eran los diferentes puntos de vista, las diferentes creencias y proyectos y construyeron soluciones a partir de las dificultades que tenían, como el alcohol, la droga, la inseguridad, la violencia".

Es aquí donde la filosofía de mi libro, *La guerra: un crimen contra la humanidad*, coincide plenamente con este congreso en el que he tenido el honor de participar. En mi ensayo convertido en libro, propongo que el mundo ya no puede permitirse respaldar ninguna política que incluya la guerra. Si no podemos encontrar una forma de vivir en paz y dedicarnos a resolver de forma totalmente universal los problemas sociales y medioambientales que nos aquejan como familia planetaria, entonces tendremos que enfrentarnos al espectro de nuestra propia extinción como especie. Y la única manera de lograr la paz mundial, de la que estamos tan necesitados, es a través de la educación.

La conferencia en la que estoy participando esta semana aborda el tema central de la educación para la paz a través del deporte, el arte y la tecnología, los tres pilares de Scholas, que ya se ha transformado en una red mundial de 400.000 escuelas. Este proyecto también coincide con otro (actualmente en fase de planificación) en el que estoy trabajando con el antiguo Fiscal en Jefe de la Corte Penal Internacional, el Doctor Luis Moreno Ocampo, a través del cual esperamos conseguir finalmente la creación de una red mundial de profesores especializados en estudios de paz y de justicia. A través de esta red mundial, estos educadores compartirán materiales y metodologías para la enseñanza de comportamientos pacíficos y empáticos, con el fin de crear, a corto, medio y largo plazo, un mundo más pacífico, un mundo en el cual la guerra sea considerada un crimen contra la humanidad, castigado por la ley y condenado en todo el planeta.

Mientras tanto, la paz sea con ustedes.

4 de febrero de 2015

¿QUÉ ES ALEPO?

"Alepo. ¿Qué es Alepo?". Esto es lo que preguntó el candidato libertario a presidente de EEUU en un debate transmitido por televisión el todo ese país. Y cualquier norteamericano que esté al tanto del horrendo drama humano que se desarrolla en Siria se quedó boquiabierto y lo tachó como demasiado ignorante para presentarse a barrendero municipal, mucho menos a presidente de la nación más poderosa de la Tierra y líder del mundo occidental. Devastada por la guerra de Siria en el transcurso de los últimos cinco años, Alepo será, muy probablemente, a todos los efectos, arrasada en los próximos dos meses, bajo los constantes ataques aéreos del régimen sirio de Bashar al-Assad y de los de su aliado y caudillo ruso Vladimir Putin. Aunque muchos saben qué lugar ocupa Alepo en la amarga guerra entre Assad y los rebeldes nacionalistas y en las guerras por delegación de los rivales regionales y mundiales, son menos los que saben lo que significa Alepo en términos de historia y cultura mundial.

Posiblemente, exista desde el sexto milenio antes de la era cristiana; ha estado habitada como ciudad desde al menos el tercer milenio antes de Cristo y fue un destacado centro comercial y militar a lo largo de la historia hasta la Primera Guerra Mundial. Su longevidad puede atribuirse a su ubicación estratégica como puesto comercial en el punto medio entre el Mediterráneo y Mesopotamia (el actual Irak). También era uno de los principales puntos de interés de la legendaria Ruta de la Seda, una antigua red de rutas comerciales internacionales que conectaban Oriente y Occidente y se dirigían desde China hasta el Mediterráneo.

El declive del poder de la antigua ciudad llegó con la construcción del Canal de Suez a mediados del siglo XIX, que desvió el comercio a las rutas marítimas en lugar de las terrestres. Con la caída del Imperio otomano y el posterior reparto de la región de Oriente Medio por los vencedores de la Primera Guerra Mundial, la parte norte de la esfera de influencia de la ciudad fue cedida a Turquía, junto con sus conexiones ferroviarias con Irak. En la Segunda Guerra Mundial, el acceso al mar de la ciudad también fue cedido a Turquía y quedó, a todos los efectos, aislada.

El resultado positivo de este aislamiento fue que su extraordinaria riqueza histórica y cultural —hitos históricos, arquitectura medieval y patrimonio musulmán tradicional— se conservó bien y se restauró con cariño. Cinco años antes de que comenzara la guerra de Siria, Alepo fue nombrada "Capital de la Cultura Islámica 2006".

Los líderes mundiales se han quedado mirando pasivamente cómo esta antigua joya ha sido arrasada o, en algunos casos, han participado activamente en su destrucción, mientras hacían oídos sordos a los gritos de sus moradores, convertidos en mártires de la indiferencia mundial y de los intereses sectoriales.

¿Qué es Alepo? Un símbolo. Una trágica pérdida para Siria, para la cultura e historia globales, para el mundo en general y para la causa de la paz.

18 de octubre de 2016

EL DILEMA DE LA CORTE PENAL INTERNACIONAL EN SÍNTESIS

Imagínese por un momento que usted tiene una riña con sus vecinos. Pero no una riña común. Es una pelea de larga data porque las casas y propiedades donde ustedes y sus familias viven han sido parte de su patrimonio durante generaciones, desde la época de sus abuelos o de sus bisabuelos. Ha habido intentos de reconciliación, mediación, juicios, y así sucesivamente a través de las generaciones, pero nada ha funcionado.

Mientras tanto, la enemistad ha dejado de ser cuestión de líneas de propiedad o cercos para privacidad y se ha tornado algo personal. Los contrincantes en la disputa —porque ahora es una auténtica disputa— han decidido que el problema no es la causa original de la riña (que ahora es difícil recordar lo que realmente era), sino que usted y sus vecinos son, simplemente, enemigos. No encuentran puntos de coincidencia. No comparten la misma raza, religión o credo. No son del mismo origen étnico o nacional. Sus ideologías políticas están diametralmente opuestas. Usted asume ya que no hay base para la negociación entre ustedes y está cansado de negociaciones inútiles y acciones legales ineficaces. Entonces, decide tomar el toro por las astas. Usted decide que no solo está justificado en el uso de la violencia para resolver el problema, sino también que, de hecho, ni sus vecinos de al lado ni nadie como ellos tienen derecho a existir, y punto. Porque, mientras estén vivos, usted supone, habrá problemas.

El asunto es que, desde la casa de su vecino hacia el este en la manzana donde viven, todo el mundo es como ellos. Por suerte, todo el mundo desde su propiedad hacia el oeste es como usted. Por ende, usted habla con los vecinos hacia el oeste en la cuadra que piensan más o menos como usted. Les solicita ayuda para deshacerse de todo el mundo que no es como todos ustedes en "su manzana", porque ya ha decidido que esa cuadra es suya y que solo debería ser para gente como usted. Sus argumentos resultan convincentes para las personas de pensamientos similares a los suyos, y, de repente, usted descubre que tiene poder. Es el líder político en su cuadra, o al menos en su media cuadra, que, muy pronto será su manzana entera... con un poco de ayuda de sus amigos.

Entonces, usted se encarga y establece un plan de batalla (o más bien, en realidad, un plan de exterminio). Usted y sus vecinos de ideas afines invierten y compran armas, bidones y mucha nafta para todo el barrio. Y, un buen día, usted y sus seguidores se encuentran en su casa y, desde ahí, en una ola de violencia masiva, salen a tomar la otra mitad de la cuadra a sangre y fuego, lanzando sus bidones de nafta con mechas encendidas a través de las ventanas, golpeando y acuchillando a los vecinos no deseados mientras huyen de sus hogares en llamas, acribillando a tiros a los que se paran a presentar batalla, matando incluso a algunas mujeres y niños en plena huida para hacer un ejemplo de ellos, para asegurarse de que reciban el mensaje de que esta es su cuadra y de que nunca más serán bienvenidos aquí.

Luego, usted y sus seguidores de ideas afines nivelan las ruinas carbonizadas de los hogares de sus vecinos anteriores, arrasan los escombros y ustedes se esparcen de tal manera como para poblar cómodamente toda la manzana, solo con las personas más afines que puedan invitar, y hasta erigen un muro alrededor de su cuadra y establecen una guardia barrial que patrulla día y noche para asegurarse de que su barrio siga siendo étnica y políticamente inmaculado. Pero, después, yendo un paso más allá para asegurarse de que nunca más se diversifique la población de su manzana, decide crear una banda armada —una especie de Vigilancia de Barrio y Alrededores— y envía a sus integrantes más allá del muro a otros vecindarios para buscar a personas como las que solían ser sus antiguos vecinos y matarlas de las maneras más terribles que se pueda imaginar, mientras aterrorizan a otros miembros de ese grupo étnico/político, asegurándose de que "reciban el mensaje" y se mantengan alejados.

Mientras tanto, los pobladores del resto del complejo urbano del cual su manzana forma parte se limitan a quedarse ahí, de brazos cruzados, observando todo lo que pasa. O, si no, tal vez simplemente, se encierran en sus casas e ignoran por completo el ruido y los gritos de agonía.

¿Por qué?, porque no tienen jurisdicción alguna sobre usted. Hace mucho tiempo, su pequeño rincón en el mundo decidió que cada vecindario se administraría a sí mismo, haría sus propias reglas, establecería su propia justicia. De este modo, usted no está preocupado en lo más mínimo de que alguien lo vaya a apresar por dirigir una matanza en masa o de llevar a cabo la limpieza étnica que ha orquestado. En su manzana, usted es la ley. No hay otra autoridad más alta que la suya a la que apelar. Usted, básicamente, puede hacer lo que le dé la gana a quien quiera en su barrio.

Ahora bien, dentro del complejo urbano del cual forma parte su vecindario, existe, de hecho, un foro universal para la justicia, un tribunal instituido para administrar justicia a la comunidad en su conjunto. Se basa en los principios fundamentales del estado de derecho y tiene la misión de garantizar los derechos humanos y civiles básicos a toda persona que se encuentre dentro de su jurisdicción. El único problema es que los barrios y distritos de los cuales se supone que administra justicia son los mismos a los que les debe su poder jurisdiccional. Y, como tales, son los mismos barrios los que deciden qué tan eficaz es ese poder, no porque puedan escoger lo que el tribunal puede o no puede investigar, sino porque tienen el poder de aceptar o rechazar la jurisdicción del tribunal una vez establecida.

Usted, como líder de facto de su barrio, ha decidido que no quiere que la Corte se entrometa en sus asuntos (es decir, que no lo acuse a usted o a sus secuaces de cometer crímenes de lesa humanidad y genocidio, entre otras cosas), así que, cuando se le pidió que firmara una carta orgánica otorgando a la corte su jurisdicción, usted, simplemente, se negó a firmar. Tan simple como eso: el tribunal no tiene jurisdicción sobre usted y usted, por lo tanto, puede llevar a cabo una matanza en masa, y ninguna corte lo puede tocar.

Mientras tanto, si sus antiguos vecinos —a los que usted los torturó, los asesinó y los persiguió hasta en el exilio— decidieran usar los mismos métodos contra usted para recuperar su antiguo barrio, se encontrarían sujetos a proceso penal por los mismísimos crímenes de lesa humanidad por los cuales a usted nadie lo puede procesar.

¿Por qué?, porque ellos firmaron la carta orgánica, por la cual otorgaron a la corte central su jurisdicción, ya que creían en el estado de derecho más que en la barbarie. Por lo tanto, ellos sí serán considerados responsables por sus actos.

O, quizás, no... Ya que, si llegaran a enterarse de que el tribunal se encuentra a punto de entablar un juicio contra ellos, podrían decidir dejar sin efecto su ratificación de la carta orgánica de la Corte y dejar de reconocer su jurisdicción. En ese caso, el tribunal tampoco podrá juzgarlos a ellos por las atrocidades que llegaran a cometer. O sea, en los barrios que no reconocen a la Corte, la ley local, incluso la que se dispensa desde el cañón de un arma de fuego, es la única ley que existe, y la gente en tales barrios está a su merced.

En otras palabras, el tribunal solo puede juzgar a los criminales siempre y cuando los criminales mismos den su permiso para ser juzgados. Si no es así, el tribunal no tiene jurisdicción.

¿Todo esto le suena surrealista? Si no es así, debería serlo, porque, de hecho, *es* surrealista. Es el apogeo de lo absurdo absoluto, pero es, de hecho, el dilema que enfrenta, desde su fundación, la Corte Penal Internacional (CPI), debido a una serie de obstáculos intencionales instituidos en las Naciones Unidas, aparentemente para dar la ilusión de una justicia internacional, pero sin proporcionar las herramientas necesarias para que sea un medio realmente eficaz para investigar y castigar a los autores de las guerras de agresión, los genocidios, los crímenes de guerra, y otras violaciones de los derechos humanos en todo el mundo.

La resistencia a la creación de una CPI independiente y plenamente funcional es, lamentablemente, fomentada a través del mal ejemplo dado por Estados Unidos y otras grandes potencias, que temen que una CPI verdaderamente eficaz pueda eventualmente colocar a sus propios líderes en el banquillo del acusado.

17 de enero de 2017

EDUCAR PARA LA PAZ EN HARVARD

Fue para mí un honor aceptar la semana pasada una invitación para visitar la Universidad de Harvard. Más específicamente, visité la Escuela John F. Kennedy de la Universidad de Harvard y su Centro Carr para Políticas de Derechos Humanos, los cuales están enseñando programas y realizando investigaciones que coinciden plenamente con áreas de investigación incluidas en mi último libro, *La guerra: un crimen contra la humanidad.* Estas áreas incluyen maneras de reformar y mejorar las Naciones Unidas y la Corte Penal Internacional (CPI), de manera tal de elevar su eficacia en el establecimiento y mantenimiento de la paz mundial; las estrategias para reforzar y proteger el estado de derecho, los valores democráticos y los derechos humanos y civiles; las tácticas para prevenir la tortura y los métodos para inculcar la educación para la paz.

En otras palabras, a través de estos departamentos universitarios y mediante los brillantes eruditos que enseñan en ellos, Harvard está practicando lo que yo considero la única manera de encontrar un camino hacia la paz mundial y hacia la prohibición mundial de la guerra: a saber, la educación para la paz.

Tuve el placer de ser invitado a participar en un evento especial en el marco de un programa organizado por la Escuela Kennedy: dos días intensivos de estudio y análisis para marcar el final de un curso extraordinario titulado *La política del Derecho Internacional: la Corte Penal Internacional y del Consejo de Seguridad de la ONU.* El objetivo de este programa/curso fue el de echar luz sobre las funciones y efectos del Consejo de Seguridad de la ONU y de la CPI, dentro del panorama político en el cual ambos operan hoy, y de descubrir cómo estos factores afectan las funciones de áreas específicas del derecho internacional.

El programa fue coordinado por los educadores y renombrados expertos en asuntos internacionales, Dra. Kathryn Sikkink y Dr. Luis Moreno Ocampo.

Titular de una maestría y un doctorado de la Universidad de Columbia, la Dra. Sikkink es profesora de Políticas de Derechos Humanos y de Estudios Avanzados en la Escuela Kennedy de Harvard, además de ser una autora altamente reconocida.

En 2012, ganó el Premio John F. Kennedy por su libro titulado *The Justice Cascade*, una obra brillante que analiza los orígenes y efectos de los juicios de derechos humanos, y que sirvió como una de las muchas fuentes académicas de alto nivel que consulté en la investigación para mi propio libro, *La guerra: un crimen contra la humanidad*. La Dra. Sikkink es, además, autora de *Ideas and Institutions: Developmentalism in Brazil and Argentina* (1991) que explica la influencia del desarrollismo en el destino de dos de las economías más grandes de América Latina, y de *Mixed Signals: Human Rights Policy and Latin America* (2004), en el cual cuenta cómo la insensible postura anticomunista de Washington de la década de 1970 empañó la reputación de Estados Unidos en toda América Latina mediante su asociación con regímenes tiránicos y, a menudo, brutalmente asesinos. Advierte que la actual guerra contra el terrorismo podría muy bien llevar a una repetición de estos errores del pasado a menos que los estadounidenses insistan que la lucha contra el terrorismo se lleve a cabo dentro de un marco de respeto por los derechos humanos y del imperio de la ley. El Dr. Luis Moreno Ocampo es abogado de Derechos Humanos de renombre mundial; ha servido en su Argentina natal como Fiscal Especial Adjunto para los juicios sin precedentes contra los exmiembros de las juntas militares, cuando volvió la democracia a ese país en la década de 1980. Más recientemente, se desempeñó durante nueve años como fiscal en jefe fundador de la Corte Penal Internacional. Es coprofesor en Harvard para el curso de la Escuela Kennedy titulado "La política del Derecho Internacional: la Corte Penal Internacional y el Consejo de Seguridad de la ONU". Luis colaboró estrechamente conmigo mientras, con mi equipo, realizábamos investigaciones para *La guerra: un crimen contra la humanidad*, guiándome con habilidad a través del complejo laberinto del derecho y política internacionales, área en las cuales él se encuentra muy bien preparado. También me presentó a auténticas personalidades del derecho internacional, que resultaron de valor inestimable al ayudarme a entender mejor la forma en que, en el mundo entero, la venta de armas, los actos de agresión, los crímenes de guerra y las violaciones a los derechos humanos han jugado un papel fundamental en la creación de una cultura bélica global que hace caso omiso de los principios básicos de la democracia y el imperio de la ley, al tiempo que socava todo esfuerzo por establecer una paz mundial duradera.

Las sesiones en las cuales participé durante mi visita estaban repletas de fascinantes presentaciones, debates y encuestas sobre algunos de los temas legales más candentes de la actualidad. Uno de los temas tratados fue, por ejemplo, si existe hoy una auténtica posibilidad para que la CPI intervenga en dos de los conflictos más controvertidos del día: Siria y Palestina. Además de participar en el programa en sí, tuve la oportunidad de reunirme con un grupo de estudiantes de Harvard, distribuir ejemplares de mi libro entre los presentes y tomar parte en una apasionada charla con ellos. Mi libro fue la razón detrás de la invitación que recibí para participar en este evento, ya que parte de su tesis es un llamado a la reforma del Consejo de Seguridad de la ONU, y a crear una Corte Penal Internacional fuerte e independiente con amplios poderes de policía que permitan que sea realmente eficaz en la investigación y juzgamiento no solo de algunos, sino de todos los crímenes de guerra, atrocidades, abusos a los derechos humanos y actos de agresión internacionales. Más tarde, el profesor Douglas A. Johnson me invitó a visitar el Carr Center for Human Rights Policy de la Escuela Kennedy, donde se desempeña como Director de Docentes, cargo que ocupa desde 2013. El profesor Johnson accedió a dicho puesto después de servir durante 24 años como Director Ejecutivo del Centro Internacional para Víctimas de la Tortura (CVT). Durante su permanencia allí, la CVT proporcionó servicios tanto clínicos como otros a más de 23.000 víctimas de la tortura en las instalaciones que mantiene la organización en la República Democrática del Congo, Guinea, Jordania, Liberia, Sierra Leone y Estados Unidos. El Centro —fundado en 1999, mediante un regalo del exalumno de la Escuela Kennedy y reconocido empresario/filántropo, Gregory Carr— se guía por el compromiso de imponer los principios fundamentales de los derechos humanos como base para la formulación de una buena política pública en los Estados Unidos y en todo el mundo.

Durante mi visita, el profesor Johnson me explicó personalmente la función de un mapa táctico formulado por el Centro Carr como medio para poner fin a la tortura en todo el mundo. *En La guerra: un crimen contra la humanidad*, comparo el establecimiento de un camino hacia la prohibición de la guerra con el progreso realizado en el siglo pasado hacia la proscripción de la tortura en el mundo entero. Fue fascinante para mí, entonces, ver cómo gente como el profesor Johnson está inventando medios prácticos para hacer que tales prohibiciones internacionales sean eficazmente practicables. La doble misión del Centro es la de formar a los profesionales de derechos humanos para pensar y actuar de manera más estratégica, y basándose en los mejores datos de investigación de las ciencias sociales, y la de crear soluciones viables para la protección de los derechos humanos.

En el segundo día de mi visita a Harvard, me uní a estudiantes de la Escuela Kennedy para recibir el anticipo de un informe que se publicará próximamente sobre la eficacia de la Corte Penal Internacional en su forma actual. Algunas de las conclusiones del informe nos fueron presentadas por la profesora Beth Simmons de la misma Universidad de Harvard, uno de los dos autores del informe, cuyo coinvestigador fue Hyeran Jo, de la Texas A&M University. Respecto de su meticulosa presentación, la profesora

Simmons explicó las percepciones más comunes sobre la CPI, incluyendo la idea de que, en su forma actual, la Corte tiene tan poco poder para procesar casos de agresión, crímenes de guerra, atrocidades y otras violaciones de los derechos humanos —fundamentalmente porque tanto los países como sus líderes pueden elegir si desean o no reconocer la jurisdicción de la CPI— que resulta imposible que tenga efecto disuasorio alguno.

Subraya esta percepción el hecho de que la Corte solo ha logrado dictar tres condenas firmes en los últimos trece años. Lo novedoso del informe de Simmons y Jo —que pronto se publicará en el *Journal of International Organization*— es que su investigación ha desarrollado pruebas contundentes de que la realidad no condice con dicha percepción y que, de hecho, la Corte Penal Internacional ya está actuando como elemento disuasorio. Aun cuando su magra lista de condenas pareciera desmentir su eficacia, esta última investigación tiende a demostrar que la mera amenaza de una investigación de la CPI ha conseguido que no solo los gobiernos establecidos, sino también algunos otros movimientos políticos actuales busquen mejorar sus niveles de respeto por los derechos humanos.

Como reflexión final —y una vez más, mi más sincero agradecimiento a la Universidad de Harvard, la Escuela Kennedy y Centro Carr por esta oportunidad para hacer contacto directo con algunos de los mejores educadores para la paz del mundo y con su entusiasta alumnado—, estoy ansioso por ver el informe completo de Simmons y Jo, una vez publicado, ya que sus resultados son muy interesantes para los investigadores como yo, quienes abogamos por una CPI fuerte. La idea de que la Corte, incluso hoy, en su actual estado de poder deficiente, sea capaz de mejorar el nivel de calidad de los derechos humanos en todo el mundo es un gran punto a favor de las campañas para ampliar sus poderes y para presionar a los principales líderes del mundo, como (en especial), Estados Unidos, China y Rusia, a reconocer y someterse plenamente a la autoridad de la CPI. En fin, si no tuvieran nada que ocultar, no tendrían nada que temer de la Corte Penal Internacional y su reticencia hacia no solo reconocer, sino potenciar plenamente a la CPI se erige como testimonio de su falta de adhesión a las normas fundamentales de respeto para los derechos humanos y civiles y a la inviolabilidad del derecho internacional.

17 de enero de 2016

LA EDUCACIÓN Y ALTERNATIVAS PARA EL FUTURO: PRIMERA PARTE

En 1984, James Cameron dirigiría una película destinada a convertirse en una historia clásica de la ciencia ficción. Titulada *The Terminator* y basada en un guion escrito por el mismo Cameron en colaboración con su productora ejecutiva, Gale Anne Hurd, la película parecía, en su momento, no ser más que una oscura y loca fantasía sin precedentes y sin raíz alguna en la realidad. Se trataba de un futuro en el cual la Inteligencia Artificial se torna autoconsciente y decide eliminar de la faz de la Tierra a los seres humanos que la engendraron. Sin embargo, con lo que sabemos hoy sobre la evolución tecnológica, tres décadas y media más tarde, dicha historia supuestamente fantasiosa se ha convertido en visionaria y profética.

Cada vez más futurólogos y científicos pronostican un futuro en el cual la tecnología se escapará de nuestras manos y se autogestionará. Convive con esa visión del futuro una idea clave de que el destino de nuestra especie dentro de dicho contexto dependerá de cómo desarrollamos y manejamos la tecnología hoy. La diferencia más clara entre la historia de aquella película y la visión de un futuro tecnológico imaginado sobre la base de la realidad actual es que la pulseada entre humano y máquina no se discutirá en campos de batalla con soldados de una resistencia heroica que luchan contra robots cibernéticos, sino mediante una educación de excelencia. Una educación capaz de preparar a los seres humanos para gestionar mejor ese futuro y para determinar si la tecnología avanzada está puesta al servicio de la evolución de nuestra especie o si se permite que se autoconvoque a exterminarnos y convertirse esta en el próximo eslabón en la cadena evolutiva, en la cual los humanos dejaremos de existir por completo.

La principal regla de la evolución es la de adaptarse o perecer. Y el secreto de adaptarse se encuentra en la división entre ganadores y perdedores. La educación de excelencia sirve para preparar a los líderes del mañana, los seres que se encontrarán en la cúspide de las tendencias y adelantándose al porvenir. Y esa debería ser la principal misión de las instituciones educativas de excelencia.

Lo descripto anteriormente es justamente el escenario que Ray Kurzweil desarrolla en su libro titulado *La singularidad está cerca*. Escrito ya hace más de una década, este ensayo sigue siendo visionario en cuanto a un posible futuro dentro del marco de la tecnología avanzada. Aunque el autor aclara que es impredecible el futuro más allá del año 2045.

La premisa básica de Kurzweil es que hay que describir el futuro dentro del contexto de una tecnología cuyo ritmo sigue aumentando, ya en forma exponencial. Ha habido más avances tecnológicos en los últimos 50 años que en los 5000 años precedentes. Y, a medida que la evolución tecnológica continúe, no faltará mucho tiempo para que la potencia de la tecnología se incremente cien, quinientos o mil veces prácticamente del día a la noche. Esto Kurzweil lo llama "Ley de Aceleración de Incrementos".

La singularidad de la cual habla Kurzweil es el punto en el tiempo cuando, según su visión, la biología y la tecnología se tornarán indistintas entre sí. La idea es que, cuando eso pase, el ser humano como especie dejará de existir, lo que dará paso a una nueva especie tecnológica, o por lo menos cibernética, que dominaría el mundo. Si este concepto les parece fantasioso o, quizás, espeluznante, Kurzweil los compadece. Según él, y aunque parezca una perogrullada, "si la mente fuera lo suficientemente simple como para comprender [esto], sería demasiado simple para comprenderlo".

Pero intentemos, al menos, tener una idea de lo que esto significa. Por ejemplo, los abuelos de la gente de mi edad fueron testigos de las primeras redes de teléfono, los primeros aviones factibles, los primeros automóviles producidos en serie, las primeras películas sonoras, y las primeras en color. Pero también llegaron a ver las primeras aeronaves a retropulsión comerciales, el primer televisor, las primeras conquistas del espacio, la primera caminata que un hombre hizo en la superficie de la luna, etc.

Aunque esto puede parecer una verdadera barbaridad de avances para experimentar en una sola vida, la gente de mi generación ha visto cambios muchísimo más increíbles. Y el ritmo de esos cambios ha incrementado vertiginosamente de tal manera que las computadoras que hoy llevamos en el bolsillo son miles de veces más poderosas que los *mainframes* militares que llenaban edificios enteros y que manejaban los sistemas de defensa de las principales potencias cuando nosotros éramos adolescentes. En solo las últimas dos o tres décadas, el mundo se ha interconectado por completo a través de redes electrónicas; los autos comienzan a manejarse solos; cuando alguna articulación nos falla, los médicos la remplazan con una de titanio; el espacio se queda cada vez más en manos privadas; y los viajes de placer por el espacio han dejado de ser cosa de la ciencia ficción.

Pero esto no es nada comparado con lo que se viene, y se viene ya a una velocidad más allá de la comprensión de la mayoría de los seres humanos. Entre ahora y la llegada de "la singularidad" es probable que los cambios ocurran más allá de la comprensión de persona alguna, y es también probable que, en ese momento, exista una superinteligencia artificial camino a lograr la conciencia de sí misma y el autogobierno. Dependiendo de qué recaudos tomemos desde ahora, dejará o no de servirle al ser humano... o, dicho en otras palabras, existirá solo para servirle a la raza humana o solo para servirse a sí misma.

Un ejemplo de esta última aseveración son los nanobots. Aun cuando todavía existen solo en teoría, los nanobots son robots minúsculos (del tamaño de una célula sanguínea) munidos de aplicaciones para detectar y curar enfermedades. Una vez perfeccionados, se inyectarán directamente en el cuerpo humano. Algunos expertos afirman que, en el futuro, los nanobots remplazarán a los médicos, y que serán más efectivos en su habilidad de curar cualquier mal. Ya se está experimentando, con cierto éxito, con el uso de robots miniatura para combatir el cáncer en ratones de laboratorio y se vislumbra su utilización en la solución de enfermedades como el mal de Alzheimer. No obstante, en la actualidad, sigue siendo una tecnología muy incipiente.

Pero deberíamos estar pensando ya cómo limitar sus posibles efectos nocivos antes de contemplar su uso masivo en nuestro beneficio. ¿Qué pasaría, por ejemplo, si dichos dispositivos llegaran a un nivel de superinteligencia por el cual pudieran reproducirse solos, como una especie de virus tecnológico? Según algunos estudiosos, un dispositivo como ese, aparentemente tan útil para la humanidad, podría reproducirse de manera exponencial y, en última instancia, en un ciclo de reproducción fuera de control, terminar por causar la extinción de todo ser viviente sobre la faz de la Tierra.

28 de agosto de 2018

LA EDUCACIÓN Y ALTERNATIVAS PARA EL FUTURO: SEGUNDA PARTE

El incremento exponencial en el ritmo de la evolución no es, en realidad, nada nuevo. Ese ritmo viene aumentando de manera impresionante desde siempre. Los científicos creen que el proceso al cual se refiere como evolución comenzó hace unos 4000 millones de años. El ritmo del proceso en ese entonces era tan lento que llevó 2000 millones de esos años para que los organismos unicelulares evolucionaran en organismos multicelulares. Pero, una vez que ese primer paso fuera dado, solo se necesitarían 200 millones de años —un relativo abrir y cerrar de ojos— desde que aparecieron los primeros mamíferos hasta que nació nuestro ancestro, el primer *Homo sapiens*.

Yuval Noah Harari es otro estudioso que ha indagado profundamente sobre el futuro que puede esperar el ser humano en la era tecnológica. Según su visión, los humanos vamos camino a tratar de convertirnos en dioses. Se refiere a este fenómeno, tal como reza el título de su libro correspondiente, como *Homo deus*. Significa que el ser humano del siglo XXI se encuentra embarcado en una búsqueda, a través de la tecnología, de poderes cuasidivinos. Busca, por medio de lo tecnológico, una felicidad sin fronteras y una vida eterna. Busca, en una palabra, la inmortalidad.

Todo esto pasará, probablemente, dentro de una realidad intersubjetiva. Es decir que, en todo lo que separa al ser humano de los otros animales, existe una realidad intersubjetiva. Ya sean las naciones, las fronteras, las religiones, los idiomas, el dinero, el comercio... en fin, todo código que nos separa de nuestra mera existencia como una especie más de animal requiere de nosotros fe en un marco intersubjetivo de creencias.

Se puede referir a todo esto como humanismo. Y el humanismo se torna cada vez más una creencia religiosa. Dentro del humanismo, el ser humano comienza a creer en sí mismo y en su prójimo en lugar de creer en Dios. En este contexto, entonces, la ética, la moral y los valores en general se generan desde adentro en lugar de recibirlos como datos externos. Según la visión de Harari, es un humanismo cada vez más fuerte que impulsará a la humanidad del siglo XXI a profundizar la búsqueda de la felicidad, el poder y, eventualmente, la inmortalidad.

Pero el vehículo para dicha búsqueda es la tecnología ultraalta. La pregunta básica que se hace Harari es qué pasará cuando algoritmos todavía sin consciencia de sí mismos, pero altamente inteligentes, llegan a conocernos mejor de lo que nos conocemos a nosotros mismos. El peligro, según dice Harari, es que la tecnología llegue, eventualmente, a amenazar la habilidad de los seres humanos a seguir encontrando sentido en su existencia, a medida que remplaza a los hombres y a las mujeres en todas las actividades, hasta en la actividad intelectual.

En su libro *Vida 3.0: Ser humano en la era de la inteligencia artificial*, el profesor Max Tegmark va un paso más allá sobre la idea del papel del ser humano de hoy en los acontecimientos del futuro. Según Tegmark, seremos nosotros quienes programemos el futuro para bien o para mal. La teoría que él propone es que uno saca de la Inteligencia Artificial lo que invierte en esta. O sea, reconoce que el futuro podría bien convertirse en algo parecido a *Terminator* o a *Yo, Robot* (otra película más contemporánea que trata del tema). Pero ¿qué tal si, gracias al desarrollo que les demos hoy, la Inteligencia Artificial fuese imbuida de una filosofía que la pusiera verdaderamente al servicio del hombre?

Su propuesta es que, si la Inteligencia Artificial termina por ser malévola con la raza humana, será porque nosotros ahora le enseñamos a ser así. En otras palabras, si nosotros le enseñamos a la Inteligencia Artificial nuestra predilección por la guerra, la mezquindad, la falta de empatía y la tendencia a la autodestrucción, será eso justamente lo que obtendremos de esta. Sin embargo, si le enseñamos a la Inteligencia Artificial a siempre velar por el bien del ser humano, entonces el futuro podría ser un tiempo y un espacio en los cuales el humano viviera feliz con una superinteligencia al servicio de sus necesidades y deseos. Trabajaría al servicio pleno de los humanos y del medio ambiente que los alberga.

No obstante, el renombrado profesor del MIT articula advertencias sobre varios aspectos del desarrollo de la Inteligencia Artificial, e imagina escenarios que podrían resultar de este.

Por ejemplo, el éxito del ser humano en lograr la invención de un nivel de Inteligencia Artificial similar al de él mismo podría gatillar una verdadera explosión de inteligencia. Como resultado, la Inteligencia Artificial podría autodesarrollarse tan rápido como para dejar atrás al ser humano. Aunque Tegmark admite que el surgimiento de una superinteligencia artificial podría llevar a un complejo de jerarquías sociales mucho más coordinado, no hay manera de saber si, dentro del marco de ese ordenamiento, llegará a haber un importante incremento en el totalitarismo. O sea, la creación de una estructura vertical de poder en lugar de un incremento en el empoderamiento del individuo.

Imaginando cómo podría evolucionar este surgimiento de una superinteligencia, Tegmark prevé varias alternativas:

Una utopía libertaria donde todo el mundo, tanto organismos cibernéticos como hombres y mujeres, tendrían derechos, y todos vivirían en paz.

Una vida bajo el poder de un benévolo dictador artificial. Todo el mundo sabría que la Inteligencia Artificial está a cargo, pero aceptaría resignado ese hecho.

Una utopía igualitaria donde el concepto de la propiedad sería abolido y donde los ingresos para vivir estarían garantizados.

Un mundo manejado por una especie de portero artificial y superinteligente que interferiría lo menos posible en la vida de las personas para no crear la necesidad de una superinteligencia rival para controlarlo, pero que inhibiría intencionalmente cualquier nuevo avance tecnológico como para evitar escenario alguno al estilo de *Terminator.*

Un dios artificial omnisciente y omnipresente cuya misión sería la maximización de la felicidad humana, pero que mantendría la ilusión de que los seres humanos están manejando su propio destino. En este caso, la mano de la superinteligencia artificial se mantendría tan escondida que muchos humanos dudarían de su existencia.

Un dios artificial esclavizado por un grupo humano. En este caso, que fuese beneficioso para la humanidad en su conjunto o no dependería mucho de quién lo controlara.

Una superinteligencia conquistadora que engendraría una situación parecida a la de *Terminator,* donde esclavizaría a la humanidad para llevar a cabo ciertas funciones serviles, o que decidiría que el ser humano no tuviera utilidad alguna, y exterminaría a todos.

Un mundo orwelliano como el descripto en el libro *1984* —un estado que frenaría cualquier progreso tecnológico hacia una superinteligencia a través de un sistema vigilador con equipos de espionaje en todas partes—.

Un estado de regresión en el cual el miedo de una eventual dominación del ser humano por la Inteligencia Artificial llevaría a un retorno al pasado lejano y a una vida parecida a la de los

Amish, quienes rechazan por completo la vida moderna y mantienen un estilo de vida rural parecida a la del siglo XIX.

Y, como escenario alternativo final, la autodestrucción y extinción del hombre, ya sea por destrucción del medioambiente, o por el holocausto nuclear.

Existe un mensaje alentador dentro de esa película de James Cameron del fatídico año 1984. Según el guion de *The Terminator*, "el futuro no ha sido fijado. No existe destino alguno que no sea el que elaboremos para nosotros mismos".

Y ese es el mensaje que la educación de excelencia debe tener siempre presente. Por más que los futurólogos prevean un mundo donde humano y máquina se fusionan en uno o donde la evolución de la Inteligencia Artificial sea equivalente a la extinción de la raza humana, el hecho es que el futuro dependerá, en gran medida, de cuán capaces seamos hoy de moldear ese futuro. La educación de excelencia es la única arma contra la extinción del hombre, ya sea por el deterioro ambiental, por eliminación de la mano de una nueva especie tecnológica, o por la catástrofe de una guerra nuclear.

La contracara de todas estas predicciones pesimistas es una educación que sea una usina de ideas innovadoras y soluciones globales. La misión de toda educación de excelencia debe ser liderar una creciente tendencia hacia un mundo de paz y cooperación capaz de crear un porvenir mejor para todos.

4 de septiembre de 2018

EDUCAR PARA LA TOLERANCIA

Tolerancia... Excepto en círculos selectos, es una palabra que no se oye ya tan a menudo, en esta época de creciente desprecio por la "corrección política". Pero sigue siendo la clave más importante para asegurar la paz entre una comunidad y otra. Y, como tal, es también la clave principal para la paz mundial.

Dicho esto, aunque la necesidad de imbuir a las personas de tolerancia puede no ser una necesidad innata, las sociedades, y a menudo inclusive las familias en las que nacemos, tienden a comenzar a socavar, desde el momento en que somos muy pequeños, la tolerancia natural con la que venimos al mundo. A un bebé no le importa el color de la piel de la persona que lo cuida. A los bebés no les importa para nada qué religión profesan sus cuidadores, de qué equipo deportivo son fanáticos, cuánto dinero tienen, a qué clase social pertenecen, a dónde fueron a la escuela, si saben leer y escribir o si son analfabetos, si son gays o heterosexuales, o a quién votaron en las últimas elecciones. Lo único que les importa a los niños pequeños es el cuidado y amor que reciben de las personas que los rodean. Nada más importa. Los bebés entienden la diversidad: las diferencias no cuentan. Solo lo que la gente está dispuesta a compartir con ellos. Perciben a las personas de la misma manera que los animales lo hacen: de acuerdo con el amor que reciben de ellas.

Pero, donde influye la sociedad —el ambiente social, por así decirlo—, comienza a disminuir esa maravillosa tolerancia natural desde el vamos. Existe la necesidad, entonces, de enseñar la tolerancia, o de *volver* a enseñarla, y debe ser una parte tan importante del currículo educativo en las escuelas públicas seculares como la lectura, la escritura y la matemática, ya que es tan vital, si no más, como estas.

En la última edición de la revista académica trimestral *Teaching Tolerance*, el educador Elijah Hawkes escribió, a raíz de la marcha neonazi a principios de este año que provocó disturbios y un asesinato en Charlottesville, Virginia (EEUU), que el incidente había provocado que volviera a examinar por qué había elegido su trabajo como docente. Hawkes dijo que los casos de intolerancia y odio como la tragedia de Charlottesville estaban íntimamente ligados a las crisis emocionales de los jóvenes estadounidenses. Dijo que la presión sistemática de tales eventos en la sociedad en la que viven significaba que muchos de sus estudiantes ingresaban al aula con una carga muy pesada, aunque podrían no ser capaces de hacer la conexión y nombrar la fuente de su angustia.

Al parecer, esta fue más su razón para elegir el ser educador que el conocimiento de la materia que enseñaba. Se había recordado a sí mismo, según dijo, que las manifestaciones de odio como las que se ven en Charlottesville, "y las que seguimos viendo en el lugar de trabajo, en los medios de comunicación y en nuestras propias comunidades (cada vez más elitistas)" eran enfermedades sociales. Su profesión tal como la vio, entonces, no solo era un arte, sino también "una forma de curación".

En su *Historia de Palestina*, el doctor Rolf Reichert habla sobre la relación de hermandad que alguna vez existió entre judíos y musulmanes en Palestina. Aunque en el mundo contemporáneo los musulmanes palestinos y los judíos israelíes son estereotipados como enemigos mortales, esto no siempre ha sido cierto, si es que lo es hoy. De hecho, según Reichert, existen amplias pruebas de que, entre finales del siglo VIII y principios del XX, los musulmanes y los judíos que vivían en Palestina compartían relaciones excelentes y fructíferas.

Igual de amplia es la evidencia de que la animosidad que existe hoy en día entre estos dos pueblos y que ha causado miles de víctimas en los años intervinientes, es el resultado de factores externos, del rediseño arbitrario del mapa del mundo después de las dos guerras mundiales y de la condición de los países del Medio Oriente como agentes activos en la lucha por la supremacía que se libra desde hace mucho entre las superpotencias occidentales y orientales.

Reichert señala que los israelíes y los palestinos son parte de la misma historia religiosa y política y que durante mucho tiempo pudieron vivir juntos en paz. "Desde tiempos inmemoriales —escribe— existía una costumbre conmovedora en Jerusalén. Los niños judíos y musulmanes nacidos en el mismo vecindario y en la misma semana eran tratados como hermanos adoptivos por sus respectivas familias. El niño judío era amamantado por la madre musulmana, y el niño musulmán, amamantado con la leche de la madre judía. Esta costumbre estableció relaciones verdaderamente íntimas y duraderas entre las dos familias y entre las dos poblaciones".

Este es un maravilloso ejemplo de un esfuerzo concertado de dos ramas de una misma gente, separadas solo por sus religiones, para encontrar un camino intermedio tolerante y empático en búsqueda de un estado duradero de paz y compañerismo.

Hoy en día, en un mundo cada vez más nacionalista y tribal, donde la tolerancia se confunde con demasiada frecuencia con la debilidad o con la sumisión, más que nunca antes, la educación constituye la raíz de la paz mundial, donde tales tradiciones unificadoras han sido olvidadas o socavadas por las luchas territoriales, políticas o religiosas. Pero, antes de que se pueda inculcar esa educación, los docentes mismos deben ser educados como para aprender a incluir la tolerancia y la empatía en cada materia que enseñan. Esto consiste en aprender a caminar en los zapatos de la otra persona y vivir indirectamente en su piel. Solo entonces los educadores pueden obviar sus propios prejuicios aprendidos y entrar al aula listos para abarcar todo tipo, color, género, credo o condición de cada alumno que allí se encuentre.

Al final, una vez que nuestras necesidades básicas han sido satisfechas, somos lo que leemos y lo que aprendemos. La búsqueda de la paz mundial requiere, entonces, que la educación vuele por encima de la raza, la religión, las diferencias sociales, las preferencias sexuales y las tendencias políticas. La educación debe ser un esfuerzo "sagrado" dentro de las actividades educativas seculares, diseñadas no solo para preparar a los jóvenes para "ganarse la vida", sino también para lograr *construir una vida* marcada por la diversidad, la aceptación, la empatía y la tolerancia. La educación no solo debe prestar atención a la tolerancia, sino que también debe enseñarla activamente, proporcionando una visión del mundo tan diversa como libre e igualitaria, un mundo en el cual, sin importar cuán diferentes seamos, al final somos todos parecidos, en el sentido más profundo y en todas las formas que pudieran aplicarse a la búsqueda de la paz, la cooperación y la felicidad, tanto individual como colectiva.

29 de noviembre de 2018

CONCLUSIÓN

SIGUE EL CUARTO GIRO

Visto desde la perspectiva de Strauss y Howe, (autores de *The Fourth Turning*, libro que se mencionó en el prólogo a la presente colección de ensayos en dos tomos), el mundo no ha superado, hasta ahora, el "cuarto giro" en el cual nos encontramos inmersos, por lo menos, desde mediados de la década pasada. Tal como se explicó en dicho prólogo, Strauss y Howe dividen la historia moderna (o sea, desde hace aproximadamente quinientos años) en períodos de más o menos un siglo cada uno, y estos se dividen en "giros" ("estaciones" o temporadas). Cada giro dura de unos veinte años a unos veinticinco años. Estos giros, según los autores, siguen un patrón predecible: Primer Giro (El Alto, una era positiva y optimista, seguida de una crisis, en la cual se fortalecen comunidades e instituciones, mientras que el individualismo se debilita); Segundo Giro (El Despertar), una fase de mucha inquietud espiritual, durante la cual proveedores de un nuevo régimen de valores atacan al sistema de valores prevalente; Tercer Giro (Desenvolvimiento), era en que el mundo se vuelve más sobrio, menos optimista, y en la cual existe un fortalecimiento del individualismo y una erosión de las instituciones; y Cuarto Giro (La Crisis), una época climácica de decisiva crisis, durante la cual el régimen de valores prevalente es sustituido por un nuevo orden cívico.

Los autores terminaron de escribir su libro cuando todavía el mundo vivía el tercer giro de nuestro tiempo. Aun cuando la llegada del cuarto giro se hiciera obvio, como dijimos, a mediados de la década pasado, hubo, seguramente, indicios de su comienzo mucho antes, durante la era del presidente Barack Obama en EEUU. Aunque resulta posible ver ese momento histórico casi como una vuelta al primer giro, ya que, para la mayoría de los estadounidenses, y, sin duda, para gran parte de la comunidad mundial, era una era muy positiva, en que el país más poderoso del mundo por primera vez había elegido un líder de una etnia minoritaria, y así rompía dos siglos y medio de supremacía blanca en el pináculo del poder. Hubo una gran proporción de la ciudadanía de ese país que no estaba nada feliz con esa evolución. Y, en el mundo en general, hubo nerviosismo entre actores de una ultraderecha cada vez más nutrida, ya que lo que pasa en EEUU pasa en el mundo, y la llegada de Obama representaba un fuerte giro hacia la izquierda, hacia lo liberal, hacia una renovada democracia con fuertes raíces en los derechos civiles y humanos.

La resistencia de la derecha autoritaria se hizo obvia desde el primer año de esa nueva era (2009). Obama estaba destinado a comenzar su gobierno al principio de una profunda crisis económica, legado de los ocho años de capitalismo descontrolado anterior, que no solo afectó de manera devastadora en EEUU, sino que también se propagó en todo Occidente.

ACERCA DEL AUTOR

Roberto Vivo Chaneton nació en Montevideo, Uruguay, el 4 de julio de 1953. Es viudo y tiene tres hijos. Actualmente vive en Punta del Este y visita permanentemente Argentina, los Estados Unidos y distintos países de América Latina, Europa y Asia.

Es licenciado en Administración de Empresas y realizó cursos de postgrado en Macroeconomía y otros estudios relacionados con el mundo de los negocios. Hace 3 años retomó la actividad artística como pintor y como escultor.

En el campo profesional ha sido fundador y directivo de empresas de obras públicas, de la industria pesquera, agrícola, inmobiliaria, de telecomunicaciones y de Internet. Actualmente es CEO & *Chairman* de una empresa de medios de comunicación de alcance global.

Es Vicepresidente Primero del Consejo de Dirección de la Universidad Torcuato Di Tella.

En el ámbito político y social, ha tenido una activa participación en el proceso de la recuperación democrática en el Uruguay, como militante activo del Partido Colorado.

Además de su último libro, *El crimen de la guerra*, ha escrito *Negocios en Red, el management de la nueva economía* (Editorial Norma, Buenos Aires, 2001); numerosos artículos sobre temas empresariales y sociales; y "Breve historia de las religiones del mundo", publicado en Amazon (y luego en papel para sus amigos) en el 2012, donde procura repasar, en forma sintética, la historia de la humanidad en clave religiosa.

Esperamos que este libro
haya sido de tu agrado.
Para información o comentarios,
contáctanos en la dirección
que aparece debajo.

Muchas gracias.

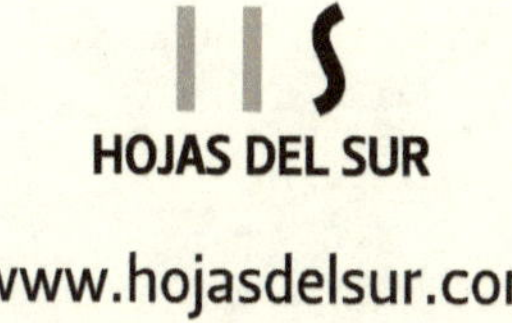

www.hojasdelsur.com

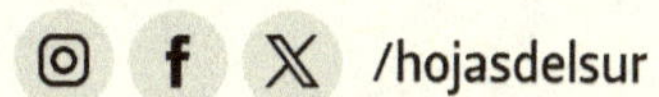

www.ingramcontent.com/pod-product-compliance
Lightning Source LLC
La Vergne TN
LVHW091256150826
845673LV00006B/1439

* 9 7 8 9 8 7 8 9 1 6 7 3 6 *